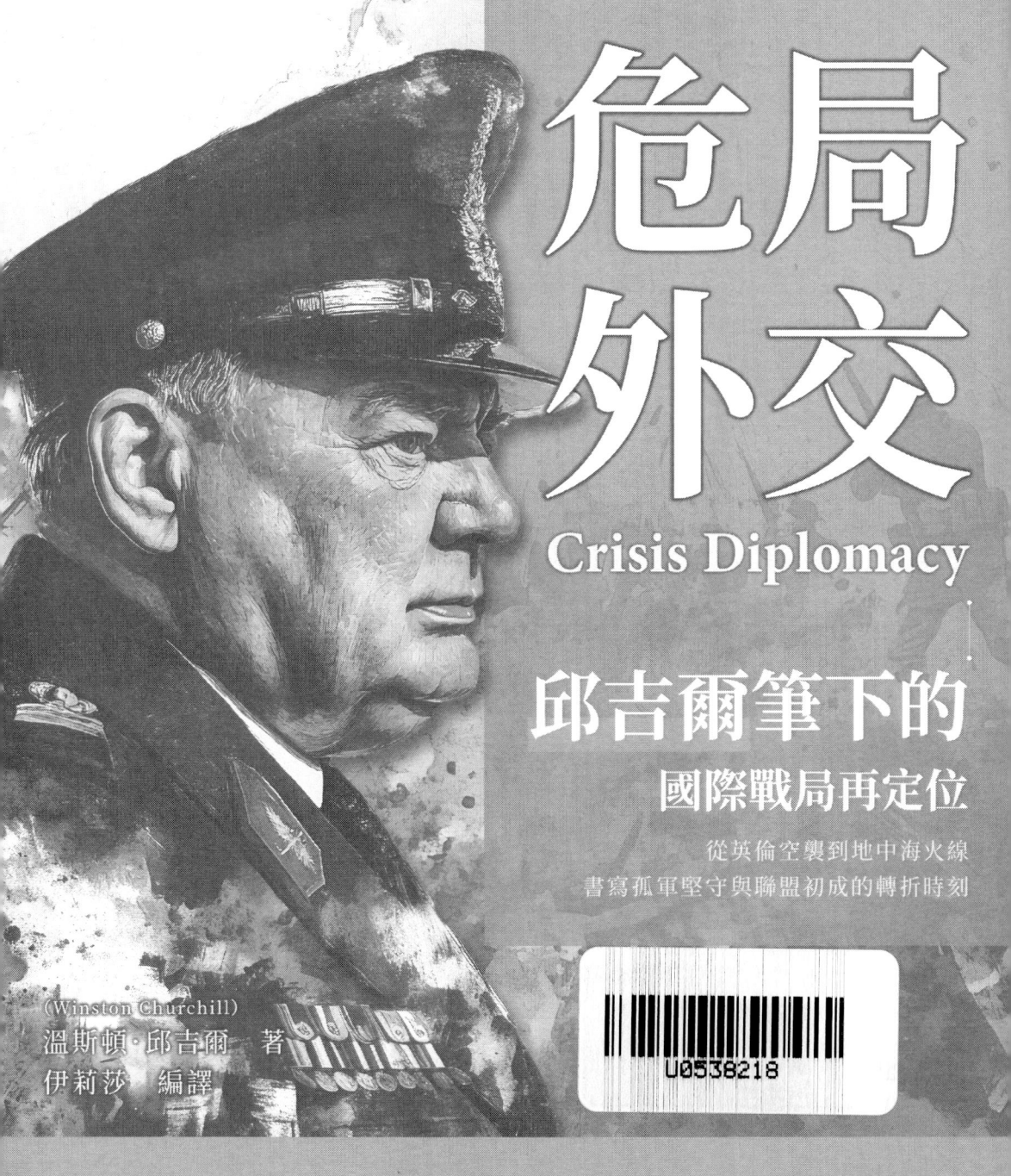

危局外交
Crisis Diplomacy

邱吉爾筆下的
國際戰局再定位

從英倫空襲到地中海火線
書寫孤軍堅守與聯盟初成的轉折時刻

(Winston Churchill)
溫斯頓・邱吉爾　著
伊莉莎　編譯

軸心勢力分裂在即，情報、科技與遠征部隊同步推進
帝國瀕臨瓦解，美國援手能否成為改寫戰局的最後一張牌？

歐陸戰局洗牌之際
英國獨守帝國戰線！邱吉爾的二戰核心紀錄

目錄

第十九章　　科技暗戰 …………………………………… 005

第二十章　　美艦換島協議 ……………………………… 019

第二十一章　　埃及中東局勢 …………………………… 035

第二十二章　　取道地中海 ……………………………… 055

第二十三章　　九月戰雲密布 …………………………… 069

第二十四章　　達卡戰事 ………………………………… 087

第二十五章　　艾登中東使命 …………………………… 107

第二十六章　　周旋兩國 ………………………………… 119

第二十七章　　希臘告急 ………………………………… 139

第二十八章　　租借法案通過 …………………………… 159

第二十九章　　德俄關係漸變 …………………………… 179

第三十章　　海上噩耗 …………………………………… 193

第三十一章　　沙漠反攻 ………………………………… 207

附錄 ………………………………………………………… 225

目錄

第十九章
科技暗戰

　　正當英國空軍與德國空軍、飛行員與飛行員、高射炮手與飛機、無情的轟炸與英國人民的堅韌相互較量時，另一場鬥爭也在暗中持續，這是一場祕密的戰爭，其勝負對大眾而言是隱而不見的；即使在當下，除了少數參與其中的頂尖科學人士，普通人也難以理解。這種戰爭在人類歷史上前所未有。即便用文字記錄或口頭轉述這種戰爭，普通人也難以明白其內涵。然而，若我們只是一瞥這些術語而未能領悟其深奧的意義，無法掌握其祕密，那麼，空軍的奮戰和人民的英勇犧牲都將是徒勞無功的。若非英國的科學優於德國的科學，且能夠將科學的奇妙手段有效地應用於生存戰爭，我們很可能早已被擊敗，一旦被擊敗，便會面臨毀滅。

　　10年之前，一位極具智慧的人曾寫道：「思想界的領袖已觸及人類理智的邊界，但各種有線通訊皆失效，他們只能透過難以理解的訊號與我們交流。」然而，我們民族的命運以及諸多事宜都依賴對這些訊號的領悟，依賴對所收到的印象採取正確且及時的行動。我對科學知之甚少，然而，對科學家卻有些許了解，作為大臣，我處理自己不懂的事務也有相當經驗。不論如何，我具備敏銳的軍事洞察力，能夠判斷何者有益、何者有害，何者為救星、何者為禍害。在防空研究委員會4年的經歷，使我對雷達問題有了基本的認知。因此，我在我的能力範圍內，專心研究這場科技戰，並竭力確保，在即將展開行動時，得以利用所有具有價值的成果，不致遭遇阻礙或被忽視。儘管弗雷德里克・林德曼的榮譽與才智獲得人們的尊敬，但無疑仍有比他更卓越的科學家。然而，對我而言，他具備兩項至

第十九章　科技暗戰

關重要的條件。首先，如本書所述，他是我 20 年來可信賴的知己。我們曾共同關注世界災難的演變，並竭盡全力向人們發出警示。如今我們已身處這場災難中，而我有權指揮並武裝我們作戰的力量。我如何才能獲得這份知識呢？

這就必須提及他的第二個條件。林德曼善於辨識從遠方專家處所傳來的訊號，並用簡明易懂的語言為我解釋問題所在。一天只有 24 小時，其中至少要有 7 個小時用於睡眠，3 小時用於用餐和休息。任何身處我這種位置的人，若想深入研究這種終其一生也難以全面掌握的課題，必定會累垮。我所需了解的僅是最後的研究成果，只要林德曼向我報告有任何重大成就，我便會啟動機制，確保至少將其中一些重大且難以理解的成就付諸實施。

自 1939 年以來，雷達技術的各個環節一直在不斷進步。然而，儘管如此，正如我之前提到的，從 1940 年 7 月至 9 月進行的不列顛之戰，主要還是依賴於人類的視覺和聽覺。在這幾個月之中，我最初以這樣的希望自我安慰：英國冬季常見的霧霾和厚重的雲層，宛如一件斗篷般遮蓋著我們的島嶼，至少在白天能夠為我們提供相當程度的保護，免受精準轟炸，夜間更是如此。

在某段時間內，德國空軍的轟炸機主要依賴無線電定向信標進行導航。這些定向信標如同燈塔般，分布於大陸的多個地點，共建造了數 10 座，每一座都有不同的呼叫訊號。德國人透過常規的定向無線電臺，根據兩束電波的角度來確定他們的位置。作為反制措施，我們迅速設立了一系列稱為「梅康」的電臺。這些「梅康」電臺接收德國訊號，經過放大後從英國某地發射出去。結果，常常將那些試圖依賴定向信標導航的敵機誤導，許多敵機因此而墜毀。有一架德國轟炸機誤降於德文郡，以為那裡是法國。

然而，1940年6月間我經歷了一次巨大的震撼。林德曼教授向我報告，他認為德國人正在研製一種儀器，可以在任何時間和天氣條件下進行轟炸。據稱，德國人似乎已經發明了一種無線電射束，這種射束如同無形的探照燈光，能夠準確地將轟炸機引導至目標。定向信標負責指揮駕駛員，而射束則指向目標。雖然這種技術可能無法精確瞄準特定工廠，但它們確實能夠鎖定某一城市。因此，我們不僅要擔心有月光的夜晚——在那種情況下，我們的戰鬥機駕駛員無論如何也能與敵人一樣清晰地視物——同時還必須預料到敵機在多雲或有霧天氣下發動猛烈空襲的可能性。

林德曼還告訴我，如果我們立即採取行動，就能找到使射束彎曲的辦法，不過，我必須接見幾位科學家，尤其是空軍部情報研究所副所長R.V.瓊斯博士，他是林德曼教授從前在牛津大學的學生。於是我懷著不安的心情，於1940年6月21日在內閣會議室召集了一次特別會議，與會的約有15人，其中包含亨利·蒂澤德爵士和幾位空軍司令官。過了幾分鐘，來了一位年輕人——我後來聽說，他原先認為他突然被召到內閣會議室來一定是開玩笑——他急忙地走進內閣會議室，坐在桌子的最後一個席位上。根據計畫，我請他首先發言。

他告知我們，數個月以來，來自歐洲大陸的各類情報均顯示出德國開發了一種夜間轟炸的新技術，他們對此寄予極高的期望。這項新技術似乎與代號「克尼克拜因」有關，我們的情報部門多次提及此名，但無法解讀其含義。最初猜測敵方已在我方城市中布置間諜，安裝定向信標臺供轟炸機導航，但該假設後來被否定。幾週前，在敵方靠近海岸的偏遠地區拍得數張出現奇怪矮塔的照片。這些塔與已知的無線電或雷達裝置不符，且其位置也無法用常規理論解釋。近期擊落一架德軍轟炸機，機上裝載的裝置似乎比羅蘭茲射束用於夜間著陸的裝置更為精密，而其唯一可知的用途似乎僅限於夜間著陸。他將此原因與其他多種因素結合，逐步推論，認為德

第十九章　科技暗戰

國人可能在計劃利用某種定向射束系統進行導航與轟炸。幾日前，依據這些線索反覆詢問德國被擊落轟炸機的飛行員，他不得不承認曾聽聞此類研究正在進行。以上是瓊斯博士發言的核心內容。

他以一種寧靜的語調講述了 20 幾分鐘，條理分明地展示了他根據所得的資訊所推論出的論據，其說服力不亞於福爾摩斯或勒科克先生的故事。當我傾聽時，腦海中不由得浮現出《英戈爾茲比傳奇》中的詩句：

此刻，一位名叫瓊斯的先生到來，

他鄭重宣誓，15 年前，

他前往斯通亨奇去考察在已故的約翰·索尼爵士所著書籍中提到的那塊石頭，

上路時曾傳來一聲呻吟，

他循著哀怨的哭聲找去，

發現一隻烏鴉正在啄食少年鼓手的遺骸！

瓊斯博士演講結束後，在場眾人似乎難以置信。一位資深權威質疑，即便射束技術可行，德國人為何在已有多種常規導航裝置的情況下仍需使用射束？在超過兩萬英尺的高空，星星通常清晰可見。我們所有的飛行員都經過嚴格的導航訓練，善於定位航向和目標。桌旁的其他人對此事顯得頗為關注。

我現在將用我所理解的話語來解釋德軍如何利用射束以及我們如何改變其方向。無線電射束類似於探照燈的光束，無法高度集中，總會有所擴散。然而，透過所謂的「分裂射束」技術，可以達到相當精確的效果。假設有兩道平行的探照燈光束，它們交替亮滅：左邊亮時右邊滅，反之亦然。如果一架進攻的飛機正好位於這兩道光束中間，駕駛員的航線會持續被光束照亮。然而，假如飛機偏向右側，靠近右邊光束的中心，這道光束

的強度會增強，駕駛員會看到燈光閃爍，代表航向錯誤。為了避免光束的閃爍，駕駛員必須在兩道光束的正中間飛行，使兩側光束的強度相等。這樣的中間路線便能引導他飛向目標。運用這種方法可以使從兩個電臺發出的射束在英格蘭中部或南部的任何城鎮上空交叉。德軍的飛行員只需沿著一條射束飛行，直到探測到第 2 條射束時投擲炸彈。我想說明的就是這些！

　　上述即是分裂射束和著名的「克尼克拜因」裝置的功能原理。戈林將他的期望寄託於此裝置，並使德國空軍相信，無論是陰天、霧天還是夜間，均可對英國城市實施轟炸，同時還能避免飛機遭受高射炮火與戰鬥機的攔截。德國空軍最高統帥部的將領們，憑藉他們井然有序的思考與經過深思熟慮的大規模戰鬥計畫，將空戰成敗的賭注押在這項新發明上。他們認為，這個發明將如同磁性水雷一般，能夠戰勝我們。因此，他們不再像我們一樣費力地訓練普通轟炸機駕駛員掌握複雜的航行技術。因為這種方法極其簡單又可靠，適合於大規模訓練人員，憑藉無法抵擋的科學力量獲得大量戰果，因此十分契合他們的思考方式和性格。德國駕駛員追隨射束，正如德國人民追隨他們的元首，除此之外，他們再無其他追隨之物。

　　然而，迅速回應空襲警報並立刻採取行動，令英國人找到了應對之策。透過在國內建立適當的電臺，我們能夠干擾敵方的射束。當然，這種干擾很容易會被敵人察覺。此外，還有一種更優的方法。我們可以在特定地點設置重複發射器，增強分裂射束的一半訊號，而不增強另一半訊號。這樣，試圖沿著分裂射束兩邊訊號相等航線飛行的敵機駕駛員，就會偏離正確航線。大量可摧毀或嚴重破壞城市的炸彈，便可能落在距離城市 15 或 20 英里之外的空地上。作為首相，我無需進一步研究，很快就領會這場奇妙而激烈競賽的原理，我在 1940 年 6 月的某一天發出了所有必要的命令，假設這種射束已經存在，所有對抗德軍射束的研究工作，絕對應該優先進

第十九章　科技暗戰

行，執行這個決定時，如有任何遲疑或失誤，均需向我報告。儘管做了這些工作，我並未給內閣或參謀長委員會帶來麻煩。如果我遇到任何重大阻礙，我會向友好的機構提出申訴，詳述原因。實際上，這是不需要的，因為在這個有限且當時幾乎神祕的領域，人們選擇服從，微小的阻礙可被迅速清除。

大約在1940年8月23日，敵人在迪耶普和瑟堡附近新建「克尼克拜因」電臺發出的射束指向伯明翰，並開始了大規模的夜間空襲。我們當然需要克服「初期的困難」；但在幾天內，「克尼克拜因」電臺的射束就被扭轉或干擾。在接下來的兩個月，即最為危急的9月和10月，德國轟炸機在英格蘭上空徘徊，投彈盲目無序，或被引入歧途。

我偶然憶起一樁往事。在我主持的國防部當中，有一名軍官；當倫敦遭到空襲時，他將妻子和兩個孩子送往鄉下。這個地方距離任何市鎮都有10英里之遙。他們目睹距離住所3塊田地以外之處發生了一系列巨大的爆炸，而且感到異常驚愕。他們之後數了一下，發現總共有100多枚重型炸彈投擲下來。他們納悶德國人為何轟炸此地，同時感激上帝，他們未被波及。這名軍官次日談及此事，但由於事關絕對保密，知情者寥寥無幾，消息管制極為嚴格，因此即便他身處接近機密的地位，也無人能給出滿意的解釋。了解內幕的少數人只能報以會心的微笑。

德國的飛行員很快就開始懷疑他們的導航射束受到了干擾。傳聞稱，這段時間內，沒有人敢向戈林報告說他的射束被扭曲或干擾。由於無知，他堅信這是不可能的。戈林對德國空軍發表了特別演講和警告，向他們保證這種射束絕不會出錯，任何懷疑者都會立即被開除。如前所述，在閃電戰中，我們遭受了重大損失，幾乎所有敵機都能用任何方式襲擊倫敦。顯然，轟炸極不精確，德軍的所有轟炸方法都被我們的反制措施嚴重擾亂，加上他們自身的誤差，命中目標範圍的炸彈不超過五分之一。我們必須承

認，這也算作一個相當大的損失，因為儘管德軍只有五分之一的炸彈命中，但對我們的生活和工作已經產生了重大影響。

在經歷了一場內部鬥爭之後，德國人最終調整了他們的策略。他們的幸運在於擁有一個名為「第一百作戰小組」的大隊，該大隊使用一種獨特的射束，稱為「X 裝置」。這個神祕名稱曾讓我們的情報人員感到困惑。然而，到 1940 年 9 月中旬，我們已經對這種裝置有了充分的了解，並能夠設計出相應的對抗裝置。儘管如此，這種專門的干擾裝置在接下來的兩個月內仍無法製造。因此，「第一百作戰小組」得以繼續精確地進行轟炸。敵人迅速利用這個小組在目標區域投擲燃燒彈，引發大火，而燃燒的地點則成為不再受「克尼克拜因」訊號指引的德國空軍轟炸目標。

1940 年 11 月 14 日至 15 日，考文垂成為一種新攻擊方式的目標。當時，雖然新的干擾裝置已經開始生產，但由於技術上的失誤，需要幾個月才能發揮功效。儘管如此，我們對射束的了解仍然極有價值。透過敵人射束的方向和發射時間，我們能夠預測轟炸的目標、時間、路線和高度。我們的夜間戰鬥機在當時無論在數量還是裝備上都還無法充分利用這些情報。然而，這類情報對消防隊和其他民間防空隊的貢獻是無可估量的。他們可以在威脅地區集中力量，並在轟炸開始前向居民發出特殊警報。不久後，我們的對抗措施得到改進，開始能夠應對敵人的攻擊。同時，我們在適當的時間和地點燃起許多誘敵的火光（暗語稱為「海盤車」），將大量來襲的敵機誤導，這種策略常常產生非常好的效果。

到 1941 年初，我們已經能夠掌握「X 裝置」，然而，德國人也在積極創新，幾乎同時，他們引用了一種新裝置，稱為「Y 裝置」。先前兩種系統都是在目標上空使用交叉射束，而新系統只需一條射束，並結合一種特殊的無線電距離測量方法，使得飛行員可以了解沿射束飛行的距離。當飛行員達到精確的距離時，便進行投彈。由於我們的幸運以及相關人員的智慧

第十九章　科技暗戰

和努力，在德國人還未在實戰中應用「Y 裝置」之前幾個月，我們就已經精確掌握了其操作方式。當他們準備利用這種裝置為轟炸機引導時，我們已經有辦法使其失效了。在德軍首次使用「Y 裝置」的夜晚，我們的新干擾裝置便開始發揮作用。我們在監聽裝置中聽到敵軍的飛機與地面指揮站之間用惡毒的語言互相指責，這表明我們的努力已見成效，因此，敵方空軍人員對這個新發明的信心從一開始便徹底喪失。經過多次失敗後，他們不再使用這種方法。1941 年 5 月 30 日晚，都柏林遭受轟炸，可以說是我們對 Y 射束進行干擾所導致的一個意外結果。

馬蒂尼將軍作為德國在這個工作的主要負責人，在戰後坦言，他未能及時意識到一場「高頻率戰爭」的爆發；他還承認自己低估了英國情報機構和研究對抗措施的能力。當我們所有其他防禦手段要麼失敗，要麼仍處於初級階段時，我們利用他在射束戰爭中的策略失誤，使敵人大量炸彈偏離了城市。然而，正是這種可能致命的空襲壓力下，我們得以迅速完善我們的防禦。從戰爭伊始，我們就積極研發一種安裝在飛機上的雷達，稱為「A.I.」。自 1938 年以來，防空研究委員會對此不斷進行研究，取得了顯著成果，期望用其探測並追蹤敵機。然而，由於裝置龐大且複雜，駕駛員難以獨立操控，因此被安裝在雙座的「伯倫翰」戰鬥機上，隨後在「勇士」轟炸機上，由觀測員操縱雷達，指揮飛行員，直到在夜間約 100 碼處發現敵機並開火。起初，我稱這裝置為「嗅感器」，希望能盡快投入使用。這注定是一個緩慢的過程，但已經開始了。一個廣泛的地面控制攔截系統已經建立並正式啟用。英國飛行員駕駛著裝有 8 挺重機槍，隨後加裝加農炮的戰鬥機，不再僅憑運氣，而是利用攔截系統追擊幾乎毫無防禦的德軍轟炸機。

敵人使用射束的策略，如今反而對我們有利。他們明確地向我們發出警報，告知襲擊的時間和方向，使我們在相關地區的夜間戰鬥機中隊及所

有的防禦裝置能夠充分發揮作用，使那裡的高射炮部隊得以精心部署，並利用他們的複雜科學系統進行指揮；關於這些，稍後會進一步說明。在1941年3月和4月間，德軍轟炸機的損失率不斷上升，令德國軍事領導人感到極度不安。他們意識到，要將英國的城市「夷為平地」並不像希特勒想像的那樣簡單。到了1940年5月，德國空軍接到命令，停止對英國的夜間襲擊，以便在另一個戰場上採取行動，這決定使得雙方都感到如釋重負。

因此，法國淪陷後，敵人試圖征服不列顛的三次重大嘗試都被我們成功擊退或阻止。首先，德國空軍在1940年7月至9月的不列顛之戰中遭遇決定性失敗。敵人不僅未能摧毀對我們生存和未來至關重要的英國空軍、機場和飛機工廠，反而在數量占優勢的情況下遭受了難以承受的損失。我們的第2次勝利緊隨其後。由於德軍未能取得制空權，他們無力實現橫渡海峽入侵的計畫。我們的戰鬥機飛行員的英勇，以及有效的民眾組織，事實上使他們的企圖在不同條件下幾乎可以與350年前德雷克和他率領的無畏小艦隊之壯舉相提並論；當時，西班牙無敵艦隊被擊潰後，帕爾瑪公爵的強大陸軍也在低地國家無奈地等待橫渡海峽的船隻。

第3次考驗是敵人對我們城市在夜間進行無差別的大規模轟炸。我方戰鬥機駕駛員的無比忠誠和高超的技術，以及人民群眾 —— 尤其是首先遭受攻擊的倫敦居民和支援他們的民間防空組織 —— 頑強的毅力，再次戰勝並挫敗了敵人的企圖。然而，如果沒有本章所闡述的英國科學和科學家們所發揮永遠難以忘懷的決定性作用，那麼在高空和烈火中所進行的所有努力，也將是徒勞的。

德國有一句實用的諺語：「大樹高不過天」。然而，我們有充分的理由預期德國對英國的空襲將愈加猛烈，並會持續下去。在希特勒真正對俄國發動進攻之前，我們沒有理由認為空襲會逐步減弱或停止。因此，我們全

第十九章　科技暗戰

力以赴不斷改進我們至今賴以生存的策略和方法，並探索新的應對措施。對雷達研究和應用的優先順序被提升至最高。在一個極為龐大的規模上招募和組織科學家及技術人員。在人力和物力方面給予最大的支持。此外，我們也不遺餘力地尋找其他擊落敵機的方法。在接下來的幾個月中，由於敵人對我們的港口和城市持續進行殘酷的轟炸，我們的工作愈加努力。我想提到三方面的發展，林德曼的鼓勵及我們在戰前防空研究委員會的共同研究成果，使我對這三個方面特別感興趣，並運用我的權力積極推動。第一是密集發射的火箭，用於增強我們的防空火力；第二是將炸彈懸掛在降落傘上的長鐵絲上，布置在敵機航道上，形成空中雷區；第三是研究一種極為敏感的引信，它無需直接命中，只要接近飛機即可引爆。我們在這3種方法上投入了大量資金和資源，現在有必要對它們作簡要的說明。

在這些方法中，無一能在1940年見效。要實際應用至戰場上，至少還需一年。當我們準備在戰鬥中使用新裝置和方法時，敵人的空襲（這些新裝置和方法正是為此設計）突然中止，並在將近3年的時間內幾乎完全消失。因此，批評者們常常低估我們在這方面所做的努力，這種價值只有在重大考驗中才能體現出來，並且在任何情況下，這些努力都未妨礙該領域其他工作的進展。

僅靠畸變射束還遠遠不夠。一旦德軍飛機擊中準確目標，除非被我們的「海盤車」誘火干擾得難以辨識，它們很容易找到前一晚用炸彈引發大火的地點。無論如何，必須將敵機擊落，因此我們開發了火箭與空中布雷兩種新武器。防空炮火配備雷達後，只要敵機保持同一速度沿直線飛行，便能精確定位其位置；然而，經驗豐富的飛行員很少沿直線飛行。顯然，它們會進行「Z」字形的規避飛行，也就是說，在從開火到炮彈爆炸的20或30秒間隙中，它們已偏離目標半英里左右。

解決之道是於目標區域周圍建立一片密集的火力網。若能大量生產高

射炮，並為炮隊配備充足人員，並在適當的時間和地點以 100 門高射炮齊射，那將是最理想的狀態。然而，這對我們當時的人力來說是難以實現的。替代方案是射擊火箭（為保密起見，我們稱之為「不旋轉投射彈」），其設計既簡便又經濟。早在戰前，克勞博士在防空研究委員會時，便研發出兩種規格──2 英寸和 3 英寸──的火箭，其射程幾乎與我們的高射炮相當。一個 3 英寸火箭的彈頭威力遠超 3 英寸高射炮，只是精度稍遜。另一方面，火箭發射器的一個無可比擬的優點是：能夠迅速且輕鬆地大規模生產，而不需加重兵工廠的負擔。曾製造出成千上萬的火箭發射器和數百萬發炮彈。弗雷德里克・派爾爵士，這位傑出的將軍，在整個戰爭期間指揮我們的地面防空火力；職業軍人通常對新發明持懷疑態度，但他卻歡迎這種能夠增強火力的創新。他將這種武器編入龐大的炮隊，每隊配備 96 座火箭發射器，人員大多來自國民自衛軍，其密集火力遠勝於高射炮的威力。

在整個戰爭期間，我與派爾將軍的合作越發緊密，我常常發現他極具智慧，堪當重任。除了火箭炮隊外，他所指揮的兵力在高峰時期達到 30 餘萬，包括男性和女性，高射炮有 2,400 門。他不僅在兵力擴充期間表現出色，即使在德國飛機對英國的空襲被擊退後的時期，他依然表現得同樣出色。此時，他的任務是從高射炮隊的靜態防禦中調出人力，盡可能用婦女和國民自衛軍替代正規軍和技術人員，同時不減低炮火威力。不過這件事的詳情應在適當的地方再加以敘述。

派爾將軍的指揮任務不僅得益於我們科學家的研究，而且隨著戰爭的推進，他們的協助逐漸成為所有戰略措施的基石。在不列顛之戰的日間空襲階段，高射炮部隊成功擊落了 296 架敵機，另有 74 架可能被擊毀或擊傷。然而，夜間空襲為他們帶來了新的挑戰，而這些挑戰無法透過現有的探照燈和聲波定位器解決。從 1940 年 10 月 1 日起的 4 個月內，僅擊落大

第十九章　科技暗戰

約 70 架敵機。雷達的引入扭轉了這個局面。第一批用於指揮炮火的雷達裝置在 10 月投入使用，貝文先生和我花費大半夜觀察其效果。探照燈射束直到 1940 年 12 月才開始安裝。然而，使用這種裝置需要大量的訓練和經驗，同時裝置本身也需要多次改進。在如此廣泛的領域進行的巨大努力，使我們在 1941 年春收穫頗豐。

在 1941 年 5 月的前兩週，倫敦遭受了德國飛機的最後幾次空襲，期間共擊落了超過 70 架敵機，這個數字超過了整個冬季 4 個月的擊落總數。顯然，這個階段高射炮的數量也有所增加。1940 年 12 月分時，重高射炮數量為 1,400 門，輕高射炮為 650 門；而到了 1940 年 5 月，重高射炮增加到 1,687 門，輕高射炮達到 790 門，此外還有約 40 個火箭炮隊。防空炮火效力的顯著提升，得益於科學家們提供的眾多新發明和技術改進，而這些新技術在士兵們的實際應用中也發揮了巨大作用。

到 1941 年年中，儘管火箭炮隊終於在戰場上大規模投入使用，但空襲已顯著減少，因此它們鮮有機會展示其效能。實戰證據顯示，擊落一架敵機所需的火箭炮彈數量僅略多於高射炮，但高射炮彈的成本卻高出許多，且我們擁有的高射炮數量也極為有限。火箭本身具備多種效能，並且是對其他防空手段的有效補充。

毫無疑問，無論是炮彈還是火箭，唯有精確擊中目標並在適當時機爆炸才能發揮作用，因此，還需努力研製空中布雷，藉助長鐵絲懸掛在降落傘上，布置於敵軍空中航道的必經之處。這種布雷無法裝入彈殼。然而，火箭的外殼較薄，內部空間較大。可將 3 英寸火箭彈用 700 英尺長的鐵絲懸吊於 2 萬英尺高空，形成空中布雷區。這種 3 英寸火箭彈已大量製造，準備在倫敦遭遇大規模空襲時使用。空中布雷區相比高射炮火的優勢在於其殺傷力能持續達 1 分鐘。因為任何機翼部位觸及鐵絲，即會將布雷拉至飛機機身並引爆。如此，便無需如常規炮彈般安裝精確引信。當然，也可

以使用飛機攜帶火箭布置空中布雷，或簡單地用小型氣球升空。海軍部積極支持後者。然而，事實上，火箭從未被大規模地用於戰鬥。當火箭大量生產時，大規模轟炸已經停止。令人驚訝又慶幸的是，在戰爭的最後3年，德國人未曾發展類似的策略來抵抗我們的大規模空襲。即便只需少量布雷機便可在德國任何城市上空設定空中布雷區，摧毀部分轟炸機：空中布雷區愈多，我們的損失就愈大。

還有一個關鍵的面向。1940年，俯衝轟炸機對我們的艦船和重要工廠構成了重大威脅。有人可能會認為，俯衝轟炸的飛機容易被擊落，因為炮手可以直接瞄準它，而無需考慮其移動的軌跡。然而，飛機在俯衝時是一個很小的目標，觸發引信需要直接命中才能生效，而這種直接命中極為罕見。使用定時引信使炮彈在掠過敵機時精確爆炸幾乎是不可能的。時間誤差十分之一秒，距離目標就會誤差數百英尺，因此，似乎有必要開發一種信管，使炮彈在接近目標時自動爆炸，無論是否直接命中。

由於炮彈彈頭的空間有限，所以容積較大的3英寸火箭受到了重視。1940年，我在海軍部時，我們大力提倡採用3英寸火箭。透過光電管，只要光線發生變化，例如敵機的影子經過，就能生成脈衝訊號。1940年2月，我們製造了一個模型，我將其帶到內閣，在一次會議後展示給同僚們。只需將一個火柴盒從引信旁擲過，就能看到指示燈閃爍。內閣的大臣們，包括首相在內，皆對此表現出極大興趣。然而，從模擬模型到無線電訊號機的大規模生產，還有很長的路要走。我們努力製造所謂的光電引信，但情況相似，當我們能夠大規模生產時，我們的危險和敵人占優勢的時刻已經過去。

1941年，他們再度嘗試設計一種類似的近炸引信，採用微型雷達裝置，當火箭接近飛機時引爆彈頭。在英國，初步試驗取得成功。我們將這方面的知識傳授給美國人，他們不僅成功製造，還大幅縮小其體積，使得

第十九章　科技暗戰

裝置不僅能置於火箭頭部，還能裝在炮彈頭部。在戰爭的最後一年，美國製造的這種「近炸引信」被大量使用，證明在對抗德國於1944年襲擊我們的V1小型無人機以及在太平洋戰場對抗日本飛機時極為有效。

戰爭的最終階段，自然是研發和創新我們反攻德國所需的雷達。這些創新和研發，在某種程度上源於我們的經驗和防禦努力。它們的作用將在後續幾卷中詳細描述。到1940年9月，我們仍需忍受近9個月的轟炸和艱難時刻，局勢才開始出現好轉。可以說：此時此刻，我們一方面有效地與眼前的危險對抗，另一方面也關注未來可能出現的轉機。

第二十章
美艦換島協議

　　我在就任首相後，於 1940 年 5 月 15 日致電羅斯福總統，首次請求：「希望能借用貴國 40 至 50 艘較舊的驅逐艦，以填補我們現有艦隻與戰爭初期開始建造的眾多新艦艇在服役前的空缺。明年此時，我們將有足夠的艦艇。然而，若在此期間義大利加入敵對陣營，並以 100 艘潛艇襲擊我們，我們可能會面臨崩潰。」在義大利對我們宣戰後，我在同年 6 月 11 日的電報中再次提及此事。「對我們而言，最為關鍵的是獲取貴國已重新裝備的 30 至 40 艘驅逐艦。我們能夠迅速為其裝備我們的潛艇探測器。……未來的 6 個月至關重要。」到 1940 年 7 月底，因為我們已經開始單獨作戰並展開大規模空戰，而空戰之後敵軍可能會立即入侵，我再次提出請求。我深知總統的善意及所面臨的困難，因此在每封電報中，我都以坦誠的言辭極力說明：若英國崩潰、希特勒主宰歐洲，掌控歐洲所有造船廠和海軍，美國將面臨何等危險的局勢。

　　在討論此事時，可以清楚地看出，我在 1940 年 6 月間發出的電報，由於強調了倘若敵軍成功登陸並征服英國，將對美國造成的嚴重後果，因此對美國的高級官員產生了顯著影響。華盛頓要求我們確保，在任何情況下絕不將英國艦隊交予德國。我們自然準備以最莊重的方式做出此種保證。既然我們已做好犧牲的準備，就不畏懼作出保證。然而，在敵軍即將登陸的前夕和空戰最激烈的時刻，我不願讓德國人知道我們曾考慮過這類可能性以免給予其鼓舞。更何況，到 1940 年 8 月底，我們的處境已經大為改善。所有正規軍已重新整編，並在相當大的比例上重新裝備。國民自

第二十章　美艦換島協議

衛軍也積極投入防禦行動。我們也已經使德國空軍遭受嚴重損失，我們的能力遠遠超越了僅僅自衛的目的。6月和7月間令我對抵禦敵人入侵充滿信心的那些證據，到9月時已倍加令人信服。

在華盛頓，我們有一位能力出眾且極具影響力的大使。早在1919年勞合·喬治的執政時期，甚至更早，我便認識了菲利普·克爾，他現已繼承爵位，成為洛西恩侯爵。從凡爾賽到慕尼黑，直到最近，我們在許多問題上的看法常常存在分歧。隨著局勢越發緊張，洛西恩不僅對事態有了廣泛的理解，還具備深遠的眼光。當法國崩潰時，我曾向總統發出幾封電報，討論如果英國遭敵入侵並被征服，英國艦隊可能面臨的命運，洛西恩侯爵對我這些電報的嚴重含義進行了仔細推敲。他敦促華盛頓的領導人重視此事，他們深感震驚，不僅同情英國及其抗戰事業，更重要的是關注美國的生存與安全。洛西恩對我6月4日在下議院演說的最後一段感到憂慮，當時我說：「我們永不投降，即使這座島嶼或其大部分被征服並陷入飢餓——我從未相信會發生這種情況——我們海外的帝國臣民，在英國艦隊的武裝和保護下也將繼續戰鬥，直到新大陸在上帝認為合適的時候拿出它所有的力量來拯救並解放這個舊大陸。」他認為這些話可能會鼓勵「那些相信即便英國被征服，其艦隊也會橫渡大西洋前往他們那邊的人」。讀者知道我使用這些詞句的實際含意及目的有些理解上的不同。當時，我已向外交大臣和這位大使闡明了我們的立場。

首相致洛西恩勳爵

1940年6月9日

演講的最後一部分顯然主要是針對德國和義大利的，因為一旦想到兩個大陸間的戰爭及其影響性，對於他們而言是極為不利的；這段話同樣是對自治領而言的，因為我們是他們的受託人。儘管如此，我始終牢記你的意見，並在致總統和麥肯齊·金的幾封電報中提到你的觀點。如果大不列

顛陷落，一個親德政府交出英國艦隊，就可能從德國獲得更為寬鬆的條件，進而使德國和日本成為新世界的主宰。現任陛下的顧問們絕不會採取這樣的懦弱行為，但若成立一個如吉斯林般的傀儡政府，他們必定會這樣做，而且也許別無選擇，總統需對此心知肚明。你應將此意傳達給總統，以消除美國自以為得利的想法，誤以為他們現行的政策能占到大英帝國的便宜。事實恰恰相反，他們面臨的風險極其巨大，海軍力量將被敵方的海軍完全壓制。此外，那些令敵人畏懼的美國島嶼和海軍基地，也很可能會被納粹奪取。如果我們失敗，希特勒將獲得一個征服全世界的絕佳機會。

我期盼上述要點能在你與他人洽談時發揮作用。

一個月過去了，仍然沒有任何結果。之後，這位大使發來一封令人振奮的電報。他在1940年7月5日至6日表示，美國有遠見的人終於意識到，如果戰爭對我們不利而他們依舊保持中立，他們可能完全失去英國艦隊。然而，除非有保證，即一旦美國參戰，英國艦隊或其殘餘部隊將在大不列顛戰敗時駛向大西洋彼岸，否則，要讓美國的大眾輿論考慮提供驅逐艦給我們，是極為困難的。

到7月底，我在多個方面面臨著日益增大的壓力，因此再次提及此事。

前海軍人員致羅斯福總統

1940年7月31日

自從上次我以個人名義冒昧地發電報給您以來，已經有一段時間了，而期間發生了諸多事件，既有好事也有壞事。如今情勢已極為緊迫，請您務必讓我們獲得先前請求的驅逐艦、汽艇和飛船。德軍已占領法國全境海岸，他們可以從那裡派遣潛艇和俯衝轟炸機攻擊我們的商船和糧食運輸船。此外，我們的海軍必須時刻準備抵禦可能從英吉利海峽發動的進攻，並應付從挪威向愛爾蘭、冰島、謝特蘭群島和法羅群島的襲擾。除此之外，我們還需控制地中海的出口，並在可能的情況下掌控整個地中海區

第二十章　美艦換島協議

域，以防止戰火嚴重波及非洲。

我們正在批次建造驅逐艦和反潛艦，但在接下來的3、4個月中，我們的艦隊數量仍顯不足，這一點我在之前的電報中已經提到。近期敵軍的空襲對我們的船隻造成了重大的損失。在過去的10天中，我們損失了以下驅逐艦：「布拉曾」號、「科德林吞」號、「第萊特」號和「鶉鶉」號，並有以下幾艘受損：「獵犬」號、「朔風」號、「光輝」號、「格里芬」號、「蒙特羅斯」號、「沃波爾」號和「懷特西德」號，總共11艘。所有這些事情竟然發生在敵人試圖登陸之前！驅逐艦很容易成為敵機轟炸的目標，但它們仍然需要在空襲區域巡邏，以防海上襲擊。我們無法長期承受這樣的損失，如果我們沒有強而有力的增援，戰爭將因這一次重要而易於彌補的因素無法達成而面臨失敗。

我已經直言不諱地告知我們當前的情勢，我堅信，如今你已經了解我們的狀況，必將盡力而為，立刻向我們提供50或60艘你們最老舊的驅逐艦。我們能夠迅速為它們配備潛艇探測裝置，以便在西部航道上對抗潛艇，進而讓我們能將較新的、火力更強的艦隻部署在英吉利海峽，以抵禦敵人的進攻。總統先生，我懷著高度的敬意向您闡述，在漫長的世界歷史中，這是目前的首要任務。到1941年，我們將能建造大量艦隻，但危機將在1941年之前到來。我知道您將充分行使您的權力，但我認為我有資格和責任向您說明局勢的嚴峻和緊迫性。

如若可以撥給驅逐艦，那麼也請將有效的汽艇和飛船一併提供。我開始意識到，若能度過未來3、4個月，戰爭的前景將極為樂觀。空戰態勢良好。我們已經成功挫敗敵方空襲並可以轟炸德國，給希特勒造成了重大打擊。然而，敵機的空襲導致我們驅逐艦損失慘重，致使無法保障跨越大西洋的糧食運輸及商船航線的安全。

今夜，最新一批步槍、大炮及彈藥的運輸船隊即將抵達。專用車輛已完成待命準備，即將把武器交付部隊和國民自衛軍，他們若不大量擊斃敵

人，絕不會放下武器。我堅信，憑藉你對海上狀況的深刻理解，你絕不會讓我們因驅逐艦短缺而難以度過戰爭難關。

3日過後，我撥通了我們大使的電話：

1940年8月3日

第2個方案，即將（英國擁有的）某些基地（轉讓給）美國，可以接受，不過我們更願意選擇長期租借而不是出售。這顯然意味著我們能夠立即獲取驅逐艦和飛船。你應通知諾克斯上校及其他相關人員，我們同意這樣的請求。正如你所提及的，關鍵在於迅速解決。當前正是我們迫切需要驅逐艦的時刻。一旦交付到我們手中，約需10天即可為其安裝潛艇探測器，立即準備就緒。我們還應準備一些潛艇探測器交給美國海軍，協助他們安裝並解釋操作方法。請立即根據這些原則迅速行動。

在華盛頓進行深入探討的會談充滿緊張的氛圍。8月初，美國透過洛西恩勛爵向我們提議：以50艘修復後的舊驅逐艦交換我們在西印度群島和百慕達的一系列基地。這些艦艇雖然老舊且效能有限，而美國從這些島嶼基地獲得的戰略安全是持久的，兩者的價值難以直接對比。然而，面對入侵威脅和英吉利海峽對大量艦隻的迫切需求，我們急需美國的驅逐艦。此外，這些島嶼只有對美國才具戰略意義。過去，它們是進攻美洲的跳板，如今因為空軍力量的增強，它們對美國安全更為重要，因此需由友好國家或美國掌控。然而，在英國目前為生存而戰的關鍵時刻，友好國家可能無法保住這些島嶼。我始終認為，英國與美國的命運息息相關，因此在我與同僚看來，將這些基地交給美國實際上是有利的。我沒有以狹隘的英國視角來看待這個問題。

還有一個理由，其重要性遠超過我們對驅逐艦的需求或美國對基地的需求。美國將50艘驅逐艦交給英國，這無疑構成了非中立的行為。根據歷史的各種標準，德國政府有理由對美國宣戰。然而，德國不會透過這種

第二十章　美艦換島協議

簡單的方法來解決複雜問題，根據總統判斷，應該不會有這樣的危險，我也認為德國人不會這樣做。希特勒的策略是逐個擊破敵人，這樣處理最符合他的利益。他絕不希望在結束與英國的戰爭之前與美國開戰。然而，美國總統在 1940 年 8 月將驅逐艦交給英國，這個行動無疑使美國更接近於英國，也更接近戰爭。這是大西洋上一系列非中立行為中的首個，它對我們極為有利。它象徵著美國已從中立國轉變為非交戰國。雖然希特勒心中不滿，但正如我們將看到的，全球都意識到這個舉措的深遠意義。

基於這些原因，戰時內閣與議會批准了我們以租借基地換取驅逐艦的政策，只要我們能夠說服西印度群島各相關政府接受這個對他們的生活構成重大犧牲和困擾的安排。1940 年 8 月 6 日，洛西恩發來電報稱，總統急切希望立即得到關於英國艦隊未來歸屬的答覆。他希望確保：即使英國淪陷，英國艦隊也將在海外為帝國繼續作戰，絕不投降，也不自沉。據信，在驅逐艦問題上，這成為對美國國會最具說服力的理由。他認為，完成立法程序的希望正在穩步增加。

我將我個人的感受告知了外交大臣：

1940 年 8 月 7 日

我認為情況非常明瞭。我們並不打算迫使英國艦隊投降或自沉。事實上，這樣的命運更可能降臨在德國艦隊或其殘餘部隊之上。英國絕不能容忍任何關於如果本土被占領我們將如何應對的討論。在入侵前夕，這種討論可能會對當前高漲的民眾士氣產生不利影響。此外，我們絕不能陷入這樣的境地：讓美國政府屆時可以說：「根據我們在提供驅逐艦時達成的諒解或協定，我們認為現在是你們將艦隊駛向大西洋的時候了。」

我們必須拒絕發表類似他們所提議的宣告，單純將這項交易限定為殖民地的租賃。

此刻，我向洛西恩傳送了一封電報：

1940 年 8 月 7 日

我們迫切需要那 50 至 60 艘驅逐艦，希望盡快獲得。在未來 3、4 個月內，美國若要幫助我們，沒有任何其他方式能如此有效。正如你所知，我們非常願意將西印度群島的海、空軍基地設施無限期租借給美國，這種無償租借基於大不列顛和美國海、陸軍雙方的共同利益。因此，如果諾克斯上校提出類似建議，並立即交付上述驅逐艦，我們將欣然接受。然而，此事與任何關於英國艦隊未來歸屬的討論或宣告無關。顯然，我們不可能在這個問題上發表任何宣告，也不同意他們發表宣告。在我給你的密電和致總統的電報中，我多次提醒：如果敵人成功入侵大不列顛，成立英國吉斯林式政府，並為戰後居民爭取盡可能優越的條件，美國將面臨怎樣的危險。我高興地看到，人們已意識到這個危險的狀態，你絕不能低估其嚴重性。美國對此問題的憂慮是有道理的，我們無意減輕他們的不安。而且，從我們的立場來看，我們不願將英國的崩潰作為實際討論的議題。幾星期前我告訴過你，沒有正當理由討論任何關於英國艦隊轉移到美國或加拿大海岸的問題。我甚至不允許任何參謀人員談論這個問題，更不允許進行任何技術準備，即便是制定計畫，也不允許。尤其重要的是，你必須了解到，我們絕不能為了獲得驅逐艦或類似裝置而發表此類宣告。請你立即表明這一點：我們絕不同意對我們行動自由做出任何讓步，也不容許發表任何這類失敗主義宣告，因為這樣做後果極為有害。

儘管我在 6 月 4 日的演講中曾表示，最理想的情況是讓德國人意識到無限制海戰的可能性，但我們不能允許任何中立國家也參與討論這件事。當然，如果美國參戰並成為盟友，我們將與他們並肩作戰，並在這場最終將徹底擊敗敵人的戰爭中，隨時主動提出並與他們協商如何採取最適當的策略。你在與總統的首次談話中曾預見到這一點，當時你表示，你敢斷言，除非美國實際上成為戰爭中的盟國，否則我們絕不會將英國艦隊的任何一部分派遣至大西洋彼岸。

第二十章　美艦換島協議

我向總統發出以下電報：

1940 年 8 月 15 日

無需贅言，當我收到你的電報時，內心感到極大的安慰，並感激你為提供一切可能的援助所付出的不懈努力。我深信，你會盡力而為地給予我們支持，因為你深知，每一艘驅逐艦對我們而言都是無價之寶。然而，我們同樣需要你提到的摩托魚雷艇，以及盡可能多的飛船和步槍。我們有 100 萬人在等待步槍。

在此危急時刻，你的政府和人民提供的這些新援助，其道義價值極為重大，我們深表感激。

若要有效地在國會及其他相關機構中進行遊說，我們可以遵循您所建議的幾點。然而，我堅信，如果我強調我們需要立即獲得艦隻和飛船的保證，您會理解我們的立場。關於英國艦隊的保證，我願重申我在 6 月 4 日於議會中的發言。我們將以艦隊奮戰到底，絕不會透過艦隊的投降或自沉來換取和平。當您引用我多次提及的承諾時，請注意，如果讓人們誤以為征服英倫三島及其海軍基地是可能的，那將對我們不利，也可能對您不利。我們的民眾士氣高昂，他們展現了前所未有的堅決態度。上週激烈的空戰顯著增強了他們對戰爭的信心。關於海、空軍基地問題，我欣然接受您提出的租借 99 年的建議，這種方式比購買更容易為我們所接受。我相信，一旦我們就原則問題達成一致，就可以從容地研究細節。我們需要就紐芬蘭的基地問題與紐芬蘭和加拿大政府協商，這些地方與加拿大也有利益關係。我們將立即尋求他們的同意。

總統先生，請允許我再次表達對您給予我們支持和激勵的感謝，這對我們而言至關重要。

洛西恩認為這封回電的措辭十分妥當，他指出，目前正好有一個機會，總統可以繞過立法程序將這 50 艘驅逐艦交給英國。雖然這還不能確

定，但他建議我們應立即派遣英國驅逐艦的水兵前往哈利福克斯和百慕達。如果美國驅逐艦已準備就緒卻缺少英國水兵來駕駛穿越大西洋，這將在美國引發極為不利的影響。此外，當我們的水兵已在等待時，這個事實本身將有助於讓美國國會感受到事態的緊迫性。

1940年8月16日，總統在新聞公布會上宣告：「關於為了維護西半球，尤其是巴拿馬運河，而獲取海、空軍基地的議題，美國政府正與大英帝國政府商議。此外，美國政府還與加拿大政府就西半球的防禦問題進行討論。」

總統隨即宣稱，美國將向大不列顛提供某種東西作為交換，但他尚未確定具體內容。他多次強調，有關空軍基地的談判與驅逐艦問題完全無關。他表示，驅逐艦不在未來安排之列。

總統需要充分考慮美國國會和海軍當局的意見，因此他極力向國民解釋這筆交易的巨大益處：美國以幾艘舊驅逐艦換取了在關鍵地區的無限安全。事情確實如此，但對我來說，這樣的表述並不完全合適。將這些擁有多年歷史領土的任何部分租借出去，這個想法在議會和政府中勢必引起極大激憤；如果對英國人說這純粹是一場交易：用英國的領土來交換50艘驅逐艦，那必然會受到猛烈反對。因此，我努力將這筆交易置於最高層次來衡量，確實應該如此，因為它展現並維護了英語世界永久的共同利益。

經總統允許，我於8月20日將該議題提交議會，我當時的發言，或許不會因時光流逝而減損其價值：

不久前，我們了解到，美國也在關注大西洋沿岸的海、空防禦。最近，羅斯福總統明確表示，他願意與我們以及加拿大自治領和紐芬蘭商討在紐芬蘭和西印度群島發展美國海軍和空軍設施的問題。自然，這並不涉及任何主權轉移的問題——這一點從未被提及——也不存在未經相關殖民地同意或違背其意願採取行動的情況。然而，從我們的角度看，英王陛下政府真誠地願意在99年租借的基礎上將防禦設施移交給美國，我們相

第二十章　美艦換島協議

信，這樣做對我們和他們的利益同樣巨大，並且符合殖民地本身以及加拿大和紐芬蘭的利益。這些措施至關重要。毫無疑問，這些措施意味著，英語世界的兩大民主國家，大英帝國和美國，將在某些事務上為了共同利益而聯合。我個人認為，展望未來，這種措施沒有什麼值得擔憂的。即使我想阻止也無法阻止，沒有人能夠阻止這個趨勢。它將如密西西比河般奔騰不息。讓它奔流吧！讓這股不可阻擋的溫暖洪流向前奔騰，直至更廣闊的原野和更美好的日子。

前海軍人員致總統

1940 年 8 月 22 日

1. 我對您為我們所做的一切深表感激。在我們之間，我從未考慮過合約、談判或交易之類的事情。在內閣會議上，我們決定提供大西洋沿岸的海、空軍設施，這完全不以您的驅逐艦和其他援助為條件，事實如此。在我們看來，我們是患難與共的朋友，應該盡力互助。因此，我們願意提供上述設施而不求任何回報，即便您明天發現難以移交驅逐艦等，我們的提議依然有效，因為我相信這對雙方都有益。

2. 在我們通訊交流中，若在此時提出或以任何方式承認你提供的軍火是為償付上述海、空軍設施，我認為這不僅不合適，而且相當危險。一旦這種觀念被接受，雙方人民將開始對所提供和獲得的東西斤斤計較。他們將以貨幣為基礎來評估這些軍火的價值，並與這些軍事設施的價值進行比較，有些人可能認為值得，而有些人則可能覺得不值。

3. 此外，總統先生，正如您所了解的，每個島嶼和地點都有其獨特的情況。比如說，若那裡僅有一個港口或據點，該如何劃分和分享其利益呢？在這種情況下，我們願意向您提出我們認為對雙方最有利的建議，而不計較得失。

4. 我們希望的是：我們將利用一切可以確保你們安全的設施，使你在大西洋對岸感到安心。當然，如果你投入資金進行大規模發展，就必須獲

得長期租借的實質性保證。因此，對於此事或艦隊的前景，我寧願停留在昨天於議會中所作的概括宣告上。因此，如果你詳細列出你希望得到的東西，我們會立即告知你哪些是可行的，然後由我們的專家進行技術和法律上的必要安排。另一方面，關於你認為可以給予我們的軍火援助等，我們完全聽憑你的判斷和美國人民的意見。這完全是美國方面根據他們對這場全球戰爭的看法、根據他們自身利益與戰爭的關係以及戰爭所要維護的事業，自行決定的事務。

5. 儘管最近幾天空襲有所減少，我們的力量在許多方面逐漸增強，但我認為那個歹徒還未完全顯露實力。在我們目前通向海洋的唯一定期航線——西北航道上，大批商船遭受損失，因此，若你的 50 艘驅逐艦能立即到來，將是極大的幫助。

此時，洛西恩來電表示，薩默·韋爾斯先生曾告知他，由於總統在憲法上的地位，他「絕無可能」將這些驅逐艦作為自願的贈禮，而只能視為對英國的「交換條件」。依據現行法律，無論是海軍參謀長還是海軍總部都無法提供證明，表明這些艦隻與國防無關，而在沒有此類證明的情況下，除非以某種能夠被證明有助於美國安全的具體措施進行交換，否則無法合法轉移。總統曾嘗試尋找其他途徑，但無其他可行之法。

前海軍人員致總統

1940 年 8 月 25 日

1. 我深知，由於你在法律和憲法方面所面臨的挑戰，你希望制定一份書面的正式合約。然而，我斗膽指出，我預見這個程序可能會遇到的困難，甚至可能帶來的各種風險。為了獲得之前明確提出清單上所列我們迫切需要的工具，我們接受了你的要求，允許美國在紐芬蘭至英屬蓋亞那之間的所有島嶼和地區進行不受限制的使用。如果我們不能滿足你們專家的所有要求，難道我們不會被指責為破壞了已獲得回報的協定嗎？你的義務

第二十章　美艦換島協議

是有限的,而我們的則是無限的。儘管我們非常需要這些驅逐艦,但我們不願意為獲得它們而冒與美國發生誤會或嚴重爭論的風險。如果要將此事寫入合約,則雙方的義務必須明確,對我方義務的規定必須比以前更為清晰,但這樣一來就會拖延時間。

正如我多次強調的,我們需要這些驅逐艦的主要原因,是為了填補我們現有艦隻與新艦隻抵達英國之間的空缺。這些新艦隻,是我在戰爭初期便開始建造的。我們新造艦隻的數量相當可觀,例如,到2月底,我們將接收20艘驅逐艦和新型中型驅逐艦、60艘適合海軍反潛作戰的輕型驅潛快艇、37艘摩托魚雷艇、25艘摩托反潛艇、104艘「費爾邁」式木製反潛巡邏艇、29艘72英尺長的汽艇。接下來的6個月中,還會有更多艦隻竣工。正是在從1940年9月到1941年2月底這段新艦隻建造和即將下水的期間,你的50艘驅逐艦才顯得尤為珍貴。這批驅逐艦一旦到手,我們就能減少西北航道上船隻的損失,並在地中海對墨索里尼採取更強硬的措施,因此,時間至關重要。然而,如果僅僅為了度過這段艦隻短缺的時期,就開出一張允許隨意使用我們在大西洋所有屬地的空白支票,是不可接受的。在此期間,儘管會面臨更多的危險和困難,我們還是希望能夠自行解決。我們已坦誠地表達了我們的困難,我相信你會理解的。

2. 能否執行以下計畫尚不確定?我立刻提出一些明確界定的設施,以顯示我們願意轉讓的範圍,雙方的專家可以對此進行討論,或根據需要進行增減,而我們將保留對最終轉讓設施的決定權。我們將全權負責這些事項,而美國人民是否願意協助我們,全憑他們的慷慨與善意。然而,英王陛下政府的既定方針是為你提供可靠且有效的設施,以保護你的大西洋海岸,並在你需要時及時交付。我已指示海軍部和空軍部初步擬定我們準備提供的設施,並為你的專家留下其他選擇的空間。我建議在兩、三天內將我們的初步意見遞交給你,並在適當時機公布。如此便可避免爭執,美國人民也會更加樂意,因為他們將看到,我們是為了全球正義而戰,對他們

的安全和利益也極為關注。

3. 若依照你們的法律或海軍的要求，你計劃給予的援助必須作為對英國的「交換條件」，我不明白為何英國政府必須這樣做。難道你不能說，除非美國以某種方式回報，使海軍將給予和接受連繫起來，你就認為不便接受我們這份美好的餽贈嗎？

4. 深知你一向是我們的好友，我對你不辭辛苦的努力不勝感激；給你增加的負擔，深為抱歉。

前海軍人員致總統

1940 年 8 月 27 日

1. 洛西恩勳爵已經透過電報向你們傳達了所需設施的基本消息。我們的海軍和空軍專家從你們的視角分析後，也得出了類似的結論，他們還建議將安提瓜作為飛船基地。我們歡迎你們使用安提瓜。我們的既定政策是確保美國在大西洋沿岸的安全無虞，「萬無一失」這句話的出處，你或許還記得。

2. 我們已準備立即依據此方針向你提出一個積極建議。細節問題需立即磋商，然而，因我在前電報中的宣告，若出現分歧，我們不偏好以仲裁方式解決。作為贈與者，我們必須對所提供設施的整體範圍保留禮物內容的最終決定權，並始終依照這樣的理解行事：我們將全力滿足美國的期望。

3. 我完全贊同洛西恩勳爵起草致國務卿的兩封信。我們之所以不同意發表第 2 封信，唯一的理由是：我認為未來更有可能是德國政府選擇讓艦隊投降，或者自行鑿沉艦隊或其殘餘艦隻。正如你所知，他們在這方面已有經驗。你會記得，幾個月前我發給你的一封私人電報中曾提到，我們認為，這種行為是懦夫所為，我們每個人對此都是相同看法。

4. 在我們為你們提供了設施以後，如果你覺得可以將之前提到的「工

第二十章　美艦換島協議

具」或你認為合適的其他物品交給我們，這件事就可被解讀為：不是對我們的補償或照顧，而是對我們為美國安全所作貢獻的承認。

5. 總統先生，鑑於墨索里尼近期對希臘的威脅，此事尤為緊迫。若我們以宏遠的視角和高尚的意圖來處理，目前仍有機會拯救這個古老小國，避免其遭受敵人的侵略和征服。甚至未來的48小時都至關重要。

首相致伊斯梅將軍

1940年8月27日

若以我們的名義公開洛西恩勳爵轉達的羅斯福總統的要求，必須使用第一人稱。例如：「英王陛下政府向美國總統提出如下建議：『我們以友誼和善意準備立即會見你們的代表，探討在下列島嶼上提供有效海、空軍基地的事宜。』」等等。

請根據此精神為我起草一份草稿，以便我口述一封電報。務必於今天上午將草稿送達。

隨後，草擬電報如下：

英國陛下政府向美國總統提交了如下建議：

本著友誼與善意，我們已準備好立即與貴方代表會面，討論在以下地區設立租期為99年的海軍和空軍基地事宜。這些地點包括：

同時，我建議在發表時使用以下電文——美國總統為促使我提供他所期望的保證而發給我的電報原文。

據報導，1940年6月4日，大不列顛首相在議會正式宣布，在這場大不列顛及其帝國殖民地參與的戰爭中，若英倫三島周圍水域無法由英國戰艦堅守，英國艦隊絕不會投降或自沉，而將前往海外，捍衛帝國的其他地區。

美國政府正式詢問，該宣告是否展現了英國政府的既定政策。

總統採納了這篇電文，隨後我向他發送了雙方事先同意的回覆。

總統先生，您提問，我在 1940 年 6 月 4 日向議會發表關於英國艦隊絕不投降或自沉的宣告是否「反映了英王陛下政府的既定政策」。當然如此。然而，我認為這種意外情形，更有可能發生在德國艦隊或其殘餘艦隻上，而非我們的艦隊。

如此一來，所有問題都愉快地得到了解決。9 月 5 日，我以謹慎的語言正式通知下議院，並得到了他們的默許——實際上是全體同意：

在我上次於議會發言時，已預見到英、美兩國之間將有重大事件發生，如今此事已然落實。在我看來，這個事件的達成，不僅令英、美兩國的民眾普遍感到欣慰，也令全球的朋友們倍受鼓舞。若試圖過於解讀往來的官方文件，超出其字面涵義，那將是錯誤的。我們進行的這種交流純粹是兩個友好國家之間基於信任、同情和善意的相互支持。這些措施共同構成了一項正式協定，必須完全按照這些措施所展現的意義來理解。只有極其無知的人才會認為，美國向英國移交驅逐艦至少違反了國際法，或至少影響了美國的非交戰狀態。

我相信，希特勒先生不會贊同這次驅逐艦的轉讓，而且我也確信，他一旦有機會，就會對美國發洩不滿，因此我很欣慰看到美國的海、陸、空軍防線已經沿著一條寬廣的弧線延伸到大西洋，使他們能夠在遠離本土數百英里的地方遏制威脅。海軍部也曾向我們表示，他們迫切希望獲得這 50 艘驅逐艦，以便順利度過艦隻短缺的時期。我曾在本院提到，在我們戰時計畫中的大量新艦投入使用之前，艦隻短缺是不可避免的。

我相信，議會已經意識到，明年的海上力量將較當前大幅增強，即使在目前，我們也具備充足的力量來應對現有任務。美國的驅逐艦應當迅速編入現役艦隊；事實上，英國水兵已經在各移交港口待命。你們可以稱之為有準備的巧合。目前，我對整個這件事情實在想不出還有什麼要說的

第二十章　美艦換島協議

了。現在不是玩弄辭令的時候，但是，請允許我鄭重向本議會進一忠言：當你得到你所需要的東西時，就最好聽其自然，不再究問。

我們就這樣獲得了 50 艘美國驅逐艦。我們則向美國出租了在西印度群島和紐芬蘭的海、空軍基地，租期為 99 年。隨後，我以書面形式向總統重申我對英國艦隊絕不自沉或投降的承諾。我將這一切視為互惠的交換，是基於其用途而非價值進行的友好行為。總統認為，將這些作為一個整體提交國會會更容易獲得批准。我們之間沒有任何分歧，兩個國家都感到滿意。此事在歐洲引發了深遠的影響。

第二十一章
埃及中東局勢

1940年6月－7月－8月

　　由於法國退出戰爭，英國在本土面臨生死存亡的戰爭，墨索里尼或許認為他控制地中海和重建古羅馬帝國的夢想即將實現。既然無需防禦駐紮在突尼西亞的法國人，他便能進一步加強為進攻埃及而集結的大軍。全球的目光都聚焦在英倫三島的命運上，關注德軍的集結和爭奪制空權的戰鬥。這些無疑是我們最為關心的事情。許多國家認為我們已到最後關頭。朋友們欽佩我們的冷靜和堅定，但也認為這種態度的基礎並不穩固。儘管如此，戰時內閣仍決心將能從本土決定性戰鬥中節省下的一切人力、物力用於抵禦所有進攻埃及的敵人。海軍部指出，由於空襲的危險，連軍事運輸船隊也無法通過地中海，這使得局勢更加困難。所有艦隻必須繞行好望角。這樣一來，很可能既不利於不列顛之戰，也無助於埃及之戰。奇怪的是，當時每一個相關人員都表現得極為鎮定和沉穩，但事後撰寫這個時期的過程時卻令人不寒而慄。

　　1940年6月10日，義大利對英國宣戰時，英國情報部門的評估——現已證實該評估是準確的——顯示，義大利除了在衣索比亞、厄利垂亞和索馬利亞駐紮的部隊外，還有21.5萬人駐紮在北非沿海各省。具體分布為：在的黎波里塔尼亞有6個正規師和兩個民兵師，在昔蘭尼加有兩個正規師和兩個民兵師，此外，邊防部隊還有相當於3個師的編制，總計15個師。英國在埃及的軍力包括：第7裝甲師，第4印度師的三分之二，紐

第二十一章　埃及中東局勢

西蘭師的三分之一，另有 14 個英國營和兩個皇家炮兵團（尚未編入更高級的編制單位），共約 5 萬人。西部邊境的防守和埃及內部安全的維護都需要從上述部隊中抽調，因此，我們在戰場上處於兵力劣勢，並且義大利的空中力量也遠超我們。

在 1940 年 7、8 月間，義大利在各地展開積極行動。來自卡薩拉的威脅已向西延伸至喀土穆。恐慌情緒在肯亞蔓延，人們擔心義大利遠征軍會從衣索比亞南下 400 英里，直逼塔納河與奈洛比。儘管義大利大軍進入了英屬索馬利亞，但與其對埃及的威脅相比，這些都顯得微不足道。顯然，義大利正大規模地籌備侵入埃及。此前不久，墨索里尼不斷向東調遣軍隊至埃及。甚至在戰爭爆發前，沿著海岸修建了一條寬闊的公路，從的黎波里的主要基地出發，穿越的黎波里塔尼亞和昔蘭尼加，直達埃及邊境。數月來，這條公路上軍運繁忙。軍火庫在班加西、德爾納、托布魯克、拜爾迪耶和塞盧姆逐漸建立，儲滿了武器。這條長達千餘英里的公路，沿途設有義大利兵營和補給站，彷彿一串珠鏈。

在接近埃及邊境的公路一端，義大利悄無聲息地集結並部署了一支裝備精良的 7、8 萬大軍。軍隊的前方閃爍著爭奪埃及的目標。其後方則延展著通往的黎波里的漫長公路；更後面就是大海！這支多年積聚的軍力，如果能繼續向東推進，戰勝所有攔路者，命運將無比光明。若能占領三角洲的沃土，便無需再沿著那漫長的歸途返回。反之，若遭遇不測，恐怕生還者寥寥無幾。在秋季時，野戰軍與沿海岸一系列大型補給站的義大利人至少有 30 萬；若需向西撤退，即使不受干擾，也只能逐步零星撤離，這需要數月之久。如果在埃及邊境的戰事失利，前線崩潰，不給他們喘息之機，便只有全軍覆沒，或戰死，或淪為俘虜。然而，1940 年 7 月，尚不知誰將在這場對抗中占據上風。

當時，我們的最前線防禦陣地設在馬特魯港的主要補給基地。從那裡

向西有一條良好的公路通往西杜拜拉尼，但從此地至塞盧姆的邊境，卻沒有足夠的道路來支撐在邊境附近長期駐紮大批士兵。由我們一些最精銳的部隊組成了一支小型機械化掩護部隊，包括第 7 輕騎兵團（配備輕型坦克）、第 11 輕騎兵團（配備裝甲車），以及第 60 來福槍旅的兩個汽車營和 1 個來福槍旅，還有皇家摩托化騎炮兵的兩個團。所有部隊已經接獲命令，一旦戰爭爆發，他們就立即攻擊義大利邊境的前哨據點。於是，在 24 小時內，第 11 輕騎兵團越過邊境，突襲了尚未接到宣戰通知的義軍，俘獲了一些敵軍。次夜，6 月 12 日，他們再次取得勝利；6 月 14 日，他們與第 7 輕騎兵團及第 60 來福槍旅的一個連隊，攻占了卡普措和馬達萊納邊境的碉堡，並俘獲 220 義軍。16 日，他們繼續深入襲擊，摧毀了 12 輛坦克，攔截了托布魯克——拜爾迪耶公路上的車隊，並俘獲了一名將軍。

在這場雖小但激烈的戰鬥中，我們的軍隊認為自己占據了優勢，並迅速意識到，他們即將掌控沙漠。在未遭遇敵人大部隊或設防據點前，他們毫無阻礙地行動，隨心所欲，並在激烈的遭遇戰中繳獲了許多戰利品。當雙方主力相遇時，局勢完全不同，一方只占據當前的駐地，而另一方則掌控其餘所有地區。我在波爾戰爭中經歷過類似情形，除了我們兵營和宿營地火力覆蓋的狹小區域外，我們沒有一寸土地，而波爾人則自由馳騁，隨意行動。

此時，敵軍自西方調派的增援部隊逐漸增多，至 1940 年 7 月中旬，他們已憑藉兩個完整師及另外兩個師的部分力量重建了邊界防線。8 月初，我方掩護部隊由第 7 裝甲師的支援單位接替，包括第 3 科爾斯特里姆警衛隊、第 60 來福槍旅的第 1 團、第 2 福槍旅、第 11 輕騎兵團、第 6 皇家坦克營的一支分隊，以及皇家騎炮兵的兩個機械化炮兵中隊，其中 1 中隊裝備有反坦克炮。此支小型部隊分布在長達 60 英里的戰線上，持續對敵方進行打擊，並取得日益顯著的戰果。在戰爭的前 3 個月內，義大利

第二十一章　埃及中東局勢

公布的傷亡人數接近 3,500 人，其中 700 人成為我方俘虜，而我方損失僅 150 餘人。因此，在義大利對大英帝國宣戰的初期階段，戰局一開始便對我方有利。

中東司令部建議在韋維爾將軍的領導下，自馬特魯港的要塞陣地附近迎擊義大利的進攻。在我們能夠集結一個完整兵團之前，這似乎是唯一的策略。因此，我提出以下任務：首先，盡可能集結最大的兵力對抗義大利的侵略。為此，我們必須在其他許多地方承擔風險。我對軍事當局允許兵力分散感到不安。顯然，應在喀土穆和青尼羅河加強兵力，以防禦義大利占領下的衣索比亞邊境。然而，將 25,000 人，包括南非聯邦旅和兩旅精銳的西非軍隊，閒置在肯亞有何意義？1907 年末，我曾在塔納河以北的一些區域旅行。那是一片風景宜人的原野，但食物匱乏。認為義大利計劃派遣 15,000 至 20,000 人的遠征軍，攜帶大炮和現代化裝備，長途跋涉 4、500 英里到達奈洛比，這種想法顯得荒唐。在肯亞前線的後方，有烏干達的寬軌鐵路。我們已經掌握了海洋的控制權，可以透過海運和鐵路調動軍隊，這種便利是敵人透過陸路無法比擬的。鑑於我們在交通上的優勢，盡可能靠近奈洛比和寬軌鐵路與義大利遠征軍作戰，對我們是有利的。因此，那裡並不需要大量的軍隊。埃及三角洲才是這些軍隊更需要的地方。我的意見得到了部分實現，但這是在與全面設防這個模糊觀念進行長期激烈爭論之後才取得的。

我曾竭盡全力將駐紮在新加坡的軍隊重新部署，首先將已經抵達新加坡的澳洲師調往印度進行訓練，然後再派遣至西非的沙漠地帶。巴勒斯坦的局勢則截然不同。我們在巴勒斯坦分布著許多精銳部隊：一個澳洲師，一個紐西蘭旅，以及我們自己的精銳義勇騎兵師，這些部隊全都配備或即將配備裝甲車輛；還有近衛騎兵，他們仍以騎馬為主，但渴望獲得現代化武器；此外，還有大量的行政人員。我計劃武裝特拉維夫的猶太人，只要

他們擁有合適的武器，就能頑強地抵禦任何入侵者。在這方面，我遇到了各種阻力。我心中掛念的另一件事，是與虛弱的義大利人和嚴重的空中威脅爭鬥，以確保地中海的自由航行，使馬爾他島能固若金湯。在我看來，最重要的是確保軍用運輸船隊，尤其是運輸坦克和大炮的船隻，可以通過地中海，而無需繞行好望角。為此目的，冒險是值得的。從英國繞道好望角將一個師運送到埃及，這個師會在3個月內無法參戰，而這3個月的時間非常寶貴，尤其是我們師的數量有限。最後，我們的島嶼正面臨直接入侵的威脅。我們究竟能從本土和主要基地抽調多少兵力去保衛中東呢？

如同在我的電報與備忘錄中所述，自1940年7月以來，我對中東局勢的擔憂日益加深。那條沿海的漫長公路始終令我心神不寧。我反覆考慮派遣裝備輕便而強大的部隊從海上登陸，以截斷它。然而，當時我們顯然缺乏合適的坦克登陸艇，但我們應當能夠設計出符合這個軍事需求的工具。若將這個行動與大型戰役結合，便可分散敵人的前線兵力，對我們而言將極為有利。

首相致伊斯梅將軍

1940年7月10日

請將以下事宜遞交參謀長聯席會議：

是否已經制定計畫，從利比亞調遣大軍前往埃及邊境，截斷敵人依賴於海岸的公路運輸線？僅依靠空襲或海上炮擊是不夠的。然而，如果我們派遣幾個精銳旅在敵人的交通線上占據若干城鎮或其他合適的據點，並得到海軍的支持，就可以長期騷擾敵人，迫使其調動大量部隊來應對。等他們一來，我們就撤走，再去襲擊其他目標。當然，這種策略只有在大部分敵軍已通過截擊點後才能見效。或許沙漠本身就能為敵人提供自由運輸補給的便利。我對此表示懷疑，如果真是這樣，義大利人為何還要不遺餘力地修建這條漫長的公路呢？

第二十一章　埃及中東局勢

我至今無法理解為何未能制定出一個合適的計畫。我們的將領們在中東或突尼西亞從未被說服嘗試此策略。然而，1943年巴頓將軍在攻克西西里時，成功進行了幾次類似的迂迴行動，並取得了顯著效果。直到1944年，我才在安濟奧進行了一次這樣的嘗試。儘管這次規模更大且登陸成功，但未能實現我們預期的決定性結果。不過，那是另一個問題。

我十分期盼那些對戰爭擁有豐富經驗且對中東戰局深切關注的大臣們能夠積極發表意見。

首相致愛德華‧布里奇斯爵士

1940年7月10日

我認為，應籌組一個小規模的大臣級常設委員會，由陸軍大臣艾登先生、印度事務大臣艾默里先生及殖民地事務大臣勞埃德勳爵組成，共同探討中東戰事的指揮問題（他們在此方面均有重大關聯），並告知我作為國防大臣應向內閣提出哪些建議。請為此進行適當安排。陸軍大臣已同意擔任主席。

艾登先生向委員會報告中東軍力、裝備和物資的匱乏，帝國參謀總長對此深感憂慮。委員會敦促盡快為已駐紮但力量不足的埃及裝甲師全面裝備，並建議一旦國內兵力允許，立即派遣第2個裝甲師。參謀長委員會贊同此觀點，帝國總參謀長認為必須在國內威脅減少、國外威脅增加時選擇合適時機調撥兵力。7月31日，艾登先生指出，幾週內我們可以從國內調撥一些坦克，若計劃9月底抵達中東，則需經由地中海運輸這些坦克及其他裝備。儘管德國對本土的進攻日趨緊迫，我仍完全贊同這些計畫，並多次向內閣提出這個極其艱難的選擇。

我對中東其他事務也極為關注。

首相致伊斯梅將軍

1940 年 7 月 23 日

　　南非聯邦的萬名部隊現處何地？為何未投入中東戰事？我們今日已達成協定，將以「旋風」式及其他新型戰機加強南非空軍力量。中東戰役的協調情況如何？我最近指定設立的大臣級中東委員會採取了何種行動？既然計劃在地中海展開大規模海戰，更須以各種方式加強並協調對衣索比亞陣地上的義軍攻勢。務必將該地局勢的報告送達，以便我能在週四早晨進行審議。

　　我感到有必要直接與韋維爾將軍會面，討論利比亞沙漠地區急待解決的重要事務。此前，我從未見過這位肩負重任的傑出軍官，於是請求陸軍大臣在合適的時機召他回國進行為期一週的磋商。他在 1940 年 8 月 8 日抵達，與參謀人員進行了深入討論，並與我及艾登先生多次長談。當時，中東司令部的工作異常複雜，涉及軍事、政治、外交及行政等諸多問題。我和同事們經過一年多的努力才意識到：要妥善處理供應問題，必須在總司令、國務大臣和殖民地行政長官之間明確他們在中東的責任分工。儘管我不完全贊同韋維爾將軍對資源的使用和管理方式，但我認為由他負責是最佳選擇。我欽佩他的優秀品格，同時也感動於大家對他的信任。

　　在最近的幾次談話中，無論是言語交流還是書面溝通，氣氛都顯得極為正式。按照慣例，我將自己的觀點清晰地記錄在紙上。

首相致函伊斯梅將軍轉韋維爾將軍

1940 年 8 月 10 日

　　我十分感謝你對埃及和索馬利亞局勢的詳細解說。我們還需討論肯亞和衣索比亞的狀況。我已提及你在肯亞擁有的那支強大軍隊：由 6,000 白人南非人組成的聯邦旅，他們或許是目前唯一適合在廣袤原野上作戰的精銳部隊；還有人數不少於 2,000 的東非移民部隊，他們完全適應了當地的

第二十一章　埃及中東局勢

環境；從西海岸運來的兩個西非旅也有 6,000 人，經歷了重重困難；此外至少還有兩個英王的非洲來福槍旅；總計至少有兩萬人，可能更多。在中東命運及其他多個事件的結果都將取決於亞歷山大或蘇伊士運河的戰爭時，為什麼將他們閒置在肯亞，等待義大利從衣索比亞通過艱難的道路南下侵犯，或者讓我們的軍隊也準備通過如此困難的道路進攻衣索比亞，進一步拖延時間呢？

當然，我對當地的實際情況並不完全了解，但我認為合理的策略安排是：利用東非移民部隊和英王的非洲來福槍旅駐紮在肯亞，以牽制義大利軍隊的南下。透過海路運輸軍隊總比義大利軍隊透過陸路更為便捷，因此，我們始終能夠出其不意地快速增援。這樣的部署，可以讓南非聯邦旅和兩個西非旅立即調往埃及三角洲，在關鍵的戰場和關鍵的時刻為你提供極為寶貴的增援。如果不能快速在各戰場間調動部隊，制海權又有何意義？我相信，我可以說服史末資將軍批准南非聯邦旅的調動。你可以在明晚告知我你對此事的看法，因為時間非常緊迫。

首相致函伊斯梅將軍轉韋維爾將軍

1940 年 8 月 12 日

1. 我對將南非聯邦旅和西非旅部署在肯亞感到相當不滿。按照當前的安排，這些部隊在對埃及、喀土穆和索馬利亞的緊急進攻中將毫無作用。在其他地方激戰正酣時，讓大量部隊閒置，這種策略將永遠被視為軍事行動的致命缺陷。有人聲稱南非聯邦旅未經訓練，因而無法參戰，但在收到進一步消息前，我不會接受這個說法。戰前，納塔爾卡賓槍隊的訓練程度遠勝於我們的英國本土防衛隊，並且似乎是在宣戰後才籌組的。我不理解為何認為南非聯邦旅整體不如英國本土防衛隊。無論如何，他們足以應對義大利人。我已經要求提供有關兩者的組織和訓練的詳細資料。

2. 我認為巴勒斯坦的大規模部隊並未得到適當的部署。當前局勢的重點在於武裝猶太裔的定居者，使他們具備足夠的力量得以自衛，進而在必

要時僅需少量的英國軍隊便可在短期內承擔巴勒斯坦的全面防務。應當建議立即調動駐軍的大部分,包括志願騎兵師。我不理解,為何在巴勒斯坦已經接受至少6個月訓練的澳洲和紐西蘭部隊只能派出一個旅前往埃及作戰。他們的兵力有多少,訓練情況如何?這些士兵是以高昂的費用從澳洲運至巴勒斯坦,作為首批前往歐洲作戰的志願軍中的精銳。其中有許多人早已接受過軍事訓練,並且在戰爭爆發後又進行了近一年的訓練。如果由於我們對這支重要部隊的管理不當,導致僅有一個旅參與埃及的關鍵防禦戰,那將是極大的恥辱!

3. 毫無疑問,透過蘇丹港將兩個西非旅運往喀土穆是完全可行的。將各地的土著部隊混合編組是一項巧妙的政策,因為這樣可以利用一組人來監督另一組人的紀律。應立即派遣這兩個旅前往蘇丹,以便在印度師抵達後,可以立即部署到埃及或索馬利亞。如果僅僅是為了駐守肯亞,我不明白為何要將它們從西非調出。

4. 請提供關於在肯亞達到服兵役年齡人移民的統計資料。我們是否認為他們尚未組織任何地方部隊來捍衛自己的領土?如果尚未組織,那麼儘早讓他們意識到自己的處境是有益的。目前,除了那些移民和英王的非洲來福槍旅之外,不應在肯亞駐留任何部隊。為了支援埃及,我們在本土面臨危險和困難的情況下,若不充分利用當地部隊,這將是難以接受的。

5. 請告知駐紮在埃及三角洲的兩支英國師的詳細資訊。在此區域,僅僅根據師的數量來評估問題可能導致誤解;也不能以尚未完全裝備為藉口而不使用這些傑出的正規軍。

6. 關於敵軍的裝甲部隊及裝甲車輛在沙漠中如同在沿海公路上般靈活運動的問題,我們自然需進一步探討。這可能是指履帶式車輛,但若在多石且鬆軟的沙漠中長途行駛,這類車輛將面臨嚴重損壞。無論如何,沙漠中的車輛運輸若未裝配沙漠專用的加寬特種印度橡膠輪胎,將難以行駛。義大利的車輛是否具備此類裝備,裝備的情況如何?

第二十一章　埃及中東局勢

7. 對於將我們不再使用的水井或水源長期「汙濁化」，有何安排？在即將棄用的道路上埋設地雷，是否已備妥足夠的延時爆炸信管？請務必將延時最長的信管，即至少延時 14 日（但我希望能有更長延時）的信管，用第 1 艘開往埃及的船運送。請研究，當我們放棄柏油路時，是否可以透過重石油的化學反應或其他處理方法來破壞瀝青路面。

8. 請提交一份詳盡而精確的報告，涵蓋中東地區所有部隊，包括波蘭和法國志願軍以及新抵達的兵員。

今晚我願意討論上述各點。

在 8 月 10 日的商討過後，迪爾在艾登的強烈支持下，致信告知我，陸軍部正迅速安排派遣以下部隊前往埃及：1 個裝備 52 輛坦克的巡邏坦克營、1 個輕坦克團（同樣配備 52 輛坦克）以及 1 個擁有 50 輛坦克的步兵坦克營。此外，還有 48 門反坦克炮、20 門輕型雙筒自動高射炮、48 門可發射 25 磅炮彈的野戰炮、500 挺輕機槍、250 支反坦克步槍和所需的彈藥。一旦裝載完成，便立即動身。唯一需要考慮的是，是繞道好望角還是冒險經由地中海。我極力主張海軍部（請參見下章）直接選擇地中海航線。關於此事，我們進行了許多討論。同時，內閣批准了這支裝甲部隊的裝船計畫，至於具體航線選擇，將在船隊接近直布羅陀時再做最終決定。在 8 月 26 日之前，我們仍有選擇的餘地，屆時我們將更清楚義大利準備攻擊的緊迫性。時間不容浪費。當我們全力應對這樣一場生死存亡的危機時，這個決定立即顯得至關重要且恰到好處。沒有人表現出猶豫。

以下指示經過我們共同討論後由我草擬，內閣與參謀長委員會一致同意，並未做出任何修改，即予批准。

首相致陸軍大臣及帝國總參謀長

1940 年 8 月 16 日

給中東總司令的總指示

第 1 部分；

1. 現今必須預見到，敵人可能隨時從利比亞對埃及發動大規模進攻。因此，最大規模的軍隊應盡全力集結並部署在西部邊境及其周邊區域。所有政治和行政問題都應適當服從於這個安排。

2. 當前敵軍迫使我們從索馬利亞撤退，然而，這在策略上卻是有利的。應根據具體情況，將所有原駐索馬利亞或計劃派駐索馬利亞的部隊全部轉移至亞丁，或通過蘇丹港調往蘇丹，亦或是調往埃及。

3. 保護肯亞的重要性應排在蘇丹之後。當埃及和蘇丹的危機結束後，在義大利的任何大規模遠征軍抵達塔納河之前，顯然有時間透過海路和鐵路支援肯亞。我們增援肯亞，肯定比義大利從衣索比亞或義屬索馬利亞調動軍隊更迅速。

4. 因此，須迅速派遣這兩個西非旅或英王的非洲來福槍旅前往喀土穆。我正在請求史末資將軍同意，將南非聯邦旅或其一大部分調至蘇伊士運河區及埃及三角洲，以維護內部治安。應安排他們持續接受訓練。我正請求海軍部提交關於印度洋和紅海運輸可能性的報告。

5. 鑑於義大利在占領英屬索馬利亞後可能加強對紅海的空襲，因此增強駐亞丁的空軍力量成為了關鍵。

6. 在巴勒斯坦待命的兩個旅 —— 一個正規軍旅和一個澳洲旅 —— 現在應立即開往埃及三角洲，以清除巴勒斯坦地區的交通障礙，為其他後備部隊的調動做好準備。待這些部隊裝備完備可以執行戰地勤務，或完成內部治安任務的組織部署後，即可開始調遣。

7. 無論如何，應由 3、4 個不攜帶馬匹的英國騎兵團接管蘇伊士運河

第二十一章　埃及中東局勢

區的必要防務，以便將那裡的 3 個正規營釋放出來，作為三角洲野戰集團軍的總後備隊。

8. 因此，駐紮在巴勒斯坦的其他 6 個澳洲營可以在接到通知後的 5 天內前往三角洲，以履行內部治安或其他緊急任務。如果條件允許，駐紮在巴勒斯坦的波蘭旅和法國義勇軍部隊也應前往三角洲，加入總後備隊。

9. 當前在登船或運輸途中的印度師應盡快加速排程。除非認為從索馬利亞撤出的部隊與不需要的亞丁部隊，以及來自肯亞的增援，已經足以加強蘇丹的防禦，否則整個師應立即前往蘇伊士，以應對其他地方的緊急需求，並參與三角洲集團軍（後來稱為尼羅河集團軍）。此外，至少要有 3 個英國炮兵營——即使是馬拉的——立刻從印度登船前往蘇伊士。海軍部將安排船隻。

10. 上述調遣任務的大部分應在 1940 年 9 月 15 日至 10 月 1 日期間完成，基於此，三角洲集團軍應包含以下部隊：

（1）駐紮於埃及的英國裝甲部隊。

（2）總計有 8 個營，其中 4 個營駐紮於馬特魯港，兩個營駐於亞歷山大，另有兩個營位於開羅。

（3）來自運河區的 3 個營地。

（4）英國後備旅駐紮於巴勒斯坦，由 14 個英國正規步兵營組成。

（5）紐西蘭之旅。

（6）來自巴勒斯坦的澳洲旅。

（7）波蘭之旅。

（8）隸屬於東非的聯邦旅的 1 支。

（9）目前，第 4 印度師駐紮在馬特魯港的後方。

（10）正處於運輸途中的新印度師。

（11）1 支由 11,000 人組成的別動隊即將抵達蘇伊士。

（12）此刻，所有在中東或從印度啟程的炮隊（共計150門大炮）。

（13）截至目前，具備作戰能力的埃及軍隊。

11. 上述部隊最遲需在1940年10月1日之前籌組成為39個營，其中包括裝甲部隊，總人數為56,000人，並配備大炮212門。內部治安部隊不在此列。

第2部分：

12. 希望海軍部能將從英國抽調的那個包含3個坦克團的裝甲旅通過地中海運送至中東。如果不可能，希望他們能在10月的前兩週繞過好望角抵達。須知，這支部隊在9月分到達是如此地急需，以至於即使在運輸途中冒相當大的風險也是值得的。

第3部分：

上述部隊的戰術運用：

13. 必須盡快將馬特魯港陣地徹底加固。由3個埃及營防守的扇形地區應由3個英國營接管，以實現部隊整合。即便埃及政府試圖撤走這3個營的火炮，也要堅持執行。應與地中海艦隊總司令商討：若敵軍在向三角洲推進途中經過馬特魯港，我們能否從海上增援並截斷敵人交通。此外，襲擊塞盧姆的交通線或更偏西的地區也是一個可行的策略。

14. 從馬特魯港到亞歷山大防線之間的所有水源必須被「汙染」。對此，另有一份專門附件。絕不可嘗試留下少數士兵來守護此區域內靠近海岸的水井。如有必要，應將第4印度師撤至亞歷山大或透過海路撤離。從塞盧姆到馬特魯港的公路，尤其是從馬特魯港到亞歷山大的瀝青路，在放棄時應使用延時爆炸地雷或化學方法處理路面，以使其無法通行。

15. 必須沿著亞歷山大的耕作地帶邊緣和三角洲的灌溉管道，規劃一條主要防線，實際上早就應該規劃了。此防線需由整個三角洲兵團和合理部署的後備隊負責防守。為此，從海岸到耕作地帶及主要灌溉管道之間，

第二十一章　埃及中東局勢

應建造或完成最堅固的混凝土、沙袋和碉堡工事。這道防線前的管道應盡快鋪設。三角洲地區是阻止各類坦克的最佳障礙，可透過沙袋工事輕鬆防守，以保衛埃及並為亞歷山大防線提供一道堅實而延伸的側翼。應透過控制阿斯旺水位，利用尼羅河的泛濫形成一條4至5英里寬的水浸地帶。應在這片地帶內或其後方建立一系列堅固的據點，並配備火炮。

16. 三角洲集團軍以此態勢等待義大利的入侵。可以預見，敵人將會發動大規模的攻擊，他們面臨的唯一但嚴重的限制是水和汽油的供應。除非英國及時調來裝甲部隊支援，否則敵人必然會在右翼部署強大的裝甲力量以包圍或擊退我們力量薄弱的軍隊。即便他們無法直接攻擊，也能干擾馬特魯港。然而，若我們全力加強三角洲主要防線的防禦工事並堅定防守，他們將不得不撤軍，進而在水、汽油、食物和彈藥的補給上遇到困難。一旦敵軍撤退且陷入激烈戰鬥，我們便可從馬特魯港出擊，進行海上炮擊，對塞盧姆乃至更西的地區發動攻擊，破壞敵人的交通線，這將對他們造成致命的打擊。

17. 因此，保衛三角洲的戰役將如下進行：在亞歷山大到內陸的左翼堅守，右翼推進，並利用海軍打擊敵方交通線。同時，期望駐紮在馬爾他島的增援部隊能阻斷敵人從歐洲向非洲的持續增援，無論是義大利的還是德國的。

18. 若我們能獲得足夠的時間，那麼在10月1日前一切便可完全就緒。否則，我們就只能盡力而為。所有受過訓練的部隊或正規軍，無論裝備是否齊全，必須用於保衛三角洲地區。所有武裝的白人以及印度或外國的部隊則需負責內部治安。必須讓埃及軍隊在支援三角洲前線的戰鬥中發揮作用，這樣一來，埃及僅需應付國內的暴亂群眾。

請依照上述指示執行，並於8月16日下午4時30分與我進行詳盡的商討。

8月的第3週，韋維爾將軍攜帶此指令重返開羅。

此刻，我需要記錄一段軍事上的插曲，事情雖小，但在當時卻極其令人惱火。義大利憑藉其遠勝於我方的兵力將我們逐出了索馬利亞。這個過程理應被描述。

直到 1939 年 12 月，我們對義大利的作戰策略是撤離索馬利亞。然而，在當月，帝國總參謀長艾恩賽德將軍宣布要捍衛這片領土，作為最後底線，也要堅守柏培拉。計劃在貫穿丘陵的特格阿琴峽谷建立防禦工事。一個英國營（「蘇格蘭高地人團」）、兩個印度營和兩個東非營，再加上索馬利亞的駱駝隊，以及一個非洲輕炮兵中隊、反坦克炮和高射炮部隊的小分隊等，已在 1940 年 8 月初集結完畢。韋維爾將軍在 7 月 21 日電告陸軍部稱，不戰而退將損害我們的威望，並且，在未來的攻勢行動中，索馬利亞可能成為有價值的基地。在他留駐倫敦期間，戰鬥開打，因此他向內閣中東委員會表示，雖然索馬利亞的喪失在策略上意義不大，但對我們的威望卻是一大打擊。

1940 年 8 月 3 日，義大利派遣了 3 個步兵營、14 個殖民地步兵營、兩個山炮大隊，以及配備中型坦克、輕型坦克和裝甲車輛的若干支隊，進軍英屬索馬利亞。8 月 10 日，該部隊向我們發起進攻。11 日晚，新任英國指揮官戈德溫——奧斯丁將軍抵達戰場。他接到的指示是：「你的任務是阻止義大利人越過主要陣地⋯⋯在必要時可以採取撤退措施。」12 日和 13 日爆發了戰鬥，敵人在猛烈炮擊後占領了我們 4 個主要據點中的一個。15 日晚，戈德溫——奧斯丁將軍決定撤退。他表示這是「避免我們遭受慘敗和被殲滅的唯一方法」。中東司令部批准了撤退，並在強而有力的後衛部隊「蘇格蘭高地人團」的掩護下順利完成。

對此事我感到極為不滿，它將被記錄為我們唯一敗給義大利的戰役。然而，這絲毫不影響保護國的英國軍隊和索馬利亞軍隊官兵的聲譽，他們在手頭裝備的限制下竭盡全力，並遵從了所有命令。義大利全國歡騰，墨

第二十一章　埃及中東局勢

索里尼對進攻尼羅河平原的前景感到異常滿意,但韋維爾為當地指揮官辯護,稱戰鬥極其激烈。

鑑於我們共同致力於偉大事業,我不再強求陸軍部或韋維爾將軍採納我的看法。

此刻,我們的情報顯示,義大利在阿爾巴尼亞的軍力迅速擴增,對希臘構成威脅。德國對英國的入侵準備逐步擴大,跡象愈加明顯,因此我們無法減少對德國、荷蘭河口及法國港口積聚眾多駁船的轟炸。有關從本土調離轟炸機中隊的問題,我仍未下定決心。無論如何,詳盡的計畫制定才是明智之舉。奇怪的是,空軍在所有軍種中,除了空中作業外,顯得最不靈活。一個中隊可以在數小時內抵達目的地,但其所需的設施、倉庫、燃料、零件和維修工廠則需數週甚至數月才能建立。

(限即日行動)

首相致空軍參謀長和伊斯梅將軍

1940 年 8 月 28 日

請就計劃派遣的兵力之外,至少再增派 4 個重轟炸機中隊至埃及事宜,向我提交方案。如希臘在義大利威脅下被迫參戰,這些中隊應盡可能從希臘前沿基地出擊,以便於作戰。在對義大利進行空襲前,可在當地加油。許多最佳目標,包括義大利艦隊,都是易於攻擊的。如果希臘參戰,從希臘出擊優於從無防禦的馬爾他出擊。報告應簡明扼要地闡述方法、困難與目標,並附上時間表。政策問題無需涉及,由內閣國防委員會決定。制定盡可能完善的計畫,並非意味著空軍部或其他機構將採用該計畫,但應盡全力解決其中的挑戰。

以我在 8 月提交給澳洲和紐西蘭總理的形勢報告作為本章的結尾是再合適不過的,這份報告是我 1940 年 6 月 16 日電報的延續。

首相致澳洲和紐西蘭總理

1940年8月11日

　　聯合參謀部正在起草關於太平洋局勢的文件，不過我斗膽先就此問題向你簡要陳述。我們竭力避免與日本發生衝突，一方面在可能導致與日本軍方關係破裂的某些問題上做出妥協；另一方面在不至於引發危險的事務上，比如（日本人）逮捕人員的問題上，保持堅定立場。我個人認為，除非德國成功入侵英國，否則日本不會選擇宣戰。一旦日本意識到德國的失敗或對英國的入侵無能為力，我認為太平洋的局勢將會好轉。在我們壓抑憤怒，對日本的威脅採取退讓政策時，我們始終將你們的利益和安全放在首位。

　　若日本執意向我們宣戰，其在黃海以外首要目標或許是荷屬東印度群島。顯然，美國對此舉並不樂見。美國將會採取何種措施，我們難以預測。他們並未承諾支援，但其在太平洋的主力艦隊無疑會令日本海軍部感到憂慮。在英、日戰爭的初期階段，我們自然要捍衛新加坡，若其遭受攻擊——目前看來可能性不大——它應能承受敵人的長期包圍。我們理應部署1艘戰鬥艦和1艘快速航空母艦於錫蘭，加上未來調回的所有澳洲和紐西蘭巡洋艦與驅逐艦，將形成對敵巡洋艦襲擊的1支相當有力的威懾力量。

　　我們計劃透過部署更多一級戰艦來增強東地中海艦隊的實力。該艦隊可以隨時通過蘇伊士運河調往印度洋，或執行解救新加坡的任務。我們無意這樣做，甚至在日本宣戰的情況下也不打算如此；僅在確認對您們的安全構成重大威脅時，才會考慮此舉。這樣的調動將導致中東完全落入敵手，並使我們在地中海擊敗義大利的希望破滅。我們必須預見埃及在不久的將來可能遭受猛烈攻擊，而需要東地中海艦隊的協助以抵禦敵人。如果敵人攻勢成功，我的東地中海艦隊將被迫從蘇伊士運河或直布羅陀撤出地中海。在這兩種情況下，艦隊的一大部分將可用於保衛您們。然而，我們

第二十一章　埃及中東局勢

希望留在埃及，並在可能的英、日戰爭初期將東地中海艦隊駐紮在亞歷山大。未來的情況無法預見，我們只能根據每日事態的發展來做安排最有效地利用現有的人力和物力。

最後一個問題是：在日本宣戰後，是否會派遣大規模部隊侵略澳洲或紐西蘭？我們認為可能性不大。首先，日本目前深陷與中國的戰爭；其次，它需要在荷屬東印度群島積聚財富；第三，它不敢將主力艦隊遠征南方，冒險讓美國艦隊插入其艦隊與本土之間。如果日本執意違背自身利益，大舉進攻澳洲和紐西蘭，我在內閣的明確授權下向你們保證，除了確保英國本島的防禦和供給外，我們將不惜地中海的損失並犧牲一切利益，及時派遣1支艦隊支援你們。這支艦隊能夠打擊任何進入澳洲海域的日本艦隻，並抵擋任何侵略部隊，或切斷入侵部隊與日本之間的聯繫。

無論如何，我們希望局勢不會朝此方向發展。與日本人爭取時間，或許能夠度過當前的危機。如今國內的力量較5月我向你們發電報時已大幅增強。我們擁有一支開始裝備完善的龐大軍隊。沿岸防務已得到加強。我們有1支強大的機動後備隊，包括正規軍以及來自澳洲、紐西蘭和加拿大的分遣隊，並準備了若干裝甲師或旅，以應對任何成功登陸的敵軍。我們從美國運來了大量援助的武器，大約1,000門大炮、60萬支步槍及充足的彈藥。因為不再需要保衛法國，我們的軍隊日益強大，軍火供應也逐漸增加。此外，我們還有150萬的國民自衛軍，其中許多是退伍軍人，大多數配有步槍或其他武器。

皇家空軍繼續展現其在個人技術上超越敵人的優勢，正如我在6月16日的電報中提到的，我對他們的成就充滿期待。昨日在英吉利海峽爆發的一場大規模空戰證明，我們能夠以1比3的比例擊敗敵人，並以1架的損失換取敵人3架半的損失。比弗布魯克勳爵在製造卓越飛機方面取得了驚人的進展。目前我們的戰鬥機和轟炸機力量幾乎是我上次電報中提到的兩倍，並且我們手中還有大量備用飛機。我不認為德國空軍在數量和品質上

能夠擊潰我們的空中防禦。

海軍的實力逐月增強，我們已經開始驗收在宣戰時訂製的大量艦隻。從 1940 年 6 月至 12 月，將有超過 500 艘船隻，包括重要艦隻，加入我們的艦隊。德國海軍如今比以往任何時候都弱。「沙恩霍斯特」號和「格奈森諾」號因受損停泊在船塢，「俾斯麥」號尚未試航，而「提爾皮茨」號比「俾斯麥」號還要晚 3 個月完工。這兩個星期至關重要，之後敵人若想登陸便為時已晚。但在這個關鍵時刻，敵人僅有 1 艘袖珍戰艦、兩艘裝備 8 英寸炮的「希佩爾」號、兩艘輕巡洋艦，以及可能有 20 幾艘驅逐艦。敵人若想成功登陸，需運送大量軍隊，但在我們的海軍和空軍面前，在幾乎沒有護航的情況下，試圖跨海運輸大量軍隊簡直是逆天而行，必將遭遇我們岸上強大軍事力量的反擊。而要維持這樣的軍隊，向登陸據點提供軍火和補給則更為困難。另一方面，若希特勒在天氣變化前未能登陸並占領不列顛，這將象徵著他遭遇首次且可能是致命的挫折。

因此，我們保持冷靜，信心不斷增強，堅信我們能夠有效地捍衛自己的實力，並能夠堅持一到兩年，最終取得勝利。

第二十一章　埃及中東局勢

第二十二章
取道地中海

在法國崩潰前，地中海由英、法兩國海軍聯合掌控。我方在直布羅陀部署了1支由巡洋艦和驅逐艦組成的小型艦隊，負責海峽防衛。而在東地中海，我方艦隊以亞歷山大港為基地駐紮。年初，因義大利態度趨於強硬，我方加強了艦隊力量，增至戰鬥艦4艘、巡洋艦7艘、驅逐艦22艘、航空母艦1艘、潛艇12艘。法方地中海艦隊則擁有5艘主力艦、1艘航空母艦、14艘巡洋艦及多艘小型艦艇。如今，法國退出地中海，而義大利則進入。義大利艦隊規模龐大，戰鬥艦6艘，其中兩艘為最新型「利特里奧」級，裝備15英寸口徑火炮。然而，其較舊的戰鬥艦中有兩艘正處於改裝中，暫時無法使用。義大利的艦隊還包括19艘現代化巡洋艦，其中7艘裝備8英寸火炮，此外還有120艘驅逐艦和魚雷艇，以及超過100艘潛艇。

此外，還有一支強大的義大利空軍正在與我們對抗。到1940年6月底，形勢顯得更為棘手，以至於英國海軍部一度考慮放棄東地中海，集中力量於直布羅陀。我反對這個計畫，儘管從義大利艦隊表面上的實力來看，這樣的決策是合理的，但與我對其戰鬥能力的印象不符，而且，執行這個策略無異於宣告馬爾他島的淪陷。因此，我們決定同時在兩方面作戰。7月3日，參謀長委員會起草了一份關於地中海的文件，他們在文件中強調了中東作為戰場的重要性，但認為我們目前的策略總體上應採取防禦姿態。必須認真考慮德國進攻埃及的可能性，不過，只要能保持艦隊在東地中海的存在，我們現有的部隊便足以應對任何區域性的進攻。

第二十二章　取道地中海

我們曾經討論過，由薩默維爾海軍上將指揮的「H」艦隊如何在 1940 年 6 月底於直布羅陀籌組。這支艦隊包括「胡德」號、「堅決」號、「英勇」號以及航空母艦「皇家方舟」號，還有兩艘巡洋艦和 11 艘驅逐艦。我們曾利用這支艦隊在奧蘭執行任務。在東地中海，我們發現坎寧安海軍上將是一位極其優秀且勇敢的軍官。義大利一宣戰，他立即啟航追擊敵人。皇家空軍襲擊了托布魯克，並擊沉了義大利的舊式巡洋艦「聖喬治」號。我們的艦隊從海上炮擊了拜爾迪耶。雙方的潛艇活動頻繁，到 1940 年 6 月底，我們擊毀了 10 艘敵方潛艇，同時我方也因觸雷在深海損失了 3 艘潛艇。

1940 年 7 月 8 日，當我們的艦隊護送一支運輸船隊從馬爾他駛向亞歷山大時，坎寧安海軍上將察覺到義大利艦隊的強大力量。根據義大利空襲的猛烈程度，顯然敵方也正在進行重要的軍事行動。我們現在了解到，他們當時計劃將這位英國海軍上將引誘至某個海域，讓義大利空軍和潛艇全力集中攻擊。坎寧安海軍上將立即抓住時機，採取先發制人的策略，儘管他的艦隊在數量上處於劣勢，但他大膽地插入敵艦與敵方基地之間。

次日，雙方展開接觸，進行遠端炮擊，敵方 1 艘戰艦和兩艘巡洋艦中彈，而英國艦隊則毫髮無損。敵人不敢繼續作戰，憑藉較快的速度才逃脫，坎寧安海軍上將一直追擊到距離義大利大陸不到 25 英里的海域。在當天及接下來的兩天中，義大利的猛烈空襲持續不斷，但無濟於事，我們的運輸船隊儘管時常遭受轟炸，最終還是順利抵達亞歷山大。這場激動人心的戰鬥確立了英國艦隊在地中海的優勢，而義大利的聲望則遭受重創，從此一蹶不振。10 天後，澳洲的「雪梨」號巡洋艦與英國驅逐艦隊聯手擊沉了 1 艘義大利巡洋艦。因此，我們與這個新敵人的初次交鋒，並未讓我們感覺他們有何過人之處。

然而，此時海軍部承受的壓力極為巨大。由於敵人可能入侵本土的威脅，迫使我們在英吉利海峽和北海聚集大量小型艦隊和艦艇。自 1940 年 8

月以來，敵人在比斯開灣的港口利用潛艇作戰，對我們的大西洋運輸船隊造成了嚴重打擊，而他們自身的損失卻不大。此前，我們從未真正測試過義大利艦隊的實力。同時，我們始終關注日本可能宣戰及其對我們東方帝國殖民地的潛在影響。因此，海軍部對任何將軍艦置於地中海高風險中的做法感到極度擔憂，傾向於在直布羅陀和亞歷山大採取嚴密的防守策略。反之，我不明白為何從一開始就不讓大量劃歸地中海的艦隻積極行動。有必要派遣若干空軍中隊和陸軍增援馬爾他。儘管已經正確地下令暫停所有商運，並要求所有前往埃及的大型運輸船隊繞行好望角，但我仍不解為何要完全關閉這片內陸海。事實上，我希望透過幾支特種運輸船隊的航行，挑釁義大利艦隊與我們交鋒。我渴望一場戰鬥，希望在德國尚未進入地中海戰場前（我早已擔心德國的出現），在馬爾他部署適當的守軍，並配備飛機和高射炮。在夏季和秋季的數個月中，我與海軍部就這個地區的作戰行動進行了頻繁而緊張的討論。

首相致海軍大臣和第一海務大臣

1940 年 7 月 12 日

我在考慮派遣「光輝」號前往地中海，以取代「皇家方舟」號。如此一來，「光輝」號或許能將大量「旋風」式飛機運至馬爾他。既然我們現有許多多餘的「旋風」式飛機，是否可以讓馬爾他島上的「鬥士」式飛行員來駕駛？這並不會削弱英國本土的空軍力量。

鑑於德軍已經掌控法國全境以及比利時的礦區，呂勒歐在波羅的海的戰鬥便顯得次要。必須將注意力集中於地中海的軍事行動。

你們原本應提供一份計畫，涉及以續航力強的驅逐艦更換地中海小艦隊。能否同時告知更換的日期？

當日，海軍上將龐德透過海軍大臣作出答覆：

我們如今已在西地中海的空戰中累積了經驗，一旦現階段由東地中海

第二十二章　取道地中海

艦隊執行的戰鬥結束，我們將立刻評估東地中海的形勢。

毫無疑問，由於我們無法像在北海轟炸區內的艦艇那樣以戰鬥機掩護「H」艦隊和東地中海艦隊，因此這兩支艦隊將在極其不利的情況下作戰。

當前我們所面臨的緊迫問題是：既需要將飛機和高射炮運往馬爾他，也需將飛機送至亞歷山大。我難以確定，裝載這些重要物資的船隻穿越地中海的風險是否過於巨大，因此可能不如稍作延誤繞道好望角更為穩妥。

此外，還需考量「光輝」號的狀況，然此事暫不急於處理，因其需先回國裝載滿編的「海燕」戰鬥機。

目前正計劃以續航力更強的驅逐艦替換駐紮在直布羅陀的同類艦艇，但啟航時間可能取決於何時能夠為這些軍艦前往直布羅陀提供護航。

首相致第一海務大臣

1940 年 7 月 15 日

1. 自從我否決了撤離東地中海並將坎寧安海軍上將的艦隊調往直布羅陀的計畫以來，已經過去了 3 個星期。我希望我們不再提起這個計畫。顯而易見，我們在中地中海面臨空中轟炸的風險。為了達到必要的目的，有時我們必須冒這種風險。軍艦的存在本來就是為了戰鬥。去年 10 月，我曾考慮改裝「皇家君主」級艦隻，儘管降低速度、增大艦體，以便安裝防空用的厚甲板。如果當時我的建議得到支持，我們今天的局勢會截然不同。在每個階段發生的困難都如此令人困惑，以致我的提議遭遇阻礙，而現在我們並沒有比一年前取得更多進展。如果我們給「皇家君主」級艦隻安裝了厚甲板，並架設全部或部分火炮，我們將可以更放心地轟擊義大利海岸。戰前，海軍部的各個機構對空襲的風險估計過低，並向議會發表了許多自信的言論，認為戰艦能夠抵禦空襲。現在的趨勢是走向另一個極端，認為不應讓英王陛下的軍艦冒敵機轟炸的風險；然而在尋找敵艦作戰時，往往不可避免地會遇到敵機的轟炸。……

無疑，隨著德國人的到來，敵軍在地中海的空襲勢必會更加頻繁。

2. 在馬爾他建立堅固的防空工事並部署精銳的戰鬥機中隊是至關重要且必須立刻執行的任務。這項工作需要在敵方炮火下進行。我希望能夠了解，從我看到的所有文件中提到的防禦力量的整體規模有多大。炮位必須立即設立。據悉，一小批高射炮和「旋風」式飛機已經到手，主要裝備也將隨之運送。很可能月底將從本土防禦力量中抽調大量部隊前往。第一批急需的部隊應該儘早運抵馬爾他。所需物資應分裝於多艘艦隻，以避免 1 艘被擊中導致全軍覆沒。絕不允許這些船隻因繞航好望角而造成時間延誤。就馬爾他而言，我不理解為何要採用繞航的方式以避開危險，我認為，從亞歷山大到馬爾他——即使存在風險——並不比從直布羅陀到馬爾他更為危險。

3. 關於「光輝」號。鑑於我們在北海和大西洋採取守勢，且沒有人建議將「光輝」號部署到多佛爾以南或以北的狹窄水域（我們在該處擁有良好的沿岸基地，並駐有飛機）。因此，我領海內的航空母艦可以在遠離敵方海岸的區域作戰。然而在地中海，我們必須對義大利採取攻勢，尤其是要使馬爾他再次成為戰時的重要海軍基地。「光輝」號配備有裝甲甲板，最適合調往地中海，而將「皇家方舟」號調回本土海域執行任務。關於「光輝」號參戰的籌備工作已經拖延太久，我希望了解，「海燕」式（高速度戰鬥機）何時開始裝載，「光輝」號何時能夠替換「皇家方舟」號。

4. 如果能夠安排將航程較遠的驅逐艦調至直布羅陀，而將航程較短的艦艇調回本土並部署在英吉利海峽，我將感到非常滿意。

期間，海軍部對政策進行了詳盡的研究，並在 1940 年 7 月 15 日向地中海艦隊總司令發出電報，重申我們在東地中海保持強大軍事力量的決心。電文指出，英國在東地中海的首要任務是消滅數量上占優勢的敵方海軍。在西地中海，「H」艦隊將控制地中海西端的出口，並對義大利海岸實施攻勢。我總體上支持這種強硬的政策。海軍部要求地中海艦隊總司令

第二十二章　取道地中海

說明這兩支艦隊所需的重型艦船數量；並請他建議，如果艦隻需要重新分配，是否應通過地中海或繞航好望角進行交換。

在答覆中，他請求獲得「英勇」號和「巴勒姆」號這兩艘戰艦。這樣一來，他便擁有4艘射程最遠且速度最快的戰艦。他可以不再需要那艘防護薄弱且速度緩慢的「皇家君主」號，這艘戰艦常令他憂心。此外，他還要求包括「光輝」號在內的兩艘航空母艦，以及兩艘裝備8英寸口徑火炮的巡洋艦。他同意第一海務大臣的觀點，認為在西地中海，一支包括「胡德」號和「皇家方舟」號以及一、兩艘「R」級戰艦的艦隊足以應付需求。他認為，只要對馬爾他島進行戰鬥機的嚴密防護，並在亞歷山大港建立補給基地，這兩支艦隊就能有效控制地中海，確保東部海域的永遠掌控。他在結論中表示：「透過協調一致的行動，從地中海進行增援是可能的，但最好是：所有增援任務一次完成。」

因此，在海軍部的商討中，我們基本達成了一致。我們共同認為：有必要派遣1艘戰艦、1艘航空母艦和兩艘巡洋艦，以增援坎寧安海軍上將的艦隊，並趁機護送補給船隊從亞歷山大前往馬爾他。隨後在1940年7月23日，第一海務大臣在發給海軍大臣和我的備忘錄中提到：

我們已對是否通過地中海進行增援進行了詳盡的分析，增援艦隻不僅包括補充東地中海艦隊的戰鬥艦，還有商船，運送艦隊所需的備用軍火、馬爾他所需的高射炮以及馬爾他和中東所需的飛機。艦隊總司令明確認為，在當前情況下，試圖讓滿載貴重物資的商船通過中地中海是不合適的，如果1艘或數艘船隻因遭受破壞而減速，就不得不將其鑿沉。我與總司令的看法完全一致。

因此，後來以「帽子」為代號的重要作戰計畫，並未為商船通航作出規定。然而，坎寧安海軍上將給予全力支持，挑戰地中海中的義大利艦隊及空軍。我對海軍部的主要決策感到滿意，並希望結果能使雙方一決雌

雄。因此，各項準備工作積極展開。

數週之後，戰時內閣在參謀長委員會的完全支持下，採取了一個大膽且具有深遠影響的決策：我們冒著入侵的風險，將我們最精銳的坦克約一半數量運往埃及；這個舉動再次引發了地中海航行的問題，並且比以往更加嚴峻。我完全贊成運輸坦克，然而，我擔心若通過好望角繞行，可能會耽誤時間，對這場決定埃及命運的戰役無濟於事。第一海務大臣起初計劃冒險嘗試，但經過進一步分析，認為此舉會擾亂當前由海軍部主導的「帽子」作戰計畫。因為這至少需要從直布羅陀派遣兩艘時速為 16 海里的高速摩托運輸艦前往馬爾他，他認為這比通過亞歷山大運送更為危險。於是，引發了進一步的討論。

首相致函伊斯梅將軍，抄送參謀長委員會

1940 年 8 月 11 日

我不能同意這個提議（即通過好望角運送坦克至埃及），這不僅在關鍵時刻使我們失去這些重要資源（50 輛步兵坦克即「I」式坦克），同時也無法在中東緊急需要時將其送達。我必須要求海軍部另行提出方案並克服各種障礙。如有必要，難道不能將相關人員分配到各驅逐艦上——已經從「H」艦隊調派了一支較大的驅逐艦隊至東地中海——然後像坎寧安海軍上將目前所做的那樣，派遣 6 艘驅逐艦前往西地中海，然後再讓它們返回嗎？

關於經由好望角運輸第 3 輕騎兵團（即坦克團的人員）一事，我並不反對，因為在此期間，只要韋維爾將軍能獲得所需的輕型坦克，他便可在人員調配上作出臨時安排。倘若坦克人員已分配至艦艇，我願意冒險通過地中海運輸這 50 輛步兵坦克；然而，經由好望角運輸這些坦克和人員的問題並不存在，因為這樣繞行，他們在兩個月內將毫無作用。從地中海運輸的應限於那些不可或缺的人員，其餘可繞行。

請務必在明日（星期一）向我提交更詳細的方案。

第二十二章　取道地中海

首相致海軍大臣和第一海務大臣

1940 年 8 月 13 日

1. 在法國即將退出戰爭之際，達爾朗海軍上將在沒有任何潛艇探測器裝備的驅逐艦或飛機掩護下，白晝間炮擊熱那亞，並毫髮無損地返回土倫。東地中海艦隊曾 3 次深入地中海中部，隨後返回亞歷山大港，僅有「格羅斯特」號軍艦遭炸彈擊中。數週前，一支快速運輸船隊和一支低速運輸船隊從馬爾他駛往亞歷山大，未遭損失，僅在航程中的兩天受到義大利飛機的騷擾。

2. 海軍部目前建議，將 6 艘驅逐艦從亞歷山大調往與「H」艦隊匯合。這些驅逐艦難以躲避敵方空中偵察，並將暴露於停泊在本國基地的多艘高速義大利巡洋艦的空襲威脅下。地中海艦隊總司令與海軍部對義大利海軍的意圖進行了準確評估，因此可以斷言此類調動極其冒險。

3. 我們如今被告知，近期用我們的強大艦隊護送兩艘時速僅 15 海里的摩托運輸艦到達東地中海是極其危險的。然而，同時我們又被要求在不列顛西海岸的大部分地區投入巨資加強防禦工事，以防備海軍部所稱可能發生的入侵——一支由 12,000 人組成的部隊從吉倫特河或聖納澤爾出發，沒有任何軍艦的護航，駛向他們的目的地。如果在實力強大的英國海軍面前，敵人可以在無軍艦掩護的情況下將 12,000 人運送至愛爾蘭或不列顛西海岸登陸，那麼這與目前在地中海所評估的危險標準是否一致？

4. 沒有人確切知道埃及的主要攻勢會在何時何地進行。然而，很有可能的是，如果德國在入侵大不列顛上失敗，或者根本無意進行這樣的嘗試，它將會全力推動並支援義大利對埃及的進攻。9 月應被視為極其緊迫的時刻。

5. 在此情勢下，若試圖繞道好望角運送裝甲旅，那將是嚴重的錯誤，因為如此一來，他們在 9 月對英格蘭或埃及的防衛將毫無作用。

6. 我提議重新評估至少派遣兩艘摩托運輸艦共同增援東地中海艦隊

的方案。人員可以分別乘坐軍艦。從整體戰爭態勢而言，這些摩托運輸艦通過地中海的風險，與繞航好望角導致裝甲旅無法及時投入戰鬥的風險相比，要小一些。只要人員在軍艦上的分配得當，我願意對裝甲車輛可能遭受的損失承擔全部責任。

我未能成功說服海軍部通過地中海運送裝甲旅，甚至連該旅的車輛也無法運輸。這讓我感到既痛苦又憤怒。儘管我與龐德海軍上將的友誼深厚，對他的判斷力也一向信任，但我們之間仍然頻繁發生激烈的爭論。他承擔著專業上的責任，並且在與我共事的海軍軍官中，沒有人比他更具冒險精神。我們合作已久，如果他不採取行動，那麼其他人也不會採取行動。如果我無法說服他，也就沒有人能做到。我對海軍部的深刻了解，因此不願過於施壓於他們，或是施壓於我極為器重的老友和同事龐德以及海軍大臣。我與海軍部的關係如此良好，以至於不願透過正式向內閣投訴的方式來破壞這種關係。

1940年8月15日，我終於向內閣提出了這個議題。我曾試圖說服海軍部，將這兩個裝甲旅納入「帽子」作戰計畫中。如果從地中海運送坦克部隊，它們可在9月5日左右抵達亞歷山大；若經由好望角，則需晚約3個星期。然而，帝國總參謀長並不認為義大利即將發動大規模進攻，韋維爾將軍也持相同觀點。在我盡力主張採用近道後，我認為戰時內閣不應推翻司令官的決策，因此勉強同意繞航好望角的較長路線。然而，參謀長委員會也為採取近道制定了一項備用方案，準備在「帽子」作戰計畫實施前，如中東局勢突然惡化便啟用。兩艘載有巡邏坦克和「I」式坦克的快速摩托運輸艦將隨艦隊穿越地中海。在增援艦隻經過直布羅陀前，需就航線做出決定。如果根據中東的報告認為無需啟用備用方案，則整個運輸船隊將繼續繞航好望角。

自8月30日至9月5日，「帽子」作戰計畫圓滿達成，且未遭受任何

第二十二章　取道地中海

損失。坎寧安海軍上將於 8 月 30 日自亞歷山大港起航，31 日傍晚，空軍偵察報告前方出現一支包括兩艘戰艦和 7 艘巡洋艦的敵方艦隊逼近我方。雖有意與敵交戰，但義大利人顯然無意挑釁，故未發生衝突。次夜，我方飛機再次與敵接觸，敵方已退至塔蘭托。此後，坎寧安海軍上將的艦隻在馬爾他東南一帶暢行無阻，敵機干擾不嚴重。運輸船隊順利抵達馬爾他，僅 1 艘船在空襲中受損。同時，增援艦隻，包括「英勇」號（但不包括未經改建的姊妹艦「巴勒姆」號）、航空母艦「光輝」號和兩艘配備防空裝置的巡洋艦，在薩默維爾海軍上將指揮的「H」艦隊護航下，自直布羅陀駛來。「英勇」號和巡洋艦成功將所需的火炮和軍火運至馬爾他，隨後於 9 月 3 日隨坎寧安海軍上將向東航行。返航亞歷山大途中，艦隊襲擊了羅得島和卡爾帕索斯島，輕鬆擊退了一次快速魚雷艇的攻擊。薩默維爾海軍上將的艦隊安全返回直布羅陀。

這一切讓我堅信，冒險通過馬爾他海峽運輸我們的裝甲旅是值得一試的，特別是考慮到我們決然面對德軍入侵的威脅，並大量調動本土裝甲部隊，這更值得冒險一試。若是選擇那條路線，也許現在已經抵達埃及，而無需多花 3 個星期。雖然在這 3 個星期裡，埃及沒有發生重大災難。然而，我們對義大利空軍的過度畏懼確實妨礙了海軍的行動。我當時的看法，現在看來，事態的發展已證實了這一點。大約在 1940 年 11 月底，薩默維爾海軍上將率領「H」艦隊護送一支運輸船隊從西方前往馬爾他，途中在撒丁島附近與塔蘭托逃出的部分義大利艦隊發生了一場小規模戰鬥。在這支船隊中，有 1 艘船在增援東地中海的艦隊護航下，與另外 3 艘來自馬爾他的補給船一同繼續前往亞歷山大。這是自義大利參戰以來，商船首次全程通過地中海。在本書的後續部分，讀者將了解到 1941 年當德軍空軍已經遍布西西里島時，我海軍如何在向埃及運輸坦克時完成了一項更加艱難的任務。

首相致海軍大臣

1940 年 9 月 7 日

1.「帽子」作戰計畫的實施過程讓我堅信，放棄通過地中海運輸裝甲車輛的決定是錯誤的。若你閱讀我曾列出應採納此航線的備忘錄，你將會意識到，新的事實進一步支持了我的觀點。

首相致海軍大臣

1940 年 9 月 7 日

如果您能簡要概述我在擔任海軍大臣期間，屢次請求為「拉米伊」級軍艦加厚甲板裝甲和增加艦體體積以抵禦轟炸的經歷，我將感激不盡。如果當時在我一再要求之下就開始改裝這些艦隻，那麼我們現在就有了進攻義大利海岸的利器，這在政治和軍事上可能產生極大的影響。即便是到今天，仍然存在一種拖延採取這個必要措施的傾向，卻又不提出替代方案。

為了確保來年我們不再面臨當前缺乏轟擊艦隻的困境，我曾向你提交過一份備忘錄，再次提出這個改建計畫，但至今未收到你的答覆。在閱讀了一些文件，幫助我回顧過去之後，我願意就此問題與你展開討論。

倘若不考慮新艦隻建設中的其他緊迫需求，這個問題將永遠無法得到解決。我的期望最終化為泡影，原因並非原則上的不同，而是因為撞上了這個暗礁。

首相致伊斯梅將軍

1940 年 9 月 8 日

以下是首相兼國防大臣致東地中海艦隊總司令安德魯・坎寧安爵士的備忘錄：

我向你致以祝賀，因你在地中海東部和中部的近期戰鬥中取得的勝利，並為你的艦隊增添了我們兩艘最優秀的艦隻及其他有效艦隻。然而，我深感遺憾的是，迫切需要用於保衛埃及和亞歷山大的裝甲旅仍需 3 個多

第二十二章　取道地中海

星期才能抵達。我希望你能在「帽子」作戰計畫執行期間以及「光輝」號和「英勇」號到達後，重新評估海軍的局勢。不僅要考量義大利海軍的表面實力，還要估測他們抵抗的意圖。今年秋季對義大利的進攻至關重要，因為時間的拖延將使德國更能掌控義大利的軍事行動，屆時局勢將截然不同。我們計劃盡力加強馬爾他的防空工事，並將運送一批我寄予厚望的新式武器進行試驗。我相信，到1941年4月，馬爾他可以成為我軍艦隊的臨時安全基地。在此期間，如有任何關於攻勢行動的建議，請提交海軍部。陸軍和空軍計劃攻擊利比亞境內的義大利交通線，若時機得當，此舉可阻止義大利對埃及的大規模進攻，若你能配合此計畫，我將不勝欣喜。顯然，爭取主動將帶來巨大好處。我希望「海燕」式快速戰鬥機在航空母艦上的表現令人滿意。此間，空中霸權的爭奪依然激烈，但我們對最終勝利充滿信心。

令人驚訝的是，英國政府及其顧問在戰前未能充分意識到空軍在地中海控制中的重要作用。然而，在空軍競賽中，我們已經明顯落後於德國，因此，保衛不列顛的重任在相當程度上落在了我們數量劣勢的空軍身上。在不列顛之戰取得決定性勝利之前，每次向地中海和埃及增派飛機都是迫不得已的選擇。即便在冬季，當我們認為能夠在白天控制本土領空時，面對閃電戰的嚴峻威脅，派遣戰鬥機到馬爾他或埃及仍極為困難。從被轟炸的城市、重要港口和軍火工廠中撤走用於防禦敵機的高射炮和炮彈，並通過好望角運往埃及，或冒著巨大風險直接運往馬爾他，這無疑是令人痛苦的抉擇。

儘管馬爾他一再遭受損失和挫折，但其空防逐步得到了加強。薩默維爾海軍上將指揮的艦隊在直布羅陀的任務之一，是透過航空母艦將戰鬥機運送到可飛抵馬爾他的距離。第一次嘗試在8月初進行，當時12架「旋風」式飛機從「阿爾戈斯」號航空母艦起飛，抵達該島。在此之前，馬爾他的空防僅有3架「鬥士」式飛機，當地人親切地稱它們為「信心」、「希

望」和「仁慈」。11月，我們進行了第2次嘗試，但不幸發生了一場悲劇。從「阿爾戈斯」號離島西面400英里起飛的14架飛機中，有9架因風向改變而燃油耗盡，最終與忠誠的飛行員一起沉入海中。此後，為確保航程的飛行安全，航程不再如此緊迫，儘管此類行動多次進行，但未再發生類似意外。

與此同時，需設法將飛機運送至中東，既須避開地中海的風險，又要避免繞道好望角導致的時間延誤。從西非通過陸路可能節省大量寶貴時間和部分船隻。飛機要麼從航空母艦起飛，要麼拆解裝箱後運輸，再在某個港口重新組裝和起飛。可供選擇的港口有拉哥斯和塞康第-塔科拉迪。

經過縝密的考量，塞康第-塔科拉迪被選為目的地，且工作隊早在1940年8月21日便抵達此地。這條穿越卡諾至喀土穆，最終延伸至開羅的路線全長3,700英里。塞康第-塔科拉迪需建造多處維修工廠及各類設施，沿途還需設立加油站和休息站。1940年9月5日，透過海運運抵了12架「旋風」式和「伯倫翰」式飛機，次日又有30架「旋風」式飛機從航空母艦「阿爾戈斯」號飛抵。第一批空運於9月20日從塞康第-塔科拉迪啟程，4天後抵達喀土穆。到年底，透過這種逐步累積的方法，共運送了107架飛機至埃及。

儘管這條道路起初建設迅速，但要經過數月的努力才能完全布置好。塞康第-塔科拉迪的氣候以及當地普遍的瘧疾給負責拆箱和組裝飛機的工人帶來了極大困擾。航空母艦的運用也因其他緊急需求而受到限制。惡劣天氣也對空運造成了阻礙。由於等待零件維修，許多飛機無法使用。在跨越遼闊的荒漠時，引擎的磨損嚴重，導致飛行壽命縮短。工作初期的諸多障礙尚待克服。在1940年，這種飛機供應方式尚未見效，但若非及時啟動，尼羅河集團軍及其所有大膽行動將無法應付1941年的諸多不幸遭遇。

至1940年底，英國海軍在地中海再度牢固地站穩腳跟。由於薩默維

第二十二章　取道地中海

爾上將盡全力運送高射炮及其他裝備，馬爾他的防禦能力得到了顯著增強。坎寧安海軍上將在東地中海的攻勢策略也取得了輝煌成果。儘管義大利空軍強大，但主動權始終掌握在我方手中，而馬爾他島在局勢變化中始終扮演著關鍵角色，作為對義大利及其非洲駐軍交通線發動攻勢行動的前進基地。

第二十三章
九月戰雲密布

　　對於指揮不列顛之戰的人而言，1940 年的 9 月與 6 月同樣是一個顧此失彼、極度緊張的時期。正如之前所述，我們的一切均取決於空戰的成敗，而此時空戰依舊激烈進行中，逐漸達到頂峰。回顧過去，皇家空軍在 9 月 15 日的勝利被視為一個決定性的轉捩點。然而，當時這一點並不顯而易見，我們也難以判斷是否會有更猛烈的空襲，以及空襲會持續到何時。晴朗的天氣有利於在白天進行大規模的空戰。迄今為止，我們一直樂於空戰，但當我在 9 月的第 3 週訪問第 11 戰鬥機大隊指揮部與空軍少將帕克會面時，我注意到，對空戰的歡迎態度已發生了雖輕微但明顯的變化。我詢問天氣，他們告訴我預計未來幾天氣候良好。然而，好天氣不再像月初那樣受歡迎。我清楚地感覺到，如果天氣突然惡化，那將不會被視為壞事。

　　當我與幾位軍官在帕克的辦公室內時，一名軍官送來一份空軍部的通知，告知德·王爾德廠的彈藥儲備已告罄。戰鬥機駕駛員尤為偏愛這家工廠生產的彈藥，而工廠已被轟炸摧毀。我察覺到，這對帕克而言是個沉重的打擊。然而，他深吸一口氣，稍作停頓後，豪邁地說道：「我們過去在沒有這種彈藥時也能作戰，現在沒有了，仍舊能繼續戰鬥。」

　　空軍中將道丁常常在週末從阿克斯布里奇駕車前往契克斯。與他交談時，我明顯感受到空戰司令部正處於極度緊張的狀態。我密切關注每週的數字彙報，資料顯示，只要敵人的空襲不再加劇，我們的飛機數量是足夠的。不過，這些圖表並未顯示出飛行員在精神和身體上承受的巨大壓力。儘管他們表現出極大的犧牲精神，通常以 1 比 5 或 6 的勝率擊敗敵人，並

第二十三章　九月戰雲密布

意識到他們屢次獲勝，敵人已遭受重創，進而在局勢上占據優勢，但人的忍耐力畢竟有限。不論精神還是體力，總會有精疲力竭的時刻。我想到了威靈頓在滑鐵盧戰役那天下午的感受：「願上帝今晚降臨或者讓布呂歇爾到來。」這一次，我們卻不需要布呂歇爾的援助。

與此同時，德國即將發動入侵的跡象越發明顯。透過我們的空中偵察可知，集結在荷蘭、比利時和法國的港口及河口的自動推進駁船數量不少於 3,000 艘。我們尚未能確定是否有更大型的後備船隻集結在萊因河口或波羅的海，尤其是後者與基爾運河目前仍然暢通。在我研究德國入侵的過程中，我曾列舉理由，證明我的信念：若他們發起進攻，我們將迎頭痛擊，如此一來，他們便不會輕舉妄動，只能繼續伺機而動。然而，當我每週從空中偵察和情報人員的報告中觀察到敵軍的入侵準備愈加緊密時，不免感到一陣恐懼。這種感覺逐漸占據心頭。強大的敵人，除非有勝利的把握，並按照德國人一貫的縝密計畫，否則不會輕易行動。他們是否會突然發動襲擊？是否擁有更先進的坦克登陸艇或其他因應方案？他們還缺乏什麼？我們所有夜間的轟炸都集中在德國人準備發動入侵的港口，他們似乎每晚都在那裡進行駁船和其他船隻的登船與下船演習。從空中偵察的結果來看，對那些集結在港灣或停泊在碼頭的眾多駁船進行轟炸，幾次結果都讓我感到失望。

首相致空軍大臣

1940 年 9 月 23 日

這些照片讓我留下的印象是：轟炸機顯然無法有效打擊那些密集集結的駁船。我認為，只需沿著整齊排列的船隊投下幾枚爆破彈，就能造成混亂；然而我注意到，除了港口入口處的幾艘駁船似乎受損之外，其他船隻都完好無損，秩序井然，這確實令人失望。

難道沒有方法可以改善嗎？

我曾提到，參謀長委員會始終認為德國的入侵已在眼前，而我對此持懷疑態度，並表達了不同的看法。儘管如此，我仍無法抑制因長期衡量重大事件而產生的內心激動。確實，我們的每根神經都緊繃著。我們的指揮官在面對局勢時十分謹慎且精明，我們強大的軍隊保持高度警惕，全體人民鬥志昂揚、無所畏懼，所有這些因素使我們在各方面都進行了詳盡的準備。

　　如今，我們需要從被排除在歐洲大陸之外的立場出發，重新評估我們的全部戰時生產及其優先順序。在這個過程中，我與軍需大臣及相關人員持續進行討論。本月初，經過我身邊少數人的努力和詳細核查，我為內閣草擬了一份關於軍需的總體指示，以指導我們1941年的軍需工作。

軍需情況首相備忘錄

1940 年 9 月 3 日

　　1. 海軍或許會使我們遭遇失敗，但唯有空軍能夠擊敗敵軍。因此，我們必須竭盡全力在空中取得壓倒性的優勢。戰鬥機是我們的救世主，但唯有轟炸機可以成為我們勝利的關鍵。因此，我們必須發展空中力量，以運載越來越多的炸彈飛往德國，徹底摧毀敵人的軍事行動和經濟生活所依賴的一切工業與科學設施，同時將敵人阻擋在適當的距離之外，使其無法接近我們的國土。目前，我們無法依賴其他方法來擊敗德國的強大軍事力量，即使德國在非洲或東方戰場投入兵力，我們也無法阻止其進一步的侵略行動。因此，空軍及其大規模行動，在遵循後述條件下，應優先於海軍和陸軍。

　　2. 封鎖策略已顯過時，對德國而言已無效用，因為他們已經占領廣闊領土，能夠掠奪被占領國家或脅迫人民為其效力。如今，沒有關鍵的特殊物資能夠透過控制來顯著影響德國的戰爭活動。目前，海軍在維持交通線

第二十三章　九月戰雲密布

暢通方面力量略顯不足，但由於海軍部採取新措施，美國驅逐艦的抵達，以及我方造船廠潛艇產量的增加，情況有望顯著改善。海軍部應專注於攻勢作戰計畫，尤其是轟擊敵方或其占領的海岸，特別是地中海沿岸。在未接到新命令前，反潛艦艇的生產應以最大速度進行，絕不鬆懈。海軍的計畫與空軍並無重大衝突，並且應讓出部分裝甲板用於坦克製造。

3. 關於迅速將陸軍兵力增至55個師的決議，似乎無需再審議。在此數量中，我們應籌組10個裝甲師，春季完成5個，夏季增至7個，至1941年底達到10個。為執行這些軍需供應計畫，我們的兵工廠應全力以赴。我在原則上同意軍需大臣赫伯特・莫里森先生關於軍需處理的方案，並認為，在這場戰爭中，不能沿用1917至1918年那樣的炮火規模。

4. 我必須付出極大的努力來裝備本土和中東的軍隊。最為嚴重的缺失在於：坦克和輕武器的彈藥，特別是特種彈藥；反坦克炮和反坦克槍，尤其是它們的彈藥；迫擊炮，尤其是迫擊炮彈；以及來福槍。我們希望從美國再獲得25萬支來福槍，但不幸得知，在1941年底之前，最多只能再生產50萬支。顯然，隨著正規軍大規模派往海外，國民自衛軍和衛戍部隊必然需要以遠高於目前的規模來保衛本土。大幅提升來福槍的生產能力是極為重要的。

5. 隨著冬季的臨近，入侵的威脅並不會消減，德國可能會在來年採取創新的策略對付我們。隨著戰事的推進，敵人越發感受到擊敗我們的必要性，他們可能會研發我們尚未見識過的跨海工具。必須承認，實際的入侵始終是對我們的威脅，但只要在本島有重兵把守，這種威脅未必會成真。除此之外，1940至1941年唯一可以預見的主要戰場是中東地區。在那裡，我們必須在海運和當地補給允許的情況下，盡可能部署英國、澳洲和印度的部隊。我們應可預見到，我們將在埃及和蘇丹，在土耳其、敘利亞或巴勒斯坦，甚至可能在伊拉克和波斯進行作戰。應為這些戰場準備15個英國師、6個大洋洲師以及至少6個印度師，但這些師的數量並不作為上述55個師的補充。難以想像的是，軍火開支將接近上次大戰的規模。

空軍和機械化部隊將成為關鍵因素。

6. 我們可能會對敵人及其在歐洲或北非占領的區域發動兩棲攻勢。然而，這類行動所需的武器和物資應從上述提到的武器和物資中分配。

7. 鑑於德軍的陸、空軍隊裝備規模龐大，我們的任務如軍需大臣所正確指出的，確實極為艱鉅。然而，這場戰爭並非僅僅依賴於大量人力及大量炮彈。唯有透過發明新型武器，特別是在科學指導下，才能最有效地應付敵人的兵力優勢。例如，目前正在進行一系列發明，目的是無論在空中還是地面，視力條件如何，都能辨識並擊中敵機。如果這些發明能夠達到我們的期望，不僅策略局勢會有顯著變化，軍需狀況也將大為改觀。如果不旋轉投射彈的武器能夠配備彈藥、導向器及其他輔助裝置，使命中率提升3到4倍，那麼從地面重新奪回空中控制的工作將大大推進。海軍將重新獲得曾經擁有的大量行動自由和力量，以實施攻勢。陸軍能夠在多地登陸，而不會面臨「納姆索斯」那樣的危險。因此，我們必須像優先重視空軍一樣，重視無線電測向器（雷達）這個前景無限的精密裝置領域，它實際上是空軍的一個重要組成部分。增加高級科學人員、訓練未來操作這些新武器和進行相關研究的人員，是我們必須優先考慮和努力的工作。雖然目前改變現有計畫還為時尚早，但可以預見，這將大大節省高射炮和彈藥。

8. 在1941年春季之前，除了敵人可能的大規模入侵──這看起來未必會發生──沒有明顯的情況需要大量開支或軍火消耗。儘管中東可能會爆發激烈且具決定性的戰鬥，但由於增援部隊和軍需品的運輸存在困難，兵員和開支的數量將受到限制。因此，如果不受干擾，我們將有8個月的時間來進行改善軍事裝備的生產，並在此期間穩步快速地累積軍需品。我們的所有信貸和原材料來源，尤其是技術工人，必須集中用於這個目標。

我的同事們一致支持這項政策，各部門也迅速依此政策採取行動。到了10月，我意識到需要補充一份關於優先權的備忘錄，因為優先權在各部門之間引發了激烈的競爭，每個部門都在努力爭取自己的優先地位。

第二十三章　九月戰雲密布

優先權首相的備忘錄

1940年10月15日

1. 在人員和物資的分配上，無線電部門應享有最高優先權。這個部門需要科學家、無線電專家、各級熟練工人以及高級材料。我們的作戰勝利和未來戰略，尤其是海軍戰略，將在相當程度上依賴這個領域的進展。我們必須大幅提高高射炮的精確性，以便為軍艦和港口提供更有效的保護。我們不僅要充滿信心地在各個方面推進研究和試驗工作，還要努力進行生產。即便經歷數次挫折，我們終將取得成功。

2. 為了達成經過批准的目標計畫，飛機製造應享有最高優先權。相關部門的工作人員有責任盡一切可能避免濫用此優先權，並避免不必要地干擾其他關鍵部門。為此，他們應按季度，或在可能的情況下按月分，預先規劃所需的勞動力和物資，以便將所有剩餘部分立即提供給其他用途。在行使優先權時，不應認為飛機生產可以完全壟斷任何有限物資的供應。如果發生這種情況，亦即已批准的飛機生產需求佔據了全部供應量，則即使對飛機生產有影響，也必須特別撥出一部分，以滿足其他部門或其他方面的最低基本需求。如對這種分配及調撥有異議，應提交內閣裁決。

3. 目前，我們計劃建立5個裝甲師和超過3個裝甲旅的部隊。這仍然不足。由於無法在人數上與敵人匹敵，我們必須依賴高比例的裝甲戰車。我們的目標是在1941年底擁有10個裝甲師。因此，陸軍應仔細評估他們對摩托車輛的需求，並從美國大量採購摩托車。由於本土防衛部隊已經擁有各種高度發達的便利交通，因此不應享有與海外作戰部隊相同的交通工具。他們應根據情況臨時調整解決。一個參謀人員如果只憑理想行事，要求過高將不會對國家有利，因為他只會不斷增加他的要求，直到總數龐大，難以應付。應就摩托車輛以及第一、第二和第三道防線上的下列各英國師提交報告：

（1）國外作戰部隊，

（2）本土防衛部隊，

（3）海岸巡防隊。

在物資匱乏的時期，任何藉題發揮、製造困難的行為都對我們不利。

在英國境內，凡有可能之處，皆應以馬車作為摩托車的補充。我們過去曾不明智地將大批馬匹出售給德國，但目前愛爾蘭的馬匹仍然充足。

4. 針對「技術落後武器」的製造提供特別支持，並在必要時給予臨時優先考慮，在這些武器中，需特別強調以下兩種：

（1）獵槍。

（2）輕武器彈藥──尤其是特種彈藥。需要積極推動新工廠的投產。迄戰爭爆發後至年底前，幾乎沒有任何改進，這種情況極為嚴重。建立一個彈藥廠只需12個月。由於軍隊未如預期般投入戰鬥，我們才僥倖避免了這種失誤導致的最嚴重後果。

迫擊砲彈與反坦克炮彈的生產狀況尤其不盡如人意，必須設法進行改進。

在提交給生產委員會和我的每週報告中，這類「過時武器」的製造應作為其中的一項議題。

5. 在小型艦艇與反潛艦艇的建造上，海軍應保持其現有的優先權。此原則同樣適用於商船和登陸艇的建造。所有無法在1941年內完工的大型船隻，應允許延期。必須制定計畫，推進所有不影響優先需求的工序與部件生產。盡可能向美國訂購鋼板與裝甲板。

到9月中旬，入侵的威脅似乎迫在眉睫，因此無法再將重要部隊調往東方，尤其是因為他們必須繞行好望角。多佛爾地區的局勢非常緊張，我在視察後決定暫時推遲將紐西蘭軍隊和剩下的兩個坦克營調往中東，延遲數週。同時，我還掌握了3艘被稱為「格倫公司船」的快速運輸船，以備不時之需，緊急時可以穿越地中海。

第二十三章　九月戰雲密布

首相致函伊斯梅將軍轉參謀長委員會

1940 年 9 月 17 日

　　任何情況下，紐西蘭旅隊都不能從多佛爾海角的前線撤出。那兩個巡邏裝甲車營也不得撤離。推遲澳洲部隊的運輸計畫，讓整支船隊在 10 月的第 3 個星期才出發，豈不是更好？總之，部隊繞道好望角，無法及時趕到，以支援埃及緊張的戰局。然而在這裡，他們能夠發揮極大的作用。或許等到 10 月的第 3 個星期，海軍部可能願意承擔更大的風險。不論如何，讓紐西蘭部隊和這些坦克營在整個 10 月都無法在任何一個戰場上作戰，是難以接受的。

首相致伊斯梅將軍

1940 年 9 月 19 日

　　務必確保「格倫船」留在港口，否則，在關鍵時刻無法通過地中海運送裝甲部隊增援。我不想在緊急情況下聽到沒有合適船隻的藉口。

　　請告知，若我們計劃於 10 月第 3 週將一支運輸船隊從地中海西部駛向東部，還有哪些其他船隻可供排程？

　　儘管 9 月天朗氣清，我依舊對霧霾心存警惕。

首相致雅各布上校

1940 年 9 月 16 日

　　請將第一海務大臣提供關於敵人在霧中登陸的報告副本傳遞給參謀長委員會，再轉交至本土防衛部隊總司令，並在報告中附上以下補充說明：「我認為霧是極其嚴重的威脅，因為它妨礙雙方空軍的作戰，限制我們的炮兵行動，阻礙海軍進行有組織的轟擊，並特別有利於敵軍利用潛入戰術建立登陸據點。若出現霧天，必須在夜間和凌晨對敵人準備發動進攻的港口進行最猛烈的空中轟炸。我希望了解，在以下天氣條件下，海軍如何計劃在夜間和黎明以小型艦隊採取行動：

（1）如果英吉利海峽上空的霧在英國一側濃而在法國一側稀；

（2）如果兩側的霧一樣濃。

「我們是否提議使用無線電來輔助導航？」

「敵人在持續轟炸中會因長時間的等待而感到疲憊不堪。然而，霧依舊是我們面臨的挑戰。」

儘管面臨所有這些危險，仍然應避免讓士兵過度疲憊。

首相致伊斯梅將軍

1940 年 9 月 18 日

請徵求參謀長委員會的意見，因惡劣天氣，是否可以將一級警報適度降低為二級警報。請對此向我提交報告。

首相致伊斯梅將軍

1940 年 9 月 18 日

請調查是否能在敵方準備進攻的一個或多個港口處灑上一層易燃油料。這僅是火燒戰船古老策略的現代改良版，早在西班牙無敵艦隊時期就曾在敦克爾克試用過。海軍部必定能想出一些方法。

首相致軍需大臣

1940 年 9 月 18 日

德‧王爾德廠的彈藥至關重要。第 11 戰鬥機大隊顯然認為工廠遭到轟炸是一個重大打擊。在你離開伍爾威奇休養的那一週，產量降到了 38,000 發，我對此原因非常清楚，我相信產量會恢復。請告知你對接下來 4 週的預估。如果有恢復的可能，我們就可以適度動用我們的儲備資源。

首相致軍需大臣

1940 年 9 月 25 日

第二十三章　九月戰雲密布

　　我現提供對統計局編制的輕武器彈藥近期生產統計表的看法。這些資料讓我非常擔憂。尤其是德·王爾德廠的彈藥，它們極為重要，卻遭受了最嚴重的衝擊。我認為，不僅在第 7 號和第 8 號子彈的部分，德·王爾德廠的彈藥和穿甲彈方面也應全力以赴。我深切理解你的困難。請告知我在哪些方面需要我協助你克服障礙？

　　懇請讀者對我以下的備忘錄多多包涵。

首相致海軍大臣

1940 年 9 月 18 日

　　你完全可以購置一面嶄新的海軍旗。每天早上看到那面骯髒的旗幟令我憂傷。

　　最近成立的飛機製造部門所取得的成就，讓我感到如釋重負。

首相致比弗布魯克勳爵

1940 年 9 月 21 日

　　你所提交 5 月 10 日至 8 月 30 日期間各類戰鬥機產量顯著提升的資料，實在令人振奮。如果你能提供即將到來的 9 月 30 日同樣資料，我將直接在內閣會議上宣讀，而不以傳閱方式處理。然而，如果 9 月分的資料需待到 10 月方能編制完成，那麼，我將用現有這一份在內閣宣讀。

　　您和您的團隊，對國家的貢獻不可估量。

首相致比弗布魯克勳爵

1940 年 9 月 25 日

　　在愈加艱難的局勢下達成的卓越成就，使我不得不請求你，將英王陛下政府最誠摯的謝意與祝賀傳達給由你領導的飛機生產部。

　　在突擊隊或衝鋒隊的議題上，陸軍大臣與陸軍部及軍隊的固有觀念發生了分歧；整個夏季和秋季期間，我一直努力協助陸軍大臣處理此事。

首相致陸軍大臣

1940 年 8 月 25 日

　　我一直在回想我們那晚深入交談的內容，並覺得有必要寫信給你，因為我聽聞突擊部隊的地位正遭受質疑。有人告知，「不再招募了」，而且他們的發展似乎也在變化。因此，我認為，我應該寫信告訴你，我深刻地感受到，德國在兩次大戰中都有效地運用了衝鋒隊。1918 年，那對我們極具威脅的滲透戰正是衝鋒隊的傑作，而且，在 1918 年最後的 4 個月裡，德國的防禦主要依賴於那些布置得當、英勇作戰的機槍陣地的士兵。在這次戰爭中，所有這些因素得到了進一步的增強。法國的失敗，是由於極少數裝備精良的德國精銳部隊的初步戰鬥，隨後大批德國陸軍跟隨整頓並占領已征服的土地。如果我們在 1941 年採取軍事行動，其性質必定是兩棲結合的，必然會有許多小規模戰鬥的機會，這一切都依賴於輕裝靈活的部隊出其不意地登陸，他們必須像獵犬般機動，而不能像正規軍那樣行動。正規軍現在已經組織嚴密，裝備複雜，運輸系統龐大，以至於很難在任何緊迫的戰鬥中運用他們。

　　因此，為了各種原因，我們務必實現籌組衝鋒隊或突擊部隊的構想。我已請求調動 5,000 名傘兵，並且我們還需要至少 1 萬名能夠執行閃電行動的小型「兄弟團」。唯有透過這種方式，才能占領某些陣地，進而為經過高度訓練的正規軍提供進行大規模戰鬥的機會。

　　因此，在你採取任何行動以改變先前的政策或使所有召集的志願者陷入困境之前，我希望能有機會與你討論這個問題。

　　陸軍部的反對意見極為頑固，且軍銜越低，反對聲越強。對於那些一生致力於常備軍正規訓練的軍人而言，面對那些身著便裝、行為自由的大批「非正規軍」，不禁對正規軍隊的能力和勇敢產生隱隱的輕視，感到極為憤怒。我們許多最精銳部隊的團長對此極為不滿。「他們能做到的事，我的營哪一項不能做到？這個計畫削弱了整個陸軍的威信，並損失了最優

第二十三章　九月戰雲密布

秀的官兵。我們在 1918 年並未採用這種做法,為什麼現在要這樣做呢?」即便對這種感受不表同情,也很容易理解。陸軍部傾聽了他們的不滿之聲,但我卻緊抓不放。

首相致陸軍大臣

1940 年 9 月 8 日

您表示完全贊成我對這些特種部隊的意見,並希望終結他們當前地位不穩的狀況。然而,這些部隊至今仍未獲悉任何安排。他們尚未被告知不再計劃解散。儘管有申請者名單,但所有招募工作已暫停,甚至不允許召集那些志願並已通過稽核的人。儘管這些部隊由我們最優秀且高度訓練的人員組成,但他們目前僅裝備步槍,若將他們投入抵抗侵略的戰鬥,恐怕是巨大浪費。我希望您能確保您的命令一經下達便能立即執行。或者請您解釋,您的決定未能實施的原因究竟是什麼。在我長期服務於軍事部門的經驗中,我發現常有這樣的風險,任何與軍隊成見相悖的事情,總會遭到機構中低層官員的阻撓或拖延。解決此類問題的唯一方法是以儆效尤。當下屬見到這種情況後,您就可以更有效地指揮。

若是今晚你能與我共享晚餐,或許你可以告知此事。

首相致陸軍大臣

1940 年 9 月 21 日

我對突擊部隊的裝備狀況感到不滿。不給他們足夠的訓練裝備——戰鬥裝備更少——相當於浪費優秀的人才。

請針對以下各項向我提交報告:

(1)各突擊部隊已配發了哪些裝備?

(2)這些部隊所需的裝備規模有多大?

(3)為訓練目的,可以立刻提供給他們哪些裝備?

我期望每週獲取一份詳盡的報告,闡述各特種部隊的裝備狀況。

首相致信本土防衛部隊總司令阿蘭‧布魯克爵士

1940 年 9 月 21 日

　　我們時常聽聞德國計劃如何侵襲我遼闊的海岸,據說他們打算用 25 萬人登陸,並且規劃發展有潛力的登陸據點。為了應付敵人的此類攻勢,我方海岸的防衛部署顯得相當得當。海島在防禦海上入侵時的難題,常常在於敵人能在某一點集中極其優越的兵力。然而,如果敵人兵力過於分散,即便多數成功登陸,他們也會遭遇沿岸各處同等或更強的兵力抵抗。這樣便形成兩條薄弱戰線的對峙。既然我能夠設想:敵人會集中兵力進攻,推進,然後以大部隊攻擊我們的薄弱防線,我便難以理解:敵人用許多小股部隊登陸,而其中沒有一個小股部隊有足夠力量突破我方嚴密的海岸防線,有何意義。如果他們在渡海途中損失 10 萬人,另有 15 萬人被堵截在岸上,那麼,這樣的登陸勢必代價慘重,尚未等到我們的後備隊投入戰鬥,敵人便已遭受巨大損失。因此,人們傳說德國的這個登陸計畫,若真準備實施,我認為正合我意。倘若他們用重兵攻擊若干特別選定的地點,反倒危險得多。

　　當我們下次見面時,你應該會願意討論這件事情吧!

　　如今看來,我們對義大利向埃及發起進攻的憂慮,甚至沒有指揮這場行動的格拉齊亞尼元帥般猶豫不決。齊亞諾在日記中寫道:

　　1940 年 8 月 8 日,格拉齊亞尼來訪。在談話中,他將進攻埃及視為一項極為嚴峻的任務,並表示我們當前的準備遠未達到完善。他批評巴多格里奧,指責他未能遏制領袖的冒進精神 —— 此事表明「對於一個了解非洲的人來說,他必定是優柔寡斷的,或者更糟糕的是,別有用心。那裡的水源極為不足。我們將面臨失敗,在沙漠中,一場敗仗必然引發迅速而全面的崩潰」。

　　我向領袖彙報了此事,他感到十分困擾,因為他上次與格拉齊亞尼交談時,得出的印象是:似乎攻擊將在近期內展開。格拉齊亞尼並未向我透

第二十三章　九月戰雲密布

露具體日期。他根本不願意發動攻勢，或者至少在未來兩、三個月內不打算採取行動。墨索里尼在談話結束時表示：「任務應該交給那些至少渴望晉升的人去完成，而格拉齊亞尼唯一關心的是如何維持他的元帥地位。」

一個月後，總司令被要求再延長一個月，但墨索里尼回應稱，如果他不在星期一發起進攻，就將撤換他。元帥表示服從。齊亞諾評論道，「從未有過一場軍事行動是在司令官如此不情願的情況下進行的。」

1940 年 9 月 13 日，義大利主力部隊終於展開了期待已久的行動，越過埃及邊境，開始推進。他們的軍隊包括 6 個步兵師和 8 個坦克營。我們的抵抗部隊則由 3 個步兵營、1 個坦克營、3 個炮兵中隊和兩個裝甲車隊組成。他們被命令在作戰中逐步後撤，憑藉他們完整的訓練和沙漠適應能力，這種戰術對他們非常合適。義大利軍隊以猛烈炮擊我方塞盧姆邊境市鎮附近的陣地並展開攻勢。當硝煙和塵土散去後，義軍的陣容顯得異常整齊。摩托車部隊整齊排列在前面，後方是輕型坦克和幾排摩托車輛。用一位英國上校的話來說，這個景象彷彿是「奧爾德肖特的長谷地方舉行的誕辰慶祝會。」面對如此堂堂陣勢，第 3 科爾德斯特里姆警衛隊緩緩撤退，同時，我方炮兵對如此慷慨呈現的無數目標進行猛烈轟擊。

向南推進的敵軍中，有兩支縱隊正向與海岸平行的山脈以南的遼闊沙漠移動。這條山脈僅能在哈爾伐亞，亦即「地獄的火山口」穿越，而此地在我們後續的戰鬥中扮演了重要角色。每個義大利縱隊都配備了數百輛車輛，包括坦克和反坦克炮，前方是炮兵，乘坐卡車的步兵位於中央。我們將他們經常使用的這種陣勢稱為「刺蝟」。面對這支龐大的隊伍，我軍選擇撤退，伺機襲擊這些行徑古怪且猶豫不決的敵人。格拉齊亞尼後來解釋，他在最後一刻決定調整計畫，放棄在沙漠中的包圍行動，而是「將我的全軍集中在左翼，以便沿海岸線快速抵達西杜拜拉尼」。因此，這支龐大的義大利軍隊便循著兩條平行路線沿海岸公路緩慢推進。他們分批派遣

乘坐卡車的步兵進攻，每批約 50 輛。在 4 天內，科爾德斯特里姆警衛隊巧妙地從塞盧姆撤退至相連的陣地，邊撤退邊對敵人造成重創。

9月17日，義大利軍隊抵達西杜拜拉尼。我們損失了40人，而敵軍的損失是我方的10倍，此外，還有150輛車輛遭到破壞。在此地，義軍的補給線延長了60英里，他們停下腳步，計劃在此駐紮3個月。義軍不斷遭到我方小型機動部隊的襲擊，補給補充也面臨嚴重困難。齊亞諾表示，墨索里尼起初「欣喜若狂。他承擔了這次進攻的全部責任，並自豪地宣稱自己做得對」，但隨著幾個月的推移，他的熱情逐漸消退。然而，在倫敦的我們認為，在2、3個月內，義大利軍隊的數量將大大超過我們能集結的部隊，並會再次發起進攻，試圖占領埃及三角洲。此外，德軍也有可能會隨時出現在戰場上！顯然，我們不能認為格拉齊亞尼在前進後會長期按兵不動。我們有理由相信即將在馬特魯港爆發一場大戰。在過去的幾個星期裡，我們急需的裝甲部隊繞道好望角到達，沒有延誤時間，也沒有產生不利影響。

首相致陸軍大臣

1940年9月14日

我期望裝甲旅能夠按時抵達。我曾堅信可以通過地中海安全運輸該裝甲旅，以免擔憂無法及時到達的風險。然而，需牢記，韋維爾將軍曾支持海、陸、空三軍總司令的宣告，認為埃及的局勢不值得冒此險。正是由於這份宣告，我無法否決海軍部的反對意見，否則我必定會堅決否決。

（限即日行動）

第二十三章　九月戰雲密布

首相致陸軍大臣

1940年9月19日

（請伊斯梅將軍過目。）

　　增援的裝甲部隊已經抵達亞丁灣。我們堅信韋維爾將軍已準備妥當，以便盡快將其投入戰鬥。但願如此。我感到遺憾的是，碼頭上沒有像比弗布魯克勳爵這樣的人來確保他們被及時送往前線。我們必須竭盡所能。不知是否考慮過以下更為合適的方法：通過蘇伊士運河將這些車輛運送至亞歷山大，並在前線附近卸貨，或者在蘇伊士集結專用列車、車皮、起重機及其他裝置。這兩個選擇應在此處進行審查。在此之前，應起草一份電報，詢問對這兩種方法的意見以及韋維爾將軍目前的安排。對於此事，每一天甚至每一小時都至關重要。

　　我始終對馬爾他島心存憂慮，該島顯得完全沒有防禦能力。

首相致函伊斯梅將軍轉帝國參謀總長

1940年9月21日

　　這封（來自馬爾他總督和駐軍總司令的）電報證實了我對馬爾他的憂慮。平均而言，每個營都需要負責保護15英里的海灘防線，並且沒有足夠的後備力量來進行反攻，導致該島對敵人登陸部隊幾乎無能為力。請記住，我們並未掌握馬爾他周圍的海域。因此，看來危險極大。我原本認為需要4個營，但由於運輸艦隻在西地中海行駛困難，目前只能提供兩個營。我們必須找到另外兩個精銳的營。顯然，在抽調方面沒有無法克服的困難。

　　當我回憶起所有這些憂慮時，我想起了一個老人的故事，他在臨終時曾說，他一生中有過許多憂慮，但大多數憂慮的事情卻從未發生。對於我在1940年9月的生活而言，情況的確如此。德國在不列顛的空戰中遭遇失敗，他們也沒有嘗試渡海入侵不列顛。事實上，這時希特勒的目光已轉

向東方。義大利並未加緊進攻埃及。通過好望角遠道而來的坦克旅也及時抵達，實際上，在9月間馬特魯港的防衛戰中並未派上用場，而是在後來一次更為有利的戰鬥中發揮了作用。在馬爾他遭受猛烈空襲之前，我們已經找到了增援的方法，而且從未有人勇於在這個要塞島嶼上嘗試登陸。9月分就這樣過去了。

第二十三章　九月戰雲密布

第二十四章
達卡戰事

在此期間，英王陛下政府極為關注對戴高樂及自由法國的支持，目的在爭取法國的非洲領地和殖民地，尤其是大西洋沿岸的地區。我們了解到，這些區域的大多數法國軍官、官員和商人並未感到絕望。他們對祖國的突然戰敗感到震驚，但由於尚未落入希特勒的軍隊和貝當的偽政權之手，因此沒有投降的意圖。在他們眼中，戴高樂猶如黑夜中的一顆明燈。距離給予他們時間，而時間又賦予他們機會。

一旦確認卡薩布蘭卡已經不在我方兵力可及的範圍之後，我自然轉而考慮達卡。作為我個人的法國事務顧問機構而組織的小型工作委員會，對這項計畫的籌備充滿信心且積極主動。關於將法國軍隊運送至西非登陸的提議，我已於1940年8月3日晚從契克斯發出批准書。戴高樂將軍、斯皮爾斯少將和莫頓少校已經制定了一份計畫綱要，目的在於西非升起自由法國的旗幟，占領達卡，進而使戴高樂能夠團結法屬西非和赤道非洲的殖民地，然後再爭取北非的法國殖民地。卡特魯將軍計劃從印度支那前往英國，準備在法屬北非殖民地獲得解放後擔任該地區的指揮官。

1940年8月4日，參謀長委員會對聯合計劃委員會所擬定的計畫進行了深入研究，並草擬了提交戰時內閣的報告。參謀長委員會的計畫建立在以下3個前提之上：首先，這些部隊必須全面裝備，並透過船隻運輸，以確保可以在任何法屬西非港口登陸；其次，這支遠征軍應完全由自由法國軍隊構成，除了承載部隊的船隻及其護航艦船外，不包括任何英國人員；

第二十四章　達卡戰事

最後，此事應被視為法國內部事務，以避免遠征軍登陸時遭遇有效抵抗。

自由法國軍隊的兵力大約有 2,500 人，編制包括兩個營、一支坦克連、若干炮兵和工兵排、一個轟炸機中隊以及一個戰鬥機中隊，後者需由我方提供「旋風」式飛機。這支部隊預計在 8 月 10 日於奧爾德肖特整裝待發，運輸船隻和補給船預計於 8 月 13 日自利物浦啟航，軍隊運輸船則計劃在 8 月 19 日至 23 日之間出發，並於 8 月 28 日抵達達卡，或在幾天後抵達其他港口，如柯那克里和杜阿拉。戰時內閣於 8 月 5 日的會議上批准了這些計畫。

不久之後，情況變得明朗：戴高樂所要求的英國支援超出了參謀長委員會的預期。因此，他們告訴我，這將增加我們的承諾和責任，不僅規模大於預料，時間也將延長，同時這支遠征軍可能逐漸失去自由法國的特徵。由於當時我們的人力和物資供應已經非常緊張，我們不能輕易接受這種額外的要求。然而，8 月 6 日，我與戴高樂將軍進行了會晤，並於 8 月 7 日晚 11 時召開了參謀長委員會，討論計畫。經過討論，大家一致認為，自由法國軍隊最佳的登陸地點是達卡。我主張，為確保遠征軍的成功，英國軍隊應提供充分支援，並要求他們基於此制定更全面的計畫。三軍參謀長詳細討論了我們改善與維琪關係的政策與引導法國殖民地反對德國利益之間的矛盾。他們指出，戴高樂的行動可能導致與法國本土及其殖民地的衝突。儘管如此，若自由法國的情報人員和我們在該地區的代表報告認為條件有利，他們則支持遠征軍出發。因此，我在 8 月 8 日凌晨發出了如下指示：

首相致函伊斯梅將軍，轉交參謀長委員會

1940 年 8 月 8 日

1. 奈及利亞總督致電稱，維琪政府的默許或支持下，德國勢力迅速擴展至法屬西非殖民地的風險正在增加。若不採取迅速而有力的行動，德

國空軍支援的潛艇基地將像歐洲西海岸一樣密布西非沿岸,令我們難以接近,僅德國人可使用。

2. 自內閣極力推動在卡薩布蘭卡採取行動,並派遣達夫·庫珀先生和戈特勳爵前往後,已經過去了6週,但仍無進展。當地法國人態度敵對,參謀長委員會也未能提供積極建議,局勢顯然已顯著惡化。

3. 讓戴高樂將軍儘早獲得達卡對英國的利益顯得極為重要。如果他的祕密使者報告能夠和平占領該地,那自然是最理想的情況。然而,若報告顯示情況不利,則應部署足夠的波蘭軍隊和英國軍隊,並提供充分的海軍掩護。一旦行動開始,必須堅持到底。戴高樂可以賦予此次行動一種法國的色彩,一旦成功,當然應由他的政府控制該地區,但我們必須補足此次行動所需兵力不足的部分。

4. 參謀長委員會需擬定一項占領達卡的計畫。在計畫制定過程中,他們應視以下條件為已具備:

(1)戴高樂的軍隊及所有能召集到的法國艦隻;

(2)強大的英國海軍,能夠控制附近的法國艦艇並提供登陸掩護;

(3)裝備齊全的一旅波蘭軍隊;

(4)皇家海軍陸戰旅,該旅原計劃用於大西洋島嶼,但可優先用於協助戴高樂部隊登陸,或從羅傑·凱斯爵士的部隊中調動突擊隊;

(5)由航空母艦或英屬西非殖民地起飛的飛機提供必要的空中支援。

5. 迅速制定計畫,並與地中海軍事行動的時間表進行協調。

6. 占領達卡後,不計劃使用英國軍隊駐守。戴高樂將軍的政府將自行宣布成立,並須自給自足,英國的支持僅限於適當的資源供應,並防範海上來自德化法國的威脅。如果戴高樂無法長時間抵禦空襲和空降部隊,我們將在摧毀港口所有設施後撤離。當然,無論任何情況下,我們都必須奪取懸掛法國國旗的「黎希留」號戰艦,並進行修復。波蘭人和比利時人可

第二十四章　達卡戰事

以取回他們的黃金，那是法國政府在簽訂停戰協定之前為確保安全而運往非洲的。

7. 為了達成此計畫，爭取時間至關重要，而我們已經浪費了不少時間。任何時候，只要適合，就使用英國船隻作為運輸工具，但需懸掛法國國旗。至於英國運輸船懸掛法國國旗一事，無需樞密院的指令或立法程序。

8. 有關法國宣戰的風險及是否應該拉攏它的問題，將交由內閣作出決定。

1940年8月13日，我向戰時內閣提交了這項議題，指出其已超出最初法國遠征軍計畫的範疇。我的同事們審查了以下細節：假設我們會遭遇抵抗，我們計劃在黎明時分，派出6個分遣隊在達卡附近的6個海灘登陸，以分散防守部隊的注意力。戰時內閣批准了這個計畫，但要求外交大臣考慮與維琪法國開戰的可能性。經過我全面評估形勢後，我不認為這種情況會發生。此時，我已經決定冒險一試。我同意任命海軍中將約翰·坎寧安和陸軍少將歐文為這支遠征軍的指揮官。他們於8月12日晚來到契克斯與我會面，我們對這件成敗未卜且極為複雜事務的各個方面進行了徹底研究。我親自起草了給他們的指示。

因此，我承擔了對這次名為「威嚇」的達卡遠征的發起和推動之特殊責任。儘管我認為我們不可能事事如願，並確實遭遇了一些不幸，但我從未感到後悔。達卡是一個值得為之奮鬥的地方，而爭取法蘭西殖民帝國的意義尤其重大。或許我們無需付出任何代價便能實現這些目標，我堅信維琪法國不會發動戰爭。英國的頑強抵抗和美國的堅定立場，在法國人心中點燃了新的希望。如果我們勝利，維琪政府也只會無奈地聳肩。如果失敗，他們會以抵抗有功來向德國主子邀功。最嚴重的危險在於戰鬥時間的拖延。然而，在那段時期，再嚴重的危險也是司空見慣的。我明白，即使我們的人力和物力已經捉襟見肘，但仍能勉力應付。在德國對我國土的入

侵日益逼近之際，我們尚能毫不吝惜地將一半的坦克運給韋維爾以保衛埃及。相比之下，這次行動實在微不足道。我們團結一致的戰時內閣、保守黨、工黨和自由黨的所有領袖，都是不屈不撓的堅強人物，越發主張採取積極手段以爭取勝利。因此，所有相關命令已發出，一切事務在令行禁止的環境下推進。

我們當前面臨的雙重威脅是拖延和洩密，而拖延進一步加劇了洩密的風險。此時，在英國的自由法國軍隊，是一群流亡在外、致力於武裝反抗現有政權的英雄人物。他們願意向自己的同胞開火，甚至同意用英國的火炮擊沉法國的軍艦。他們的領袖都面臨死刑的威脅。他們精神緊繃，以至於行動輕率，這也是可以理解的，誰能責備他們呢？戰時內閣只需將我們的意圖告知幾位司令和參謀長委員會的成員，就足以指揮我們的部隊，而無需告訴其他人。然而，戴高樂將軍必須說服他那群勇敢的法國人與他同行。因此，許多人不可避免地會知道所有細節。在法國軍隊中，達卡已成為普遍的話題。在利物浦一家餐廳的宴會上，法軍官員在舉杯時高喊「達卡！」我們的登陸艇需由拖車從樸茨茅斯附近運至利物浦，而護送人員則全副熱帶裝備。我們當時處於戰爭的早期階段，當時的保密措施與後來「火炬」和「霸王」這兩個關鍵行動中的保密措施相比，簡直不可同日而語。

此外，拖延的問題亦顯而易見。我們原計劃於9月8日發起進攻，但現今看來，主力部隊必須先行前往弗里敦進行加油及最終整備。最初的計畫是基於法國運輸船以每小時12海里的速度在16天內抵達達卡的行程而制定的。然而，直至裝船時才發現，載有摩托車輛的船隻速度只能達到每小時8至9海里。即使將此問題上報，改裝更快的船隻也為時已晚，徒增時間損耗。整體而言，比原定日期不可避免地推遲了10天：其中5天是由於對船速的誤判，3天源自裝船過程中意料之外的困難，還有兩天用於

第二十四章　達卡戰事

弗里敦的加油。現在，我們不得不將計畫推遲至 9 月 18 日。

8 月 20 日晚 10 時 30 分，我主持了一次會議，出席者包括三軍各參謀長和戴高樂將軍。根據紀錄，我對該計畫進行了如下總結：

英、法艦隊將在黎明時分抵達達卡，飛機將在城市上空投放標語和傳單，英國分遣艦隊將保持遠距，法國船艦則駛向港口。一名使者將乘坐懸掛法國國旗和白旗的偵察艇進入港口，攜帶一封致當地總督的信，說明戴高樂與他的自由法國軍隊已抵達。信中，戴高樂將軍將強調，他此行是為了解救達卡，免遭德國即將發動的襲擊，並為駐軍和居民提供食物和援助。若總督表示順從，則一切順利；若不然，且海岸防禦部隊開火，則英國分遣艦隊將靠近港口。如果抵抗持續，英國軍艦將向法國炮兵陣地開火，但盡量克制。若遇到頑固抵抗，英國軍隊將採用一切手段粉碎對方抵抗。關鍵是：務必在傍晚前結束戰鬥，由戴高樂控制達卡。

戴高樂將軍對此表示贊成。

8 月 22 日，我們再次會面，外交大臣向我宣讀了一封揭露洩密的信件。至於此次洩密的具體影響，尚無定論。海軍的優勢在於其攻勢行動的不可預測性，一旦出動，目標地點便成謎。海洋遼闊無垠，僅憑熱帶裝備線索，或許只能推測是前往非洲。在利物浦，一名法國人的妻子被懷疑與維琪有聯繫，據說她認為集結在默爾西河的運輸船正駛向地中海。即便「達卡」一詞偶然洩漏，也仍是未解之謎。當我們逐漸累積經驗並提高警覺時，這種「保密」策略變得極為嚴謹。時間的拖延讓我憂心忡忡，進退兩難。至於是否真的洩密，仍無從知曉。不論如何，內閣在 8 月 27 日最終一致同意啟動行動，並將 9 月 19 日定為預定日期。

9 月 9 日下午 6 時 24 分，英國駐丹吉爾總領事透過電報通知北大西洋戰區司令諾思海軍上將，提到在直布羅陀海岸有一場會面，並再次向外交部彙報此事：

以下消息由「雅克」傳遞。法國艦隊的分遣可能計劃穿越海峽，向西駛向一個尚未確定的目的地。預期此行動可能在未來 72 小時內發生。

這位上將並未參與達卡進攻計畫的策劃，因此未採取任何特別行動。同樣的電報也從丹吉爾發至外交部，並於 9 月 10 日上午 7 時 50 分接收。當時我們在倫敦正遭受幾乎不間斷的轟炸。因空襲導致工作頻繁中斷，密碼部門積壓了大量未譯電報。由於這封電報未被標記為「重要」，只能按順序進行翻譯。直到 9 月 14 日才完成翻譯並準備分發，最終才於此時送達海軍部。

然而，我們還有另一條線索。9 月 10 日下午 6 時，駐馬德里的英國海軍武官從法國海軍部獲得正式通知，稱 3 艘「喬治・雷格」級法國巡洋艦與 3 艘驅逐艦已從土倫出發，準備於 9 月 11 日早晨通過直布羅陀海峽。這種行動是維琪政府當時已認可的標準程序，也是他們在最後時刻採取的謹慎措施。該英國海軍武官立即向海軍部和駐直布羅陀的諾思海軍上將報告。海軍部於 9 月 10 日晚 11 時 50 分收到此消息。電報譯出後，交給值班上校，他再轉交給（海外）作戰司司長。該軍官本應立即辨識這封電報的重要性，因為他對達卡遠征了然於心。然而，他未立即行動，而是按常規流程，將該電報與第一海務大臣的電報一併送出。由於這個失誤，當時他的上級對他頗為不滿。

然而，當「烈性」號驅逐艦在地中海執行巡邏任務時，於 9 月 11 日凌晨 5 時 15 分在直布羅陀東部 50 英里的海域偵測到這些法國軍艦，並立即向諾思海軍上將報告。當時以直布羅陀為基地的「H」艦隊指揮官薩默維爾海軍上將也在同一天早上接收到駐馬德里海軍武官於午夜零時 8 分發來的消息。早上 7 時，他指示「聲威」號在 1 小時內升火待命，等待海軍部的指令。因作戰司司長的失誤，加之駐丹吉爾總領事的另一封電報在外交部被耽誤，第一海務大臣直至三軍參謀長在內閣會議時，才獲悉「烈性」

第二十四章　達卡戰事

號驅逐艦關於法艦動向的報告。他立即致電海軍部，下令「聲威」號及其驅逐艦升火待命，所幸它們已準備就緒。隨後，他出席戰時內閣會議。然而，由於駐丹吉爾總領事和駐馬德里海軍武官的兩封電報均被延誤，且各部門均未重視，導致為時已晚。若總領事在首封電報標註「重要」；或駐直布羅陀的兩位海軍上將雖非核心成員，但其中一人有所察覺；或外交部運作正常；或作戰司司長優先發送第2封電報，使第一海務大臣能夠及時關注並閱讀，「聲威」號本可攔截法艦進行談判，等待明確命令；戰時內閣必會發出明確命令，或在召集戰時內閣會議前，由我直接發出。

結果，我們的所有安排均告失敗。9月11日上午8時35分，3艘法國巡洋艦與3艘驅逐艦全速（25海里）穿越直布羅陀海峽，駛向非洲海岸的南方。戰時內閣得知後，立即指示第一海務大臣，命令「聲威」號與法國艦隊接觸，詢問其目的地，並宣告禁止前往任何德國占領的港口。如果對方表示前往南方，應告知只能抵達卡薩布蘭卡，並在此情況下進行跟蹤。如果它們試圖超越卡薩布蘭卡駛向達卡，則應予以制止。然而，它們始終未被發現。9月12日和13日，卡薩布蘭卡被霧霾籠罩。一架英國偵察機遭擊落；關於其他軍艦駛入卡薩布蘭卡港的報告相互矛盾；此時，「聲威」號及其他驅逐艦在卡薩布蘭卡以南的海域日夜待命，準備攔截這支法國艦隊。9月13日下午4時20分，「聲威」號收到無線電報告稱，卡薩布蘭卡並無巡洋艦。實際上，它們早已遠赴南方，正全速駛向達卡。

然而，似乎仍然存在一線機會。我們的遠征軍及其強大的護航艦隊現已抵達達卡以南，即將抵達弗里敦。9月14日上午12時16分，海軍部通知約翰·坎寧安海軍上將，法軍巡洋艦已在不明時間離開卡薩布蘭卡，並指示他阻止其進入達卡。他應動用所有可用艦隻，包括「坎伯蘭」號；在無可避免的情況下，即便「皇家方舟」號沒有驅逐艦護航，也應派出其飛機參戰。因此，「德文郡」號、「澳洲」號和「坎伯蘭」號及「皇家方舟」號

掉頭,以最高速度向北航行,以便在達卡以北建立巡邏線。直到9月14日晚間,它們才到達巡邏水域。此時,那支法國分遣隊的艦隻早已在達卡港拋錨,並在甲板上展開了帆布篷。

這個意外事件決定了法、英遠征達卡的命運。我毫不猶豫地認為,應當放棄這次遠征。不費一兵一卒地登陸並由戴高樂將軍占領達卡的全盤計畫,由於這支法國分遣艦隊的到達已經失敗,它們很可能載有援兵、優秀的炮手和冷酷的維琪政府官員,去加強當地總督的決心、誘惑駐軍並控制炮臺。好在我們可以打消這個計畫,而不致喪失目前對我們非常重要的威信,而且實際上誰也不知道這件事情。可以將這支遠征軍轉移到杜阿拉去掩護戴高樂將軍對法屬喀麥隆採取的軍事行動,然後將這些艦隻和運輸船遣散或調回本國。

因此,在9月16日中午召開的戰時內閣會議上,我詳細敘述了達卡行動計畫的全過程,提及計劃從原定的9月13日延後的嚴重後果,情報洩漏的各個方面,以及法國軍艦意外穿越直布羅陀海峽的情況。隨後,我指出,整個局勢已然變化,此計畫已經不可行。內閣接受了我的建議,並於當日下午2時向達卡遠征部隊下達了以下命令:

英王陛下政府已經決定,由於法國巡洋艦抵達達卡,我們無法執行原定占領達卡的計畫。經過研究替代方案,因波馬柯交通不便,軍隊缺乏運輸裝置,加上敵軍可能從達卡先發制人,因此在柯那克里成功登陸的可能性不大。此外,以現有海軍力量,無法對達卡實施有效的海上封鎖,因此即便戴高樂的軍隊抵達波馬柯,對達卡的局勢影響也有限。看來,最佳方案是在杜阿拉讓戴高樂將軍的軍隊登陸,以穩固喀麥隆、赤道非洲和查德,並擴展戴高樂的影響至自由市。遠征軍中的英國部隊目前應駐紮在弗里敦。

應立即實行,除非戴高樂將軍對此表示堅決反對。

第二十四章　達卡戰事

遠征軍於 9 月 17 日抵達弗里敦。所有將領都強烈反對放棄攻占達卡的計畫。坎寧安海軍上將和歐文將軍認為，在未確定維琪巡洋艦抵達達卡對當地士氣的具體影響之前，不能僅因它們的出現就認定海軍態勢已顯著改變。據稱，這些巡洋艦目前在甲板上已搭起布篷，其中兩艘的停泊位置顯示它們毫無戰鬥力，反而成為轟炸的理想目標。

這是局勢的又一次轉折。在戰爭的這個階段，指揮官們極少全心投入大膽的行動。通常，要求冒險的呼聲源自國內。然而，這次，歐文將軍在出發前謹慎地以書面形式列出他所有的顧慮。因此，當他們決定將這個複雜且帶有政治色彩的作戰計畫付諸實踐時，我感到意外的興奮。如果前線的軍官們認為這是大展拳腳的時機，並且有勇氣採取行動，我們理應給予他們支持。因此，我在 9 月 16 日下午 11 時 52 分發出了以下電報：

你們完全有權自行評估整體局勢，請與戴高樂商議，我們會認真審視你們提出的任何建議。

不久，戴高樂將軍發來一份措辭強烈的抗議，要求執行原定計畫。他表示：「若英國政府堅持否決海上直接進攻達卡的決定，我至少要求當地英軍的海、空力量立即協助，支持並掩護由我親自率領的軍隊從內地進攻達卡。」

這時，我們的司令官報告說：

在今日的會議上，戴高樂強調儘早對達卡採取行動的緊迫性。有人建議，如果派遣特務到達卡進行準備，不拖延應有的行動，並避免行動過於顯露英國色彩，他可能會在達卡獲得強大支持。他的特務已經在巴瑟斯特做好準備，且已獲得指示。戴高樂現在建議，原本計劃不遇抵抗進入達卡港口的方案應繼續執行，如果失敗，自由法國部隊將嘗試在呂費茲克登陸，必要時由海、空軍支援，然後從此推進至達卡。英國部隊只在建立橋頭堡後需要支援時，才會參與登陸。

經過全面考量，我們認為，這3艘巡洋艦雖已抵達達卡，但對我們一貫承擔的風險影響不大，不至於迫使我們放棄計畫。因此，我們建議採納戴高樂的新提議，若他未能成功，英軍應按原計畫登陸，盡全力支持他。無論如何，增強海軍實力是最為關鍵的。

在接獲陛下政府的決策後，行動計畫須於4日內付諸實施。

最終，歐文少將致電帝國總參謀長，表示：

如你所知，在這項作戰計畫中，我承擔了許多風險，從純粹的軍事角度來看，這些風險本不應輕率承擔。新收到的情報顯示，這些風險可能加劇。然而，鑑於成功的希望顯然存在，我認為冒險是值得的。戴高樂也承諾，在必要時與英國軍隊合作到底，並且不迴避在法國人之間作戰的責任。

在9月17日下午9時，戰時內閣再次召開會議。全體成員一致同意授權司令官根據情況靈活應對。最終的決定推遲到次日中午才做出，因為預計進攻要等大約一個星期後才能進行，所以時間上沒有急迫性。按照內閣的要求，我起草了一份電報，準備發給遠征達卡的部隊司令官：

此時我們無法明確評估各個方案的優缺點。我們授予你們全權，為達成此次遠征的初衷，可根據你們判斷的最佳方法行事。請隨時向我們彙報情況。

此電報於9月18日下午1點20分發出。

現在只能靜候結果。9月19日，第一海務大臣報告稱，法國分遣艦隊或其部分艦船正從達卡向南航行。這個情況明確表明，該艦隊曾將具有維琪思想的部隊、技術人員和政府官員運送至達卡。隨著新部隊的增援，遭遇激烈抵抗的可能性顯著增加。激烈的戰鬥在所難免。我那些性格堅韌且善於應變的同事（這正是戰爭中所需的特質）和我一樣，具有一種等待事態自然發展的直覺，因此，僅僅聽取各種報告，而不發表任何意見。

第二十四章　達卡戰事

9月20日，龐德海軍上將向我們報告，法國巡洋艦「普里莫格」號已被我方的「康沃爾」號和「德里」號攔截，該艦已同意駛往卡薩布蘭卡，並正被押送至該地。被「澳洲」號發現的3艘法國軍艦，原來是巡洋艦「喬治‧萊格」號、「蒙卡」號和「光榮」號。19日中午，「坎伯蘭」號與「澳洲」號會合，繼續跟蹤維琪艦隻，直至傍晚。這時，這些軍艦轉向北方，並將速度從15海里提高至31海里。隨之展開了一場追逐。我們無法趕上它們。下午9時，「光榮」號的1臺發動機出現故障，無法超過15海里的速度。其艦長同意在「澳洲」號的押送下，返回卡薩布蘭卡。這兩艘軍艦預計在午夜時分駛過達卡；「澳洲」號的艦長告知「光榮」號艦長，如果遭遇潛艇襲擊，他應立即自行鑿沉艦隻。無疑，「光榮」號艦長將此消息傳達給了達卡當局，因此，順利通過了該地。追蹤其他兩艘維琪軍艦的「坎伯蘭」號，在一場暴雨中與那兩艘軍艦失去了聯繫，儘管後來再次發現，但並未開火，任其返回達卡。「普瓦蒂埃」號於17日在海上遭到挑戰時，便自行鑿沉了。

我已向史末資將軍告知所有情況。

首相致史末資將軍

1940年9月22日

你或許已見到我關於達卡的電文。我常常思考你在歷次電文中提及不應忽視非洲的觀點。戴高樂拯救法國殖民地的行動已在赤道非洲和喀麥隆展開。我們不能容忍這些可能由德國指使而來的法國軍艦和維琪人員破壞這些實際的成果。如果達卡落入德國之手，並成為潛艇基地，對好望角航線的影響將不可估量。因此，我們已開始部署，讓戴高樂進占達卡，若可能，採取和平手段；如有必要，則使用武力。目前即將展開的遠征軍看來具備了所需的力量。

自然，與法國水兵和部分駐軍爆發流血衝突的潛在威脅，絕非等閒

視之。在我看來，他們大機率不會進行強烈抵抗，因這片法屬殖民地士氣低落、境況艱難，且因我方掌控海洋，他們將面臨毀滅與饑荒。然而，在實際交鋒前，結果仍難以預料。有人主張，當法國民意 —— 甚至在維琪 —— 受到英國抵抗的激勵而傾向我方時，不應冒此險，並認為再現奧蘭事件對我方極為不利，此觀點引發了我們的諸多擔憂。儘管如此，我們形成了一致結論，認為反對意見未必正確，且無論如何，與袖手旁觀讓維琪政府擊敗戴高樂的風險相比，總體風險較小。若維琪政府在奧蘭事件或我方對其封鎖後未宣戰，即便達卡爆發衝突，我看他們也不會宣戰。除了達卡的策略意義與戴高樂占領該港的政治影響，還有之前錯誤保存在非洲內陸 6、7,000 萬盎司比利時和波蘭的黃金，且那艘未被徹底摧毀的戰艦「黎希留」號也可能間接落入我們手中。總之，決定已下。

目前我們無意涉足摩洛哥，因為德國正對西班牙及其在摩洛哥的利益施加影響。我們對敘利亞寄予厚望，卡特魯將軍計劃下週前往。馬特魯港即將爆發大戰，我希望我們的裝甲援軍能及時抵達。

我對肯亞的危機並無太多擔憂。若我們堅守後方並從鐵路方向迎擊，將交通難題留給敵軍，便更無問題。我正努力將一些合適的坦克運送至該戰場。此外，我認為駐紮在那裡的部隊過多，這些部隊在蘇丹和埃及三角洲更為需要。

與您攜手走在這條我們多年共同前進的道路上，讓我倍感愉悅且信心滿滿。

我向羅斯福總統發送了如下電報：

前海軍人員致總統

1940 年 9 月 23 日

我收到洛西恩勳爵轉達你對達卡消息的回應，感到振奮。如果德國人在該地建立穩固的潛艇和空軍基地，將對我們共同的利益產生不利影響。

第二十四章　達卡戰事

達卡似乎可能會爆發激烈的戰鬥，也可能不會。然而，我們已經下達了全力以赴的命令。如果你能派遣幾艘美國軍艦前往蒙羅維亞和弗里敦，我們將非常高興；我希望屆時我們已成功占領達卡，歡迎你們來訪。然而，目前最為關鍵的是，請你向法國政府透露：在所有涉及美國的問題上，宣戰將對他們極為不利。如果維琪政府宣戰，他們將與德國無異，而維琪政府在西半球的所有權益也將被視作德國的權益。

我非常感激你提醒我注意德國入侵本土的警告。我們已做好應對準備。關於來福槍的消息讓我感到欣慰。

在達卡進攻的 3 天中所發生的事件，我不必在此詳述。這些事件理應在軍事史上占據一席之地，同時也是一個典型運氣不佳的例子。顯然，空軍部的氣象學家曾仔細研究過西非沿岸的天氣條件。經過對多年紀錄的分析，結果顯示每年這個季節氣候相對穩定，天空常常晴朗。然而，當 9 月 23 日英、法艦隊接近這個要塞時 —— 戴高樂和他所率領的艦隊在前 —— 卻遇上大霧。我們原本希望，既然大多數居民，無論是法國人還是土著，都支持我們，那麼僅需英國軍艦在遠處支援，由戴高樂率領的艦隊駛入港口，就能影響當地總督的決策。但很快我們便發現，維琪黨羽已經掌控了達卡；毫無疑問，維琪政府的巡洋艦到來，令達卡參與自由法國運動的任何希望破滅。戴高樂的兩架飛機一降落當地機場，飛行員便被拘捕。其中一人還攜帶著自由法國主要支持者的名單。戴高樂的代表乘坐 1 艘懸掛法國國旗和白旗的船前往，卻遭到拒絕，隨後乘坐汽艇進港的其他人員也遭射擊，其中兩人受傷。所有人都下定了決心；這時，英國艦隊在霧中逼近，駛入距岸 5,000 碼的水域。上午 10 時，港內 1 座炮臺向我方 1 艘驅逐艦開火，我方反擊，很快爆發了一場激戰。驅逐艦「英格菲爾德」號和「先見」號輕傷，而「坎伯蘭」號的機艙被擊中，不得不撤退。1 艘法國潛艇剛露出潛望鏡就被飛機擊中，另有 1 艘法國驅逐艦也起火。

關於軍艦與炮臺對抗的爭論，曾經長時間持續不斷。納爾遜曾言，用一個6門炮的炮臺足以抵擋100門炮的軍艦。1916年，鮑爾弗在達達尼爾觀察時表示：「若軍艦之炮能在炮臺射程之外轟擊，則戰鬥雙方的力量未必如此懸殊。」此番，英國艦隊若部署得當，理論上可與達卡炮臺交戰，並在27,000碼外發射數發炮彈後摧毀達卡炮臺的9.4英寸炮。然而，維琪政府軍隊尚有「黎希留」號戰艦，能以兩門15英寸炮還擊。英國海軍上將必須考慮這一點。最棘手的是有霧。因此，約在上午11時30分，炮戰完全停息，所有英國及自由法國的艦隻皆撤退。

下午，戴高樂將軍嘗試在呂費茲克指揮部隊登陸，但由於濃霧愈加瀰漫，方向難以辨識，只能放棄計畫。下午4點30分，各司令官決定撤回軍隊運輸艦，次日再繼續作戰。報告此消息的電報於下午7時19分抵達倫敦，因此我於9月23日10時14分以個人名義向各司令官發出以下電報：

既然已經啟動，我們就必須堅持到底。無論局勢如何，我們絕不放棄。

當天晚上，向達卡總督遞交了最後通牒，他的回應是將誓死保衛港口。各司令官也表態，他們計劃繼續作戰。9月24日的能見度稍好於前一天，但仍然不清晰。當我們的艦艇逼近時，岸上的炮臺開始向我們開火，而「巴勒姆」號和「堅決」號則在距離岸上13,600碼的海域與「黎希留」號交火。不久後，「德文郡」號和「澳洲」號遭遇了1艘巡洋艦和1艘驅逐艦，結果擊傷了那艘驅逐艦。大約在10點左右，轟擊停止，這時「黎希留」號已經被一枚15英寸的炮彈擊中，曼努爾要塞也被命中了一枚15英寸的炮彈，另1艘輕巡洋艦起火。此外，有1艘敵方潛艇試圖阻止我方前進，但被我方投擲的深水炸彈逼出水面，船員宣布投降。我方艦艇均未受到打擊。下午，轟擊再次開始，這次「巴勒姆」號被擊中4次，但損傷不大。這次轟擊未取得任何成果，只是證明了對方的防守堅固，守軍有抵抗的決心。

第二十四章　達卡戰事

9月25日，戰鬥重啟。當天陽光明媚，我方艦隊在距離岸邊21,000碼的海域開火，不僅遭到岸上炮臺的精準回擊，還受到「黎希留」號兩門15英寸大炮的齊射。達卡駐軍司令布下的煙幕遮擋了我們的視線。剛過9時，「堅決」號戰艦被維琪潛艇的魚雷命中。隨後，海軍上將「鑑於『堅決』號的情況、敵潛艇持續攻擊的風險，以及岸上部隊的射擊既精準又堅決」，決定撤回海面。

與此同時，上午10時，國防委員會在我缺席的情況下召開會議，決定不應對各司令官施加壓力，迫使他們採取違背自身明智判斷的行動。內閣於上午11時30分召開會議，期間接到了今晨作戰結果的消息。根據這些資訊，似乎可以清晰地看到，在慎重考慮及我方人力、物力所能承受的範圍內，我們已經盡了最大努力。有幾艘優秀的軍艦遭受重創。對方顯然決心堅守達卡。誰也難以確定，持續的激烈情緒是否會導致法國維琪政府宣戰。因此，經過痛苦的討論後，一致同意不再繼續戰鬥。

因此，我於9月25日下午1時27分向各位司令官發出了如下電報：

根據目前掌握的所有消息，包括「堅決」號的受損情況，我們決定取消對達卡的進攻計畫，因為顯然會面臨不利的結果。除非發生了我們尚未了解的情況，使你們計劃強行登陸，否則應立即停止。請透過「最急」電報告知你們是否同意此決定，但除非情況完全有利於我方，否則在未收到我們的回覆前，不應實際開始登陸行動。

如果放棄此計畫，我們將盡力以海軍保護杜阿拉，但無法保障巴瑟斯特的戴高樂部隊（若他們仍在那裡的話）。我們正考慮向弗里敦派遣增援。一旦收到你們的回覆，我們將立即發出有關其餘部隊的指示。

各位司令官的回應如下：

同意停戰。

前海軍人員致羅斯福總統

1940 年 9 月 25 日

我對我們被迫放棄達卡計畫深感遺憾。維琪政府搶先一步，藉助其支持者和熟練炮手鞏固了防禦。所有同情我們的人都被鎮壓和消滅。我們有幾艘軍艦遭到打擊，考慮到我們已經承受的重擔，你可以理解，若堅持強行登陸，將使我們承擔不應有的責任。

在連續 3 天的炮擊中，英國艦隊無 1 艘戰艦被擊沉，僅有「堅決」號受損，需數月方能重返戰場，另有兩艘驅逐艦需在國內船塢進行大修。維琪方面則損失兩艘潛艇，其中 1 艘的船員獲救，兩艘驅逐艦遭焚毀並擱淺，「黎希留」號戰艦被一枚 15 英寸炮彈擊中，並受兩枚近乎命中的 250 磅炸彈損害。在達卡顯然無法修復這艘龐然大物，該艦早在 7 月時便已因受損而無法航行，現在我們可以確信不再將其視為敵對威脅。

在此次遠征計畫中，戰時內閣和幾位司令官不斷變化的立場頗具玩味。最初，幾位司令官不太熱衷，歐文將軍為自己預留了退路，他向帝國副總參謀長提交了一份詳盡的備忘錄，列舉了各種理由，強調所有困難。當遠征軍駛過加那利群島以南時，法國巡洋艦隊與維琪政權的援軍，憑藉法蘭西共和國的物質和精神權威，悄然通過了直布羅陀海峽。從這一刻起，我確信局勢已經發生變化；戰時內閣根據我的建議，並在參謀長委員會的支持下，一致同意在時機尚未完全錯失且未遭受任何損失時，終止這個行動，以避免計畫的失敗暴露無遺。

此時，戰地的幾位司令官站了出來，強烈要求採取行動，戰時內閣認為，而且我也認為十分正確，應該允許各司令官自行判斷，放手施行。因此，試行登陸，而達卡的堅強抵抗立即證明，戰時內閣自己的判斷和採納的建議都是正確的。

儘管達卡之戰的激烈程度超出了我們的預期，但我們正確地預測到維

第二十四章　達卡戰事

琪政府不會向英國宣戰。他們僅透過北非的空軍轟炸直布羅陀作為報復。9月24日和25日，他們對直布羅陀的港口和船塢進行了連續空襲；第1次在港口投下了150顆炸彈；第2次出動了約100架飛機，投下的炸彈數量是第1次的兩倍。法國飛行員似乎並不認真，大多數炸彈落入海中。損失輕微，傷亡人數不多。我們的高射炮隊擊落了3架敵機。達卡之戰的結果是維琪政府獲勝，這件事就此悄然「結束」了。

對英國海軍和陸軍的指揮官並未施以任何指責，他們的任職持續至戰爭結束，而那位海軍上將更是獲得了至高無上的榮譽。對敵情判斷上的誤差應予寬待，這是我行事的原則之一。若他們基於對當地形勢的理解認為任務可行，那麼，他們積極嘗試是完全合理的；他們低估了法國巡洋艦和援軍對維琪駐軍的影響，這絕不應視為他們的過錯。關於戴高樂將軍，我曾在下議院提及，他此次的行為和表現，使我對他的信心較以往更加堅定。

達卡事件的經過值得深入探討，因為它不僅顯著地展示了不可預見的突發事件對戰爭可能產生的影響，還揭示了軍事力量與政治力量之間的相互作用，以及聯合軍事行動的複雜性，尤其是在有盟軍參與時更為棘手。對大多數人而言，這似乎是一個判斷失誤、部署紊亂、臨陣退縮和混亂無序的典型案例。在美國引起了強烈的批評，因為達卡靠近美洲，美國對此地特別關注。澳洲政府也對此表示擔憂。國內也普遍抱怨戰爭指揮不當。然而，我決定不做任何辯解，議會也尊重我的決定。

回頭來看，也許應以一種更為理智的視角看待這些事件。海軍史學者會感到驚訝地發現，這與近300年前的一件事極為相似。西元1655年，克倫威爾曾派遣一支海、陸聯合遠征軍攻打西印度群島的聖多明哥。儘管那次進攻未能成功，但遠征軍司令官並未空手而歸，他們轉而攻占了牙買加，將失敗化為勝利。

儘管我們在達卡遭遇挫折，但我們成功阻止了法國巡洋艦的推進，並讓他們挑唆法屬赤道非洲駐軍的計畫化為泡影。戴高樂將軍在不到兩週內攻占了杜阿拉和喀麥隆，將其變為自由法國事業的一個基地。自由法國在這些地區的活動產生了顯著影響，不僅遏制了維琪毒素的滲透，還因其對中非的控制，使我們後來從塞康第-塔科拉迪到中東橫跨非洲大陸的航空運輸線得以發展。

第二十四章　達卡戰事

第二十五章
艾登中東使命

1940 年 10 月

　　至 1940 年 9 月末,張伯倫先生的健康狀況急遽惡化。7 月時,他曾接受手術進行檢查,術後勇敢地重返工作職位;然而,檢查結果顯示,他患上了無法經由外科手術治癒的癌症。此時,他才得知真相,並意識到自己無法再繼續工作。因此,他向我提交了辭呈。由於形勢緊迫,我認為有必要在政府內部進行適當的人事調整。約翰・安德森爵士被任命為樞密院院長並主持內閣內政委員會,赫伯特・莫里森則擔任內政大臣兼國內安全大臣,安德魯・鄧肯爵士出任軍需大臣。所有這些變動自 10 月 3 日起生效。

　　張伯倫先生還認為,他應當辭去保守黨領袖的職務,並讓我接任。我必須思考這樣一個問題(關於此問題也許會有不同意見):一個大黨領袖的身分,是否與我目前由英王和議會授權、由各黨聯合組成並正式支持的政府首相地位相容。對此問題,我毫無疑慮。在下議院,與其他所有政黨相比,保守黨擁有絕大多數席位。由於正值戰爭狀態,遇到意見分歧或僵局,也無法透過解散議會和舉行選舉來尋求國民的裁決。在危機四伏的艱難時期,在屢遭失敗和挫折的漫長歲月中,如果不僅要獲得兩個小黨領袖的同意,還需獲得保守黨這個大黨的同意,才能採取行動,那我便無法指揮這場戰爭。無論誰當選,無論他有多麼高尚的自我犧牲精神,他總是需要掌握實質的政治權力。對我而言,我僅承擔行政職責。

　　這些論點顯然不適用於和平時期;然而,我認為,若非如此,我便無

第二十五章　艾登中東使命

法在戰爭中成功克服困難。此外，對於聯合政府中的工黨和自由黨而言，關鍵事實是，我身為首相，同時擔任最大政黨的領袖，並不完全依賴他們的選票，即便失去他們的支持，我最終仍能獲得議會的支持。因此，在各方的敦促下，我接受了保守黨領袖的職務，我可以斷言，若沒有保守黨領袖的角色及保守黨成員對領袖的忠誠支持，我便無法在取得勝利前完成我的任務。如果我拒絕擔任，保守黨內另一位最有可能的候選人是哈利福克斯勳爵，而他現在親自提議我繼任，並得到全黨的一致通過。

在無邊無際的驚濤駭浪中，我們順利度過了夏季，而求生的信念卻越發堅定。秋冬季節，我們再度面臨複雜的困境，雖然其危險程度不如夏季般嚴重，但卻更加令人煩惱。侵略的威脅顯然已減弱。在空中進行的不列顛之戰中，我們取得了勝利，成功擾亂了德國的計畫。我們的本土軍隊和國民自衛軍已經相當強大。10月的秋分暴風令英吉利海峽和愛爾蘭海波濤洶湧，充滿未知的危險。此前我所依賴的各種論據都得到了驗證，且更加可信。在遠東，日本宣戰的風險似乎有所減輕。他們曾觀望德國入侵我本土的局勢，但德國未採取行動。日本軍閥若想尋求萬全之策，戰爭中這種策略是罕見的。如果他們在7月時認為不值得對我們開戰，那麼如今大英帝國越發輝煌、全球局勢對日本不利時，他們又為何要發動戰爭呢？在滇緬公路封鎖3個月期滿後，我們感到有足夠的實力重新開放。日本人在海戰方面經驗豐富，他們的觀點或許與英國海軍部一致，但當我們決定重開滇緬公路以促使物資流入中國時，仍有些許擔憂。在這次對未知因素的全面評估中，我們的判斷被證明是正確的。

我打算向總統發電報，告知他我認為能令他和美國民眾感到愉悅的消息。

前海軍人員致羅斯福總統

1940 年 10 月 4 日

　　滇緬公路的 3 個月封鎖期將於 10 月 17 日結束。經過長期的深思熟慮，我們今天已經決定將重新開放。外交大臣與我將在星期二，也就是 10 月 8 日，向議會宣布這個決定。我準備宣告，我們對日本和中國之間達成公正解決的期望已經破滅，三國公約恢復了 1939 年的《反共產國際公約》，並明顯地針對美國。我明白，要促使你發表宣告，進而讓美國在太平洋承擔責任並採取行動方針是多麼困難，但我斗膽建議：在當下，進行一個簡單的行動是否比空談更有效？你是否能派出一支美國艦隊 —— 規模越大越好 —— 去新加坡進行友好訪問？新加坡方面將會以正式的歡迎規格接待他們。如果願意，還可以藉此機會對新加坡和菲律賓水域的海、陸軍問題進行技術討論，並邀請荷蘭參與。在這方面，只要稍有動作，就足以對日本產生威懾效果，使其不敢因重開滇緬公路而向我們宣戰。如果你考慮在這些方面採取行動，我將非常感激，因為這對阻止戰爭的進一步蔓延將造成重要作用。

　　雖然我們在達卡遭遇全面失敗，但維琪政府仍努力與我們建立聯繫，這充分顯示了法國國內的趨勢，表明他們已經感受到德國的壓力，並意識到我們有能力保護自己。

　　儘管我們的空中力量和與敵方的對比不斷增強，但對飛機的需求仍然急迫。數個關鍵工廠遭受嚴重破壞，生產效率也因空襲警報而受阻。另一方面，我方飛行員的傷亡並不如預期般嚴重，因為在本土上空作戰，許多人要麼安全著陸，要麼僅受輕傷。當你派來的官員進行訪問時，我們曾特別討論了飛行員的問題。我們現在開始認為，在不久的將來，飛機將成為我們的主要限制因素。

　　我無法認為威脅已經消失。那位紳士已經換下衣物，披上浴袍，然而水溫漸漸下降，秋季的寒風也在空中肆虐。我們依然高度警惕。

第二十五章　艾登中東使命

　　這些在地球另一端所發生激動人心的事件，為我們在中東採取更果斷的措施鋪平了道路。我們必須全力以赴應付義大利，即使他們的行動比我預期的要慢。強大的援軍已經抵達韋維爾將軍處。兩個坦克團已經抵達沙漠。梅特蘭・威爾遜將軍現在統領被稱為「尼羅河集團軍」的部隊，他對步兵坦克「馬蒂爾達」的戰力評價很高。這時，我們在馬特魯港的防禦工事已經大為加強（這一點我當時還不清楚），中東司令部的參謀和計劃人員已經開始醞釀一些新的計畫。顯然，我們下一步的重要任務是從英國和印度增強我們在中東的部隊，尤其是在西非沙漠的部隊。

　　關於將軍事運輸艦隊路線改為地中海的問題，我仍與海軍部進行討論。我強調，「現在你們應該明白，我們當時應該嘗試。」而他們則回應，「不必如此急切。」對於中東現有部隊的部署，我深感不滿，並且在我看來，補給與戰鬥力之間的差距顯著。我對馬爾他島的狀況極為擔憂。針對這些問題，我直接及透過參謀長委員會間接地向韋維爾將軍和陸軍大臣施壓。我給艾登先生寫了一封信：

首相致陸軍大臣

1940 年 9 月 24 日

　　在原則方面，我們並無分歧；然而，在原則的應用上卻面臨許多細節爭議，特別是在當前入侵威脅迫在眉睫的情況下，還要從本土抽調防禦部隊。同時，參謀部不斷要求從中東抽調軍隊，例如將澳洲第 7 師調往馬來半島。目前計劃將那兩個印度旅派往這些熱帶叢林，以防可能爆發的對日戰爭，以及日本包圍新加坡的可能性雖小但不可忽視。昨晚，我與參謀長們共同研究了有關印度增援部隊的文件。你從報告中可以看到，一個師將派往馬來亞，另一個派往巴士拉，一個軍將派往伊拉克，這樣一來，就耗盡了 1941 年可抽調的所有印度增援部隊。我軍這種分散地理式的部署反映了當前的主導思想，從策略意義上看是完全錯誤的，然而他們向我解

釋，儘管這些部隊已被指派用於特定戰場，但如有必要，也可以全部調往中東。因此，我同意在文件中增加一段說明這一點。然而，在涉及這些部隊調動的部分卻未提及戰爭的需求，這讓我留下了不好的印象。

其次，我們還需留意：肯亞的軍費浪費日益嚴重，而巴勒斯坦的浪費仍在持續。雖然巴勒斯坦的狀況稍有改善，但肯亞的情形卻不盡如人意，又派遣了一支山地炮隊，卻未將其調往蘇丹。我擔心史末資將軍抵達時，會受到當地環境的影響。不過，我計劃透過電報與他保持聯繫。

最後還有：對英國正規軍的浪費也令人震驚，他們在蘇伊士運河區、開羅和亞歷山大，僅僅用來執行警察任務。中東司令部在集中最大力量於戰爭以及縮小補給供應與戰鬥力之間的差距等方面，也顯得管理鬆散無力。我曾索取有關這個問題的數字，迄今尚未接獲任何答覆。

我的想法與你一致，即在最近幾個月內於中東集結最強大的軍隊。我在其他文件中也曾指出我希望能在那裡集結的部隊數量。然而，我認為，首先，陸軍部和埃及統帥部應最妥善地利用他們現有的龐大部隊，我們已經為這些部隊付出了巨大的開支。

此外，馬爾他的局勢讓我感到極為憂慮。雖然已決定派遣兩營增援，但行動卻遲遲未見成效，各種藉口層出不窮，說是該島無法承受如此多的兵力。多比將軍對當地情勢有自己的評估，他報告稱，他的每個營都必須守衛長達 15 英里的防線，所有後備力量都已派去保護機場，幾乎無一剩餘。你是否看過他的報告？我們在馬爾他島並未擁有制海權，義大利隨時可能在海軍支持下派遣兩、三萬人的遠征軍進攻馬爾他島，你是否意識到這一點？儘管我們掌控了大西洋，敵人無法進犯弗里敦，但仍建議將這兩個營調往那裡以補充當地的一個旅。我堅信，你會理解我向你提出這些問題，即使這些趨勢與您內心的作戰計畫不符。

第二十五章　艾登中東使命

首相致伊斯梅將軍

1940 年 10 月 6 日

無論艦隊何時從亞歷山大出發前往地中海中部，均應將增援部隊運送至馬爾他。我認為，該島目前處於極其危險的境地。這些增援部隊可以從駐守運河區的軍隊中抽調數個營，所留下的防務可由目前駐紮在巴勒斯坦的非騎馬義勇騎兵隊或澳洲分遣隊接替，或者由即將從肯亞調來的南非部隊接替。務請就這些方面向我提供建議，並且在下次至少派遣一個營前往馬爾他。我們不能將正規營浪費在埃及的內部治安上。如果需要他們作為野戰軍，當然無法調動，但他們目前並未用於野戰。

我與陸軍大臣的看法高度一致，並強烈認為應親自前往當地表達我們的意見，而非依賴無休止的電報往來發送。因此，我詢問他是否願意親赴中東進行實地考察。他欣然接受，並立即啟程。他對整個戰區進行了廣泛的視察。在他出差期間，我暫時負責陸軍部事務。

此刻，我根據所觀察到的局勢，向三軍參謀長委員會提交了對整體軍事形勢的見解。

首相致函伊斯梅將軍，轉交參謀長委員會

1940 年 10 月 13 日

1. 當前的首要任務是支援馬爾他：

（1）盡力安排更多「旋風」式飛機前往該島；

（2）透過正在籌備的運輸船隊，盡力裝載最大量的防空裝置，以及各營的部隊和炮兵隊伍——據我所知，另一艘軍用運輸艦即將完成準備；

（3）從蘇伊士運河區或在巴勒斯坦執行警察任務的部隊中，調出一個營，最好是兩個營，當艦隊下次從亞歷山大駛向馬爾他時，立即運送。多比將軍最近對當地局勢的評估，已顯示出加強防禦力量的緊迫性。我們必須全力以赴滿足他的需求，因為如果義大利認為馬爾他是個威脅，敵人可

能會調動軍隊進攻。因此，在馬爾他島發起任何重大行動之前，這些增援部隊的調遣應已完成。

（4）即便在馬爾他島僅部署3輛步兵坦克，亦能發揮重要作用，不僅在防禦實效上，而且一旦敵方獲悉島上配備3輛坦克，便會心生畏懼，還可以在易被空中偵查的地點布置一些假坦克。

（5）艦隊開往馬爾他需在提升該島防空能力後進行，但此舉極為必要且有利。我歡迎在馬爾他駐紮艦隊的計畫，即便是輕型艦隊也能立即增強該島的安全。據我所知，計畫是讓艦隊白天出港巡航，夜間返回停泊。需注意，像「英勇」號這類堅固艦船較輕型船艦更能承受炸彈襲擊，並配備20門高效能高射炮。既然輕型艦隊能駐紮於馬爾他港，除了風險較高外，堅固且裝備齊全的艦船也無不可使用該港的理由。多管不旋轉投射彈（火箭密碼名稱）武器布置的空中布雷網可有效抵禦敵機俯衝轟炸。

在這個問題上，我希望海軍部能夠向我提供更為詳盡的資訊。

（6）主力艦隊的頻繁訪問將對敵方的進攻產生巨大的威懾效果，並且對敵方通往利比亞的交通線路——只要敵人仍在利比亞——也構成一種威脅。

2. 請告知已架設的高射炮數量、新運輸艦隊上高射炮的最大載運量，以及預定的架設日期。

3. 與維琪的關聯。我們不能接受因畏懼維琪政府可能轟炸直布羅陀而屈從其要求的立場，這種顧慮將永無止境。我們必須重申封鎖直布羅陀海峽的立場，所有船隻，無論是否有護航艦護送，均一視同仁，但不得侵犯西班牙的領海。為此，須盡快在直布羅陀集結足夠兵力。同時，我們應在能力範圍內對達卡實施最嚴密的封鎖，並保護杜阿拉等地，防止法國在達卡的巡洋艦反攻。與維琪的會談——若舉行——或許能達成不涉及這些緊急事項的臨時協定。當然，若我們確信維琪政府或其中一部分真誠傾向於我方，我們可以大幅度放寬對他們的限制。他們似乎越來越願意配合

第二十五章　艾登中東使命

我們的意圖，我個人不認為對他們施加重大壓力會阻礙這種有利變化。維琪政府想要領導法國與我抗衡，已越發艱難。我們不必過於擔心阻礙這個趨勢的發展，因為有利於我們的主流能夠主導並克服封鎖和海上可能發生的意外事件等亂流。我不認為我們與法國人會發生任何問題，以致影響我方運輸艦隊迅速前往馬爾他。機會是有的，只是稍顯遙遠，需要我們去爭取。

4. 轟炸機指揮部的首要任務是重創「俾斯麥」號和「提爾皮茨」號，使其喪失戰鬥能力。若能使「俾斯麥」號在 3 至 4 個月內無法參戰，則「英王喬治五世」號可以前往地中海東部活動，進而在艦隊占領馬爾他時發揮關鍵作用。這將迅速改變地中海的戰略局勢。

5. 若至 1940 年 10 月敵軍仍未入侵，我們將按船舶容量的最大限度，繞行好望角，盡力加強對中東的支援。根據既定計畫，11 月將運送裝甲部隊、澳洲部隊和紐西蘭部隊，聖誕節前運送一個英國師，並在 1941 年 1、2、3 月間至少再運送 4 個師。這些部隊均不包括必需的分遣隊。請告知目前的航運計畫能在多大程度上滿足這個任務。

6. 進一步利用轟炸機和戰鬥機來加大對中東增援力度的時機已經成熟。我希望了解參謀長委員會準備採取的具體措施。雖然風險不小，但需求同樣迫切。

7. 請提供未來半年內補充地中海艦隊的計畫。到年底，計劃派遣 3 個驅逐艦分遣艦隊前往地中海東部，另一個分遣艦隊前往直布羅陀。如果「英王喬治五世」號必須用於監視「俾斯麥」號，那麼，「納爾遜」號或「羅德尼」號以及「巴勒姆」號或「伊莉莎白女王」號應立即前往亞歷山大。你們計劃用哪些巡洋艦進行補充？能否派遣「可畏」號（航空母艦），何時可以？

8. 隨著這些師派往中東，本土防衛部隊和國民自衛軍應同步發展，以彌補空缺。任何時候，除海灘防禦部隊外，國內至少應有 12 個機動師作為後備。

9. 截至 9 月底，尚能調動 6 個師的兩棲作戰力量，其中須包括兩個裝甲師。關於如何部署這支部隊的多種方案正在進行研究。

此時，艾登先生正在旅途中進行視察。他表示「對近來直布羅陀防禦工程的快速進展印象深刻」，並指出，這項工作是「透過巨大的努力、堅定的決心和創新的方法而加速推進的」。部隊士氣高昂，要塞的守軍信心十足。他對馬爾他的局勢頗為擔憂，要求至少增派 1 個營和一支裝備 25 磅炮彈的炮兵部隊，當然，空軍的持續支援也是必需的。總督多比將軍認為，在 1941 年 4 月之前，馬爾他應避免採取可能引發報復的攻勢戰策，這一點至關重要，因為到 1941 年 4 月，各類增援飛機和高射炮的計畫才會落實。

10 月 15 日，艾登先生抵達開羅。他與韋維爾將軍及負責沙漠兵團的梅特蘭·威爾遜將軍進行了深入討論。將軍對擊退義大利軍隊的進攻充滿信心。威爾遜將軍評估，義大利可用於進攻馬特魯港的最大兵力不超過 3 個師，限制因素為補給，特別是水源和運輸。針對義軍攻勢，他有第 7 裝甲師、新調來的坦克團、第 4 印度師、由 5 個來福槍營組成的馬特魯港駐屯軍、1 個機關槍營和 8、9 個炮隊。第 16 英國旅和紐西蘭旅已從巴勒斯坦調來。1 支澳洲旅駐紮在亞歷山大以西，另 1 支澳洲旅正向那裡移動，此外還有 1 個波蘭旅。艾登寫道，威爾遜將軍認為，只要空軍能提供充分支持，這些軍隊的集結足以應對敵人威脅並擊敗敵人。艾登還提到，我此前建議的泛濫區計畫已經實施，並設置了反坦克障礙。他提供了一份詳細的軍需品清單，尤其需要飛機。當時，倫敦正遭受猛烈轟炸，提供飛機的要求雖容易，但實際上難以實現。他強烈建議 11 月的軍事運輸艦隊中應包含一個步兵坦克連，目的地為蘇丹港，以便對卡薩拉的義軍採取攻勢。

艾登在開羅提出了一個重要的問題：若義大利保持靜止，我們的部隊應如何行動？面對這個問題，各將領最初表示傾向於採取攻勢。艾登電告

第二十五章　艾登中東使命

稱：「根據今日的討論，步兵坦克（馬蒂爾達）在此戰場上的作用，遠超出我們預期。韋維爾將軍希望能夠再獲得一個『I』式坦克營和一個旅部修理排，這對維持坦克的最佳使用率至關重要。」

儘管陸軍大臣的來電未提到任何攻勢措施，但我因為聽聞到這些佳音而感到無比欣慰，因此促請他繼續視察。

首相致陸軍大臣

1940 年 10 月 16 日

我已逐一細閱所有來信，深表關注，且認為此次的考察意義非凡。我們正考慮如何更好地滿足你的需求。同時，請繼續密切關注當地動向。無需急於返程。

艾登為土耳其軍代表團訪問我集團軍進行了安排，並建議與史末資將軍在喀土穆會晤，討論整體局勢，特別是從蘇丹發動攻勢的計畫以及我對肯亞駐軍過多的批評。這次會晤定在 10 月 28 日，這個日期後來被賦予了特殊的意義。我幾乎不必多言，關於各種裝備的請求接踵而至，包括為衣索比亞起義提供 1 萬支來福槍的請求，特別是反坦克炮、反坦克槍、高射炮和空軍增援的需求。此時，我們寧願削減本土防禦兵力以盡可能滿足這些需求。每個人獲得的物資還不到其所需的一半，因為，給予任何一個人的物資就無法給予另一個同樣面臨危險的人，或者需要從他手中奪走。

喀土穆會談後，艾登先生計劃經拉哥斯直接飛回倫敦，親自詳述他的見聞和行動。這情景使我倍感振奮，迫切想在西非沙漠地區採取攻勢。於是，我發了一封電報給他：

1940 年 10 月 26 日

在你離開之前，務必與各軍將領深入探討是否可以採取先發制人的攻擊。我在此無法提供具體建議，然而，如果有其他路徑可行，等待強大兵

力集結和部署後再行動，未必是最佳策略。我認為，當前以防禦戰和反攻來抵禦敵人進攻的計畫是適當的，但若敵人在德軍大規模抵達前不貿然攻擊我們，我們又該如何應對呢？對此無需立即回覆，待回到英國後再進行全面討論。

請深入分析中東地區陸軍的戰場態勢，以確保在我們的補給能力範圍內，盡可能高比例地獲取戰鬥士兵和戰鬥部隊。探討是否能夠暫時從白人分遣隊中抽調部隊，承擔蘇伊士運河區域和埃及內部的安全任務。所有英國營應保持機動性，以便隨時參與戰鬥。我擔憂中東的戰鬥力量與補給力量的比例在全球最為不利。請不要滿足於表面的回覆。即使是軍械處、後勤人員及其他技術分遣隊也能在其駐地維持秩序，應將他們組織起來，以備不時之需。不僅要發揮最精銳部隊的作用，還要激發第2和第3梯隊部隊的潛力。

因此，國內外人士對於主要問題的觀點逐步趨同。

第二十五章　艾登中東使命

第二十六章
周旋兩國

　　雖然法國與德國簽署了停戰協定，即使我們在奧蘭解決了法國的艦隊並與維琪政府斷絕了外交關係，但我從未放棄與法國團結一致的情感。法國遭受敵人的嚴重破壞，位處關鍵位置的法國人也承受了各種壓迫，那些未曾親歷其境的人在評價他人時，應持謹慎態度。法國複雜的政治問題不在本書討論的範圍之內。然而，我堅信，一旦事實告知全體法國人民，他們必將為共同事業貢獻出最大的努力。當他們聽到：只有遵從聲名顯赫的貝當元帥才能得救，聽到英國給予法國的援助是微不足道的，且不久也將被征服或自行投降，廣大群眾就別無選擇。然而，我確知，他們希望我們勝利，他們再沒有什麼比看到我們充滿鬥志地繼續戰鬥更為高興的了。戴高樂將軍英勇頑強，百折不撓，我們的首要任務就是始終如一地支持他。1940年8月7日，我與他簽訂了一項符合實際需求的軍事協定。他振奮人心的演講透過英國廣播電臺傳送到法國及全球。貝當政府判他死刑，反而提升了他的聲望。我們竭盡全力支持他，並擴大他的活動影響。

　　與此同時，我們必須與法國維持聯繫，甚至與維琪政權保持溝通。因此，我一向盡力利用這些機會。1940年年底，美國派遣李海海軍上將這樣一位具有極高聲望和地位的人擔任駐維琪大使，他與總統關係密切，這讓我非常欣慰。我多次敦促麥肯齊·金保留他那位能幹且博學的代表迪皮伊先生在維琪。倘若我們無法找到進入一個庭院的路徑，這裡至少開了一扇窗。1940年7月25日，我向外交大臣遞交了一份備忘錄，內容如下：「我計劃在維琪政府內部策動一場陰謀，使其中一些成員——或許在其他

第二十六章　周旋兩國

人同意下——逃往北非，以便在北非海岸以獨立身分更有力地為法國爭取利益。為實現這個目標，我打算利用糧食和其他誘因以及顯而易見的理由。」懷著這樣的心態，我預定於10月會見一位名為魯吉埃的先生，他聲稱是奉貝當元帥的直接指示前來的。這並非因為我或我的同僚對貝當懷有敬意，而僅僅是因為不應輕易堵塞任何接觸法國的途徑。我們一貫的政策是讓維琪政府及其成員明白，從我們的立場來看，他們要改正錯誤永遠不嫌晚。無論過去發生了什麼，法國仍然是我們困境中的夥伴，除非兩國之間爆發真正的戰爭，否則沒有任何事情能阻止法國與我們共享勝利。

這種策略使戴高樂感到尷尬，他不畏艱險地讓法國的旗幟在海外飄揚，然而他在國外的支持者寥寥無幾，難以稱為另一個有效的法國政府。儘管如此，我們仍竭盡所能提升他的聲望，擴展他的權力，增強他的力量。對他而言，自然反對我們與維琪的任何聯繫，認為我們應當全心全意協助他。他也意識到，為了在法國人民心中占據一席之地，必須謹慎行事，即便身為寄人籬下、依賴我們庇護的流亡者，也要對「不忠實的英國佬」保持傲慢。他不得不對英國人表現出粗魯，以向法國人展示他並非英國的傀儡。他堅定不移地執行這個策略。他甚至有一天向我解釋了這種手法，我完全理解他所處的極端困境。我始終對他非凡的勇氣感到欽佩。

1940年10月21日，我透過無線電廣播向法國人民發表了一次呼籲。為了撰寫這篇簡短的演說，我費盡心思，因為必須用法語來表達。我對初稿的直譯不滿意，因為它未能在法語中傳達出我用英語所表達的精神。然而，自由法國駐倫敦的一位成員迪歇納先生為我提供了一個比原譯好得多的版本。我反覆練習，最終在空襲爆炸聲的背景下，從「新樓」的地下室進行了播送。

法國人：

30多年來，我與你們在和平與戰爭中攜手共進，如今我仍然沿著這條

道路前行。今晚，無論你們身處何地，遭遇如何，我彷彿置身於你們的家中，與您交談。我反覆吟誦鐫刻於金路易周圍的那句祈禱文：「願上帝保佑法蘭西。」我們在英國，即便在德軍的炮火下，仍未忘記與法國千絲萬縷的連繫。此刻，我們堅定不移、精神抖擻地為歐洲能自由與公正對待各國人民的事業而奮鬥。正因如此，我們曾與你們共同拿起武器，並肩作戰。

當善良的人們遭遇卑鄙之徒的侵害，陷入困境時，他們必須特別謹慎，避免內部紛爭。我們的共同敵人無時無刻不在試圖製造這種局面，當然，我們之間過去也曾不幸中招。若再遇到此類情況，我們應全力化危機為轉機，將其轉移成為有益之事。

希特勒先生聲稱，他將把倫敦夷為平地，其空軍已在進行轟炸，但倫敦市民對此毫不在意，泰然自若。我們的空軍不僅能自保，還有餘力反擊。他們所宣稱的入侵，我們正拭目以待。甚至海裡的魚也在等待。然而，對我們而言，這僅僅是開端。此刻是1940年，儘管我們偶爾遭受挫折，但制海權仍牢牢掌握在我們手中。到1941年，制空權也將成為我們的優勢。請銘記這意味著什麼。希特勒先生藉助坦克及其他機械化武器，以及第五縱隊和叛國者的陰謀，暫時征服了歐洲的許多優秀民族，而他的義大利同夥則緊隨其後，垂涎三尺卻疲憊不堪，同時也十分膽怯。他們企圖瓜分法國和法蘭西帝國，把法國比作一隻雞：一個分一條腿，另一個分一隻翅膀或一塊胸脯。不僅法蘭西帝國將被這兩個卑鄙的惡棍吞噬，亞爾薩斯－洛林也將再次遭受德國的奴役，尼斯、薩瓦與科西嘉——拿破崙的科西嘉——將從法國的版圖中被攫取。然而，希特勒先生不僅想竊取他國領土或將其納入他的聯盟。我必須告訴你們真相，你們必須相信：這個惡徒，這個因怨恨和失敗而凶殘的怪物，已決意徹底消滅法蘭西民族，斷送他們的生存和未來。他以狡猾和野蠻的手段，試圖永遠摧毀法國獨特文化的泉源，阻礙法蘭西精神在全球傳播。如果他的計畫實現，全歐洲將淪為德國的領土，遭受納粹的剝削、掠奪和欺凌。請原諒我如此直言不

第二十六章　周旋兩國

諱，因為現在不是委婉措辭的時候。未來，法國之所以遭德國壓迫，並非因為戰敗，而是因為其原有的一切均已蕩然無存。陸軍、海軍、空軍、宗教、法律、語言、文化、制度、文學、歷史和傳統，都會在戰勝者的暴力和警察的卑劣手段下被徹底消滅。

法國同胞們，刻不容緩，振奮精神。請牢記拿破崙在某場戰役前的言辭：「這些普魯士人今朝如此誇耀，然而在耶拿，他們以3對1，在蒙米賴則以6對1。」我絕不相信法蘭西的靈魂已然消亡！我亦不相信它在世界大國之列的地位將永遠消失！希特勒先生的這些陰謀與惡行，將為他和他的每一位同謀帶來報應，我們之中有許多人將活著親眼見證他們的報應。事情尚未結束，但距離終結不遠。我們正在關注，他們也在關注，我們與你們在大西洋彼岸的朋友亦在關注。如果他不能毀滅我們，我們必將摧毀他及其匪黨，消滅他們。因此，要懷有信心和希望，因為一切都會好轉。

在這個艱難而痛苦的時刻，我們英國人對你們有何請求呢？我們正在進行戰爭，以爭取我們將與你們共享的勝利。因此，我們請求你們：若無法在戰爭中協助我們，至少不要與我們作對。不久，你們將能夠為這隻為你們打擊敵人的鐵拳增添力量，你們理應如此。然而，即便在當下，我們相信，無論身在何處的法國人，一旦聽聞我們在空中、海上，或不久──肯定是不久──在陸地上取得勝利，他們的心便會感到溫暖，熱血沸騰，感到自豪。

請牢記，我們決心不息，不倦，不妥協。我全國人民誓言承擔此任務：在歐洲根除納粹的邪惡，將世界從新的黑暗時代中解救出來。不要誤以為我們英國人如德國廣播所宣稱的那樣，意圖奪取你們的船隻和殖民地。我們只想消滅希特勒及其意識形態，誓不罷休。僅此而已，絕無其他。我們無意覬覦任何國家的財物，我們只渴望得到應有的尊重。法國殖民地及所謂法國非占領區的法國人，隨時可以從事有意義的活動。我不必多言，敵人在監聽。對於那些在德國的嚴苛法律、壓迫和監控下生活的人們，英國

人的心與你們同在。我願對淪陷區的法國人說,思考未來時,請記住偉大的法國人甘必大在1870年後關於法國未來的言論:「要常常想到這件事,但口裡不要說出來。」

晚安!為明日的精神煥發而休息吧!曙光將至。晨曦將以燦爛的光輝照耀勇敢忠誠之人,溫暖地沐浴為正義而受苦者,壯麗地撫慰長眠的英靈。黎明將展現這般光芒。法蘭西萬歲!全世界的普通人民向著他們的正義與真實傳統,邁向更加廣闊、充實的時代步伐萬歲。

毫無疑問,這次呼籲深深地觸動了數百萬法國人的心,至今法國各階層的男女仍對我提及此事,儘管我為拯救我們共同的命運不得不採取許多嚴厲的措施,甚至有時是針對他們的,但他們依然對我非常友好。

在此時此刻,我們必須堅持執行關鍵措施。當歐洲和法國仍在希特勒的統治之下時,我們無法放鬆封鎖,特別是對法國的封鎖。儘管有時為了迎合美國的要求,我們允許幾艘指定的船隻將醫藥用品運送到法國的非占領區,但我們毫不猶豫地攔截並檢查所有其他進出法國港口的船隻。無論維琪政府的計畫如何,我們不會拋棄戴高樂,也不會阻止他在法國殖民地擴大其日益增加的影響力。尤其重要的是,我們不能允許目前停泊在法國殖民地港口的法國艦隊任何一艘返回法國。海軍部有時非常擔心法國會宣戰,進一步加重我們的困難。但我始終相信,只要我們展現出無限期作戰的決心和能力,法國人民內心深處絕不會允許維琪政府採取如此違背常理的行動。事實上,這時法國人民對英國抱有熱切的期望和同舟共濟的情感,隨著時間的推移,他們的希望不斷增強。甚至賴伐爾先生,當他不久後成為貝當元帥的外交部長時,也意識到了這一點。

秋去冬來,此時,我憂慮那兩艘法國巨型戰艦可能企圖返航土倫,一旦回到土倫,它們便可繼續完工。羅斯福總統的特使李海海軍上將與貝當元帥關係密切。因此,我請求羅斯福總統採取措施,結果不負我望。

第二十六章　周旋兩國

前海軍人員致羅斯福總統

1940 年 10 月 20 日

我們從各個管道聽到傳言，維琪政府打算動用他們的海軍艦艇和殖民地部隊來支援德國對抗我們。我個人對此資訊持懷疑態度，然而，若土倫的法國艦隊落入德國之手，對我們而言將是重大挫折。總統先生，若您能以最強烈的措辭向法國大使明確表達美國對這種背叛民主與自由行為的譴責，必將是一項明智的預防措施。維琪方面會對這種警告給予高度重視。

你肯定知曉，最近我們在西北航道的兩支軍事運輸艦隊遭受了重大損失。這個事件發生在我們缺乏驅逐艦的那段時間（我已向你提及過當時的情況）。感謝上帝，你們的 50 艘驅逐艦正在陸續抵達，其中一些即將參戰。到今年年底，我們的狀況將大為改善，因為屆時我們將有許多自制的反潛艦隻完工。然而，由於需要用大量的小型艦隻在英、法海峽防禦入侵，地中海又需要大規模海軍部署，加上繁重的護航任務，因此我們勢必還要經歷一段緊張焦慮的時期。

因此，總統向貝當政府發出了一封措辭極為嚴厲的私人信函，涉及土倫艦隊的問題。他指出：「一個政府不能因為成為另一個強國的戰俘而為其征服者效勞，攻擊其昔日的盟友。」他提醒貝當元帥曾對他作出過法國艦隊絕不投降的鄭重承諾。如果法國政府計劃允許德國人利用法國艦隊對英國艦隊發動敵對行動，這將被視為對美國政府的不可容忍的背信棄義行為。任何此類協定都必然會破壞美、法兩國人民之間傳統的友好關係。這將在美國輿論中引發一股極端憤怒的反法浪潮，並將永遠停止對法國人民的援助。如果法國選擇這樣的政策，美國在未來有機會幫助法國保留其海外屬地時，也絕不會提供協助。

前海軍人員致羅斯福總統

1940 年 10 月 26 日

在我發電報敦請你打電話給貝當之前，你已經發了電報給他，以嚴正的態度警告法國人。我對此深表感激，但一切仍未可知。外交部告知我，他們已經將我們最近收到有關德國條件的消息電告於你，據說貝當已經表示拒絕。從這個角度看，轉讓非洲海岸的空軍或潛艇基地，其危害不亞於轉讓艦艇。尤其是大西洋沿岸的基地若落入惡人之手，將對你們構成威脅，使我們陷入極為不利的境地。因此，我希望你對法國人說明，你關於艦艇的立場同樣適用於出售基地的行為。

儘管過去 5 個月間我們面臨入侵威脅和空襲，我們仍持續繞航好望角增援中東，將現代化飛機和主力艦隊調往該地區。我不認為入侵的危險已經消退，但我們現在仍需擴大對東方的增援。兩個戰場的壓力都很大，我們對一切援助都將深表感激。

此時，海軍部極為憂慮可能與維琪分裂，因此自然而然會低估那兩艘法國戰艦返回土倫對我方造成的不利影響。對此，我已發出指示。

首相自火車上致函海軍大臣及第一海務大臣

1940 年 11 月 2 日

自從法國背盟以來，我們始終堅信，絕不能讓「讓·巴爾」號和「黎希留」號落入敵手，亦或駛向可繼續修繕完工的港口。因此，你們曾對「黎希留」號發起襲擊，並稱此舉已經大幅削弱其戰鬥力。而「讓·巴爾」號尚未完工。這兩艘戰艦在其停泊的大西洋非洲港口中並不適合作戰。我們的方針是不允許這兩艘艦艇落入敵人手中。據悉，第一海務大臣對阻止「讓·巴爾」號返回土倫的建議表示不贊同，甚至認為可安全放行，這令我十分驚訝。我們始終視土倫為敵方控制的港口。正因如此，我們竭盡全力（儘管未果）阻止「斯特拉斯堡」號駛抵土倫。我認為，允許「讓·巴爾」號返回土倫的立場，與阻止「斯特拉斯堡」號逃逸的行動是相悖的。

海軍部有責任阻止這兩艘戰艦中的任一艘前往大西洋或地中海的法國港口，以防駛往土倫進行修理後，準備隨時獻給德國，或被德國占領。

第二十六章　周旋兩國

首相致外交大臣（自火車上發）

1940 年 11 月 2 日

關於「讓・巴爾」號是否即將啟航，我尚無確切消息。我已通知海軍部，務必阻止該艦進入地中海。因此，必須明確警告維琪政府：若試圖將該艦駛向德國人控制的大西洋港口，或駛往可能落入敵手的地中海港口，該艦將被攔截，並在必要情況下被擊沉。我在倫敦的私人辦公室會將我發給海軍大臣和第一海務大臣的備忘錄副本送給你。

前海軍人員致羅斯福總統

1940 年 11 月 10 日

1. 我們多次收到報告聲稱法國政府試圖將「讓・巴爾」號和「黎希留」號駛往地中海以繼續施工修復，這令我們感到非常不安。如果此事發生，將為我們帶來巨大的潛在威脅，並必然為德國人控制這兩艘艦艇鋪平道路。我們認為，必須竭盡全力阻止此事。

2. 數日前，我們曾透過駐馬德里大使向法國政府發出警告：「此舉將進一步誘使德國和義大利奪取法國艦隊。我們不懷疑法國政府的誠意，但我們質疑他們是否有能力兌現不讓法國艦隊落入敵人之手的承諾。我們尤其希望避免英、法海軍之間的衝突，因此建議：若他們確實計劃調遣這兩艘艦隻，現在就應停止。」

3. 正如我們向法國政府所言，我們並不質疑其履行承諾的誠意，然而，一旦這兩艘戰艦駛入法國港口或進入敵對勢力範圍，即便我們相信他們願意履行所作保證，但實際上，他們能否做到，仍然不確定。我必須坦率地指出，法國政府調回這兩艘戰艦，即便有充分理由，在我看來，其意圖仍令人懷疑。

4. 若你認為能夠再次就此事警告維琪，必定能帶來巨大的利益，因為一旦出現紕漏，對你我雙方都將造成極大危害。

我與戴高樂將軍維持著緊密的聯繫。

首相致戴高樂將軍（自由市）

1940 年 11 月 10 日

我急切地希望與你商討。在你離開後，法國與英國的局勢已發生顯著變化。法國各地湧現出對我們的強烈同情，因為他們意識到我們不會輕易屈服，戰爭將繼續進行。我們了解到，由於美國對維琪政府施加巨大壓力，他們感到震驚。然而，賴伐爾和心懷復仇的達爾朗卻試圖迫使法國向我們宣戰，並樂於挑起海軍的小型衝突。在非洲，我們對魏剛抱有期望，若能贏得他的支持，將帶來不小利益。我們計劃與維琪達成某種臨時協定，以減少意外風險，並推動法國更傾向於我們的勢力。我們明確告知他們，若轟炸直布羅陀或採取其他挑釁行動，我們將轟炸維琪，無論維琪政府遷往何處，我們都將追蹤轟炸，但目前尚未收到他們的回應。因此，你的來訪至關重要。希望你在自由市稍作安排後盡快返回。請告知你的計畫。

11 月 13 日，總統對我於 10 日發出的關於「讓·巴爾」號和「黎希留」號可能駛往地中海繼續完工修復的電報，作了答覆。他立即指示美國駐維琪的臨時代辦，要求維琪政府澄清此事是否屬實，並向維琪政府強調，美國政府極為關注這兩艘艦艇必須停留在它們原來的停泊港，以防止被任何國家控制或劫奪，因為在法國艦隊未來的行動中，這兩艘軍艦可能被用於對抗美國的利益。若法國方面採取任何此類行動，將不可避免地對法、美關係造成嚴重損害。他還表示，如果法國政府願意出售，美國有意購買這兩艘艦艇。

總統向我表述，貝當曾向美國代辦鄭重承諾，法國艦隊，包括這兩艘戰艦，絕不會落入德國人手中。貝當元帥表示，他曾向美國政府、英國政府，甚至我本人做出過類似保證。他說道：「我再次重申，這些艦艇將用

第二十六章　周旋兩國

於保衛法國的屬地和領土。除非遭到英國攻擊，否則絕不用於對抗英國。即便我有意出售這些艦艇，停戰條款也不允許，即便允許，德國人也絕不會同意。法國在德國的壓迫下無能為力。我若有自由，也願意出售，前提是戰後返還，以此方式保全這兩艘戰艦。我必須再次宣告，目前情況下，我既無權也無法出售這些艦艇。」貝當元帥在談話中態度嚴肅，對總統的建議沒有表現出絲毫驚訝或怨恨。羅斯福總統再次指示代辦通知貝當元帥，美國關於這兩艘艦艇及法國海軍其他艦隻的建議，仍可隨時進行討論。

11月23日，總統再次電告有關此事的進一步保證。貝當元帥曾明確表示，他打算將這兩艘艦隻留在其當前停泊的港口——達卡和卡薩布蘭卡，若計畫有變動，他將預先通知總統。

對我們而言，西班牙的立場比維琪更為關鍵，儘管兩者關係密切。西班牙可以為我們提供許多幫助，但也可能對我們造成極大威脅。西班牙內戰期間，我們保持中立。佛朗哥將軍從我們這裡獲得的支持微乎其微，甚至可以說沒有支持，但他從軸心國受益良多——也許他的生命本身就是軸心國給予的。希特勒和墨索里尼都曾援助他。他對希特勒無感且心存畏懼，卻欣賞且不畏懼墨索里尼。第二次世界大戰爆發時，他宣布中立，並始終堅持中立。我們兩國間的貿易繁榮且互惠互利，從比斯開灣港口運來的鐵礦石對我們的軍需工業至關重要。然而，時序進入1940年5月，「晦暗不明的戰爭」已成過去。納粹德國的威力被全世界認同。法國的戰線崩潰。北方盟軍面臨險境，正是在此時，我欣然授予一位前同事（因內閣改組而離職）一項與其才能和性格非常匹配的新職位。1940年5月17日，塞繆爾·霍爾被任命為駐西班牙大使；我相信，沒有人比他更能出色地完成這項為期5年的複雜、細緻且至關重要的任務。這樣，我們在馬德里有了一支優秀的外交團隊，不僅有出色的大使，還有傑出的參贊亞瑟·晏肯

先生，以及海軍武官希爾加思上校，他已從海軍退役，居住在馬利奧爾卡島，但現在憑藉其對西班牙事務的豐富知識再次受命。

在整場戰爭中，佛朗哥將軍的政策顯得極為自私且冷酷無情。他只關心西班牙及西班牙人民的利益，從未考慮如何回報希特勒和墨索里尼的援助。同時，他也並未因左翼政黨對他的敵視而對英國懷恨在心。這位心胸狹隘的暴君，只想著如何讓已精疲力竭的人民避免再一次的戰爭。他們已經打過太多仗，已有100萬人被同胞屠殺。貧困、物價飛漲和艱難歲月讓這片呈現荒涼的半島失去活力。西班牙不再需要戰爭，佛朗哥亦不再需要戰爭！他正是憑藉這種樸素的情感去理解並應對當時震撼全球的巨大動盪。

英王陛下政府對這種平淡的觀點感到非常滿意。我們希望西班牙保持中立。我們渴望與西班牙進行貿易，並希望其港口不被德國和義大利的潛艇使用。我們不僅希望直布羅陀不受干擾，還希望我們的艦隻能夠使用阿爾赫西拉斯的錨地，並希望我們不斷擴大的空軍基地能夠利用直布羅陀連接大陸的區域。我們在相當程度上依賴這些設施才能進入地中海。西班牙可以輕而易舉地在阿爾赫西拉斯背後的山上安裝或允許他人安裝10餘門重炮。他們隨時有權這樣做，一旦重炮架設，便可隨時開火，而我們的海、空軍基地將無法使用。直布羅陀可能再次面臨長期圍困，幸而它終究未成現實。西班牙掌握著英國在地中海一切行動的鑰匙，即便在最困難的時候，西班牙也從未拒絕我們的通行。鑑於當時的危險如此嚴峻，我們幾乎有兩年時間持續準備一支超過5,000人的遠征軍和所需艦艇，以便在接到命令後數天內出發，準備在西班牙人禁止我們使用直布羅陀港時，立即奪取加那利群島，從空中和海上控制敵方潛艇，並透過繞航好望角與大洋洲保持聯繫。

佛朗哥政權還有一種相當簡單的方法可以對我們施加毀滅性的影響。

第二十六章　周旋兩國

他們可以允許希特勒的軍隊穿越半島，進而包圍並攻占直布羅陀，而自己則占領摩洛哥和法屬北非。在法國停戰後，德軍於1940年6月27日大舉進逼西班牙邊境，並提議在聖塞巴斯提安及庇里牛斯山以南的城鎮與西班牙軍隊聯歡，這讓我們極為憂心。一些德國軍隊甚至已經進入西班牙。然而，正如1820年4月威靈頓公爵所言：「在歐洲，沒有哪個國家如西班牙那般不喜於外國人干預其事務。沒有一個國家像西班牙那樣厭惡甚至鄙視外國人，他們的風俗習慣與歐洲其他國家如此不同，迥然相異。」而在120年後的今天，西班牙人因為自己挑起的內戰而疲憊不堪、驚恐不已，更加不願與他國交往。他們不希望外國軍隊在他們的土地上來來去去。這些難以相處的西班牙人，雖然擁有納粹和法西斯的意識形態，但仍不願外國人介入。佛朗哥的這種情緒十分強烈，並以極其狡詐的手段將其付諸行動。我們對他的機智頗為讚賞，尤其因為這對我們有利。

如同所有人一般，西班牙政府對法國的迅速淪陷和英國可能的崩潰或毀滅感到震驚。全球有許多人接受了「歐洲新秩序」、「統治民族」等觀念。因此，佛朗哥在1940年6月間表示，他準備加入勝利者的行列，以分得戰利品。由於他的貪婪和精明，他明確指出西班牙的要求相當大。然而，此時希特勒認為沒有必要爭取新的盟友。他與佛朗哥一樣，估計在數週甚至數日後即可結束主要的敵對行動，英國即將求和。因此，他對馬德里的積極拉攏態度並不感興趣。

進入1940年8月，局勢發生了變化。此時已經明確，英國決意迎戰，而這場戰爭可能會曠日持久。因英國輕蔑地拒絕了希特勒在7月19日提出的和平建議，希特勒開始尋求盟友。不難猜測，他會去尋找他曾經資助過、並且才剛表態願與他結盟的獨裁者。然而，佛朗哥的立場卻因為同樣的原因而有所不同。8月8日，德國駐馬德里的大使向柏林報告，總司令的立場依然如故，但提出了一些條件。首先，要求將直布羅陀、法屬摩洛

哥及包括奧蘭在內的阿爾及利亞部分地區劃歸西班牙，並擴展西屬非洲殖民地的某些領土。此外，西班牙還需要適當的軍事和經濟援助，因為其糧食僅能維持8個月。最後，佛朗哥認為，只有在德國成功登陸英國後，西班牙才能參戰，「以免過早參戰導致戰爭拖延，使西班牙難以承受，並可能在某種情況下危及現有政權。」與此同時，佛朗哥致信墨索里尼，重申他的要求，並請求支持。墨索里尼於8月25日回信，勸告總司令「不要置身於歐洲歷史之外」。希特勒因為西班牙的要求過高而感到困擾，其中一些要求可能導致與維琪政權再生糾紛。若從法國手中奪取奧蘭，必然會促使法國在北非成立敵對政府。他反覆權衡這個問題的利弊。

時光流逝，又過了許多日子。1940年9月間，大不列顛似乎能夠抵禦德國的空襲。美國移交的50艘驅逐艦在歐洲各國引發了深刻的迴響，西班牙認為美國正逐步走向戰爭。因此，佛朗哥與西班牙人採取了極為苛刻的要求政策，並明確表示必須事先答應他們的要求。此外，他們還要求提供軍需品，特別是西班牙面向直布羅陀的炮臺所需的15英寸榴彈炮。在此期間，他們給予德國一些小恩惠。所有西班牙報紙都持反英立場，他們允許德國情報人員在馬德里自由活動。由於西班牙外交部長貝格貝德爾被懷疑對德國不夠熱心，長槍黨領袖塞拉諾·蘇涅爾被派為特使正式訪問柏林，以調整關係，保持夥伴關係。希特勒滔滔不絕地與他談論，尤其強調西班牙人對美國的反感。他認為戰爭可能演變為洲際衝突──美洲對抗歐洲。必須確保西非沿岸的島嶼堅不可摧。當天晚些時候，里賓特洛甫要求在加那利群島為德國準備一個軍事基地。親德的長槍黨黨徒蘇涅爾拒絕討論此事，他不斷強調西班牙需要現代武器、糧食和石油，並要求犧牲法國以滿足其領土要求。西班牙在實現參戰願望之前，所有這些要求都需要得到滿足。

1940年9月19日，里賓特洛甫前往羅馬向墨索里尼彙報情況並展開

第二十六章　周旋兩國

會談。他表示，元首認為英國的態度是「垂死掙扎，完全不切實際，希望俄國和美國進行干預」。墨索里尼則指出：「美國因為各種實際利益才站在英國一邊。」出售 50 艘驅逐艦一事便足以證明。他主張與日本結盟，以牽制美國的行動。「儘管美國海軍在數量上龐大，但我們認為它和英國陸軍一樣，是個鬆散的組織。」領袖繼續說道：「還有南斯拉夫和希臘的問題。義大利在南斯拉夫邊境有 50 萬人，在希臘邊境有 20 萬人。義大利對希臘人的看法，就如同德國在 4 月行動前對挪威人的看法。我們必須解決希臘問題，特別是當我們的地面部隊進入埃及時，英國艦隊不能停泊在亞歷山大港而需要撤往希臘港口避難。」

在此議題上，他們達成共識，首要目標是擊敗英國。唯一的問題是：如何擊敗？墨索里尼表示，「要麼戰爭在春季之前結束，否則就會拖延到明年。」他當時認為後一種情況更有可能，因此務必充分利用西班牙這張牌。里賓特洛甫認為，先與日本結盟，隨後西班牙宣戰，這將給英國帶來新的重大打擊，然而蘇涅爾卻沒有確定日期。

隨著西班牙人的逐漸冷淡和貪婪，希特勒對其支援的渴望越發強烈。早在 8 月 15 日，約德爾將軍就表明，除了直接入侵英國，還有其他擊敗它的方法，包括延長空戰、加強潛艇戰、以及奪取埃及和直布羅陀。希特勒十分支持襲擊直布羅陀，但西班牙的條件過於苛刻，而在 9 月底，他有了其他的計畫。1940 年 9 月 27 日，德國、義大利和日本在柏林簽訂了三國同盟條約，這為他們開闢了更廣闊的前景。

元首決定親自行動。10 月 4 日，他在布倫納山口與墨索里尼會面。他提到西班牙政府的要求過高且行動遲緩，並擔心若滿足西班牙的要求，可能會導致英國占領加那利群島上的西班牙基地，以及北非的法國殖民地加入戴高樂運動。這將迫使軸心國大幅擴大作戰範圍。另一方面，他不排除讓法國武裝部隊參與對英國的攻擊。墨索里尼談論其征服埃及的計畫，希

特勒願意提供特種部隊支持進攻，而墨索里尼認為暫時不需要，至少在戰鬥的最後階段之前無需支援。關於蘇聯問題，希特勒表示：「我對史達林的不信任如同他對我的不信任。」無論如何，莫洛托夫即將訪問柏林，屆時，元首的任務是說服蘇聯，將其注意力轉向印度。

1940年10月23日，希特勒匆忙趕往法國與西班牙交界的昂代，與西班牙的統治者會面。然而，西班牙方面並未因希特勒親自到訪而感到榮耀。根據希特勒向墨索里尼的描述，西班牙方面竟然提出了與其能力極不相稱的要求。西班牙希望重新劃定庇里牛斯山脈的邊界，要求割讓法屬加泰隆尼亞（歷史上曾與西班牙有連繫，但實際位於庇里牛斯山北側的法國領土），以及從奧蘭到布蘭科角的阿爾及利亞地區，還要求幾乎整個摩洛哥。會晤透過翻譯進行，耗時9小時。他們僅達成了一份措辭模糊的協定，為軍事談判做了安排。隨後，希特勒在佛羅倫斯對墨索里尼表示：「我寧願拔掉3、4顆牙齒，也不願再進行這樣的談判。」

在從昂代返回國內的途中，希特勒通知貝當元帥前往圖爾附近的蒙都瓦與他會面。這場會晤是賴伐爾策劃的，幾天前他在此地見過里賓特洛甫，意外地發現希特勒也在場。希特勒與賴伐爾都想鼓動法國協助打擊英國。元帥和他的隨從最初對此頗感震驚。然而，賴伐爾將這次預先安排的會談描述得極為誘人。有人詢問這究竟是希特勒的主意還是有人建議他這樣做，賴伐爾回答：「你以為他是誰？希特勒需要保母嗎？他有自己的想法，想要見元帥。而且，他也很尊重元帥。這次兩國元首的會面將是歷史上重要的事件。總之，與在契克斯共進午餐截然不同。」貝當被說服，接受了這個計畫。他認為自己的聲望足以與希特勒抗衡，同時，也希望讓希特勒意識到法國並非不願「合作」。如果希特勒在西方沒有後顧之憂，他便會將注意力轉向東方，將軍隊調往東部。

此次會晤於1940年10月24日下午在希特勒的裝甲列車上，靠近一

第二十六章　周旋兩國

條隧道的地方進行。元首表示：「我很高興能與一位對這場戰爭無責的法國人握手。」

其後，無非是些不值一提的寒暄。元帥對德、法兩國在戰前未能建立緊密關係表示遺憾。然而，也許現在還不算太遲。希特勒指出，戰爭是由法國挑起的，如今法國已被擊敗，但他的當前目標是摧毀英國。在美國尚未能有效支援英國之前，他計劃占領不列顛或將其夷為廢墟。他的意圖是盡快結束戰爭，因為戰爭是最不划算的事情。整個歐洲都將為戰爭付出代價，因此，這與整個歐洲息息相關。法國能夠在多大程度上提供幫助呢？貝當承認合作的原則，但解釋說，他不能確定合作的範圍。曾有一份紀錄顯示，「與領袖意見一致，元首表示有決心讓法國在新歐洲中獲得其應有的地位」。在迅速擊敗英國這一點上，軸心國與法國有共同的利益。因此，法國政府應在其能力範圍內支持軸心國採取的防衛措施。具體問題由停戰委員會與法國代表團協商解決。軸心國承諾在與英國締結和約時，為法國在非洲保留一塊「基本上等於其目前擁有的」殖民地。

根據德國的紀錄，希特勒感到極為失望。甚至連賴伐爾也懇求他，在法國的輿論尚未成熟之前，不要強迫法國對英國開戰。希特勒後來稱賴伐爾為「一個卑鄙的民主主義小政客」；不過，他對貝當元帥的印象較為正面。據稱，貝當元帥返回維琪時曾表示：「討論這個計畫需要 6 個月，忘記這個計畫又需要 6 個月。」然而，這場不光彩的交易在法國至今仍未被遺忘。

10 月分，我向我們在馬德里的大使發送了一份電報：

首相致塞繆爾・霍爾

1940 年 10 月 19 日

我們對您處理複雜任務的能力深感欽佩。我希望您能透過法國大使向維琪傳達兩個關鍵理念。第一，我們願意不追究過往，與任何決心擊敗共

同敵人的人合作。第二，我們在為生存而戰，為讓所有被奴役的國家獲得解放的勝利而戰，我們絕不會半途而廢。請嘗試讓維琪了解我們在此地認為必將實現的目標：我們一定能擊敗希特勒，儘管他可以踐踏歐洲大陸，儘管戰爭可能持續很長時間，但他的滅亡是必然的。我確實不理解：為何沒有一個法國領袖前往非洲，他們在那裡擁有殖民地和制海權，還能動用凍結在美國的法國黃金。如果從一開始就採取這樣的行動，我們現在可能已經擊敗義大利了。這是勇敢者前所未有的良機。當然，我們不能期望這樣的建議會得到明確的回應，但如果有機會，不妨嘗試傳達。

我們曾接獲關於蒙都瓦會議的多樣報告，這些資料未曾動搖我對維琪應持何種立場的基本觀點。適逢 11 月，我撰寫了一份備忘錄，向同事們表達了我的看法。

1940 年 11 月 14 日

在政治上，我們不能宣稱要復仇，且我們應始終著眼於未來而非沉湎於過去。然而，若認為僅憑和解與寬恕便能解決與維琪之間的複雜問題，那也是一種誤判。維琪政府正承受德國的巨大壓力，能夠讓他們感到安慰的，莫過於意識到在他們的另一邊有一個和藹可親且寬宏大量的英國。這可能導致他們以我們的利益為貢品，去迎合德國人，以便在戰爭中觀望。相反，當涉及到我們的利益時，我們應毫不猶豫地採取嚴厲和強硬的手段。讓他們意識到，儘管希特勒不是善類，我們也不可輕視。

這些人曾犯下卑劣的罪行，注定會被後世唾棄不已，而他們的行為從未獲得法國人民的認可。賴伐爾對英國懷有深仇大恨，傳言他曾表示希望看到我們被徹底摧毀，形容為化成「齏粉」，最終只剩一塊油漬。如果他掌權，他無疑會利用英國的堅持抗戰與德國做交易，協助德國摧毀我們，以便從他的德國主子那裡獲取更豐厚的回報。達爾朗對我們損害他的艦隊懷有深深的敵意。貝當一直是個反英的失敗主義者，如今則是一個昏庸的老人。依靠這些人簡直是幻想。然而，他們也可能因為法國日益增強的興

第二十六章　周旋兩國

論壓力和德國的逼迫而被迫採取對我們有利的政策。我們確實需要與他們保持聯繫。但要發展這種有利趨勢，我們必須確保維琪政權在德、英對峙中感受到壓力，進而在他們瀕臨滅亡的短暫時期對我們採取更順從的態度。

貝當元帥落入了賴伐爾的圈套，若事態繼續發展，不可避免地將與英國開戰，北非的殖民地也可能落入德國之手，他越發感到憤怒。1940年12月13日，賴伐爾抵達維琪，提議貝當前往巴黎，參加將拿破崙之子賴希塔德公爵（「鷹」）的骨灰移放至退伍軍人院區的儀式，這是希特勒希望透過莊嚴的盟誓來鞏固蒙都瓦協定。

然而，凡爾登的勝利者在法蘭西的土地上以日耳曼儀仗隊的姿態出現在拿破崙皇帝墓前，這個情景對貝當並無吸引力。此外，他對賴伐爾的手段和意圖感到既厭倦又恐懼。於是，貝當的屬下便採取行動逮捕賴伐爾。德方的強烈干預協助他獲得釋放，但貝當拒絕再讓他擔任部長職務。賴伐爾憤而離去，前往德軍占領的巴黎。弗朗丹繼任外交部長，這讓我感到欣慰。這些事件象徵著維琪內部的變化。似乎他們終於達到了合作的極限。此時，改善英、法關係的希望出現了，美國以更為同情的態度理解維琪的希望也隨之而來。

在此處，正好可以轉換主題，繼續講述西班牙的故事。此時，佛朗哥意識到這是一場漫長的戰爭，西班牙對任何新的戰爭感到厭倦，而德國是否能夠贏得最後的勝利也不確定，因此他採取盡可能拖延、盡可能苛刻的策略。這時，他對蘇涅爾有絕對的信任，以至於在1940年10月18日任命他為外交部長，以取代貝格貝德爾，藉此表明他對軸心國的忠誠。11月，蘇涅爾被召至貝希特斯加登，希特勒對西班牙遲遲不參戰顯得頗為不滿。此時，德國空軍在不列顛戰役中已遭受挫敗，義大利也在希臘和北非的戰鬥中陷入困境。塞拉諾・蘇涅爾的回應未能符合希特勒的期待，他不斷提及

半島上的經濟困難。3週後，德國情報機關首腦卡納里斯海軍上將被派往馬德里，為西班牙參戰做詳細安排。他建議德國軍隊於1941年1月10日越過西班牙邊界，準備於1月30日攻打直布羅陀。當佛朗哥告知他西班牙不能在上述日期參戰時，他異常震驚。看起來，總司令擔心英國海軍占領大西洋的島嶼和西班牙的殖民地。他還強調，西班牙缺乏糧食，無法承受一場持久戰。由於德國入侵英國的計畫似乎無限期地推遲了，佛朗哥提出了新的條件。在軸心國控制蘇伊士運河之前，他無論如何都不會採取行動，因為只有這樣，他才能確保西班牙不至捲入長期的敵對行動。

1941年2月6日，希特勒寫信給佛朗哥，措辭嚴厲而急迫，敦促佛朗哥展現男子氣概，不要再拖延。佛朗哥回信，表示他對希特勒的忠誠不變。他建議，應繼續加強準備攻打直布羅陀的工作。他還提出，只有當西班牙軍隊裝備了德國武器，才能發動這場行動。即便如此，由於經濟原因，西班牙仍不能參戰。因此，里賓特洛甫向元首報告稱，佛朗哥根本無意參戰。希特勒對此感到極為憤怒，但由於即將對俄國發動進攻，也許不願像拿破崙一樣再涉足另一項可能失敗的行動——即進攻西班牙。當時，大批西班牙軍隊在庇里牛斯山脈一帶集結，他認為最明智的策略仍是對各國採用「各個擊破」的方針。佛朗哥透過各種微妙的策略和花言巧語巧妙地避開了戰爭，使西班牙置身事外；在英國孤立無援之際，這對我們極為有利。

在當時的情形下，我們尚不能認定西班牙方面已無後顧之憂，因此，我敦促總統在其能力範圍內推行懷柔政策。

前海軍人員致羅斯福總統

1940年11月23日

根據我們的了解，西班牙的情勢正在逐步惡化，整個半島幾乎陷入饑荒。只要他們不參戰，你便按月為他們提供糧食，這個策略將造成關鍵作

第二十六章　周旋兩國

用。現在不必拘泥於細節,而是時候明確而坦誠地告知他們。若德軍占領直布羅陀海峽兩岸,已然負擔沉重的海軍將面臨更大壓力。德軍即將在炮臺上使用雷達(即便在夜間也能瞄準),如此便可畫夜封鎖直布羅陀海峽。由於即將在地中海東部展開主要戰鬥,以及需要繞航好望角以增援和補給我們的部隊,我們無法考慮在海峽或其附近陸地上採取任何軍事行動。直布羅陀能夠承受長期圍困,但若我們無法使用港口或通過海峽,那將毫無意義。一旦德軍占領摩洛哥,即可南下,潛艇和飛機不久便可從卡薩布蘭卡和達卡自由出動。總統先生,我無需向您誇大這對我們造成的巨大威脅,也無需誇大這種威脅即將迫近西半球。我們必須盡可能爭取時間。

實際上,這個巨大的威脅已經消退,雖然我們當時並不知曉,但它確實已經永遠地消失了。如今,人們喜歡談論佛朗哥將軍的惡劣,因此,我願意將他對希特勒和墨索里尼的虛情假意和忘恩負義的事實記錄在此。不久,我還將記錄佛朗哥將軍的不良性格如何反而對盟軍的事業造成了更大的幫助。

第二十七章
希臘告急

1940年10月－11月

此時，在地中海的舞臺上，墨索里尼再次施行了一件新的暴行，儘管這並非完全出人意料，卻為我們已經複雜的局勢增添了許多棘手的問題和深遠的影響。

1940年10月15日，領袖最終下定決心進攻希臘。當天上午，義大利的軍事領袖們在威尼斯宮召開了一次會議，他在會議上發表以下的演講：

此次會議的目標，是簡要闡述我決定進攻希臘的策略。首先，此次行動同時具有海上與領土的目標。領土目標包括占領阿爾巴尼亞南部的整個海岸線，以及愛奧尼亞群島的扎金索斯島、凱法洛尼亞島和克基拉島，還要占領塞薩洛尼基。實現這些目標後，將改變我們在地中海與英國對峙的局面。其次，全面占領希臘，使其喪失行動能力，並確保希臘在任何情況下都處於我們的政治經濟影響範圍內。

在明確戰略目標後，我立刻確定了日期——認為不能再拖延片刻——決定在本月26日採取行動。在我們參戰之前，早在衝突爆發前，我經過數個月的深思熟慮，如今已將這個行動計畫準備成熟。……我想補充，我預計北方不會出現麻煩。南斯拉夫因各種利益關係將保持沉默。……我判斷土耳其方面也不會有問題，特別是因為德國已在羅馬尼亞立足，且保加利亞的實力有所增強。保加利亞可能在這場競爭中扮演一定角色，我將採取必要措施，利用這個獨特的機會，使其對馬其頓的覬覦和獲得出海口的企圖得以實現。……

第二十七章　希臘告急

　　1940年10月19日，墨索里尼致信希特勒，闡述他的決策。當時，希特勒正在前往昂代和蒙都瓦的途中。信件內容未曾公開，似乎經歷了一番曲折才送達。信件到達後，他立刻建議墨索里尼進行會談，討論歐洲的整體政治局勢。會談於10月28日在佛羅倫斯舉行。當天早晨，義大利對希臘的進攻已經展開。

　　然而，希特勒似乎並不打算將進攻希臘的冒險行動作為商討的議題。他禮貌地表示，德國同意義大利在希臘的舉動，隨後便談起了與佛朗哥和貝當會晤的經過。顯然，他對盟友的舉動並不滿意。幾週後，當義大利的進攻遭遇挫折時，他在11月20日寫信給墨索里尼說：「當我請求在佛羅倫斯與你會晤時，我是懷著這樣的期望啟程的：希望在你對希臘箭在弦上的行動（對此我只略知一、二）開始前闡明我的看法。」然而，總體而言，他仍舊同意盟國的決策。

　　10月28日拂曉前，義大利駐雅典公使向希臘首相默塔克塞斯將軍遞交了最後通牒。墨索里尼要求希臘全境向義大利軍隊開放。同時，義大利駐阿爾巴尼亞的部隊從多個方向入侵希臘。然而，希臘軍隊在邊境上早已做好準備，因此希臘政府拒絕了這個最後通牒。他們還提及了張伯倫先生在1939年4月13日的保證。對此，我們必須履行承諾。在戰時內閣的建議下，英王陛下出於自身意願，答覆希臘國王：「你們的事業就是我們的事業；我們將共同與入侵的敵人作戰。」我回應默塔克塞斯將軍的呼籲表示：「我們將盡全力給予你們一切援助。我們將一同與敵人作戰，並共同分享最後的勝利。」在漫長的過程中，我們兌現了當時的承諾。

　　儘管義大利艦隊在數量上遠遠超過我們，但我們在地中海的力量也顯著增強。9月，「英勇」號、裝甲航空母艦「光輝」號和兩艘具備防空系統的巡洋艦成功穿越地中海，加入了坎寧安海軍上將在亞歷山大的艦隊。此前，坎寧安的艦隻經常被敵人發現，並遭到實力更強的義大利空軍轟炸。

裝備了新型戰鬥機和最新雷達系統的「光輝」號擊落了一些偵察機和戰鬥機，使我們的艦隊行蹤得以保密，不被敵人發現。這個行動非常及時。除了幾個空軍中隊、一個英國軍事代表團和一些象徵性的軍隊之外，我們已無其他可動用的力量；而且，這些有限的兵力也是從利比亞戰場執行緊急軍事計畫中勉強抽調出來的。此時，我們突然意識到一個策略要務——克里特島！絕對不能讓義大利人占領。我們必須搶先行動，立刻行動。幸運的是，艾登先生此時在中東，這讓我可以與一位在現場的內閣同僚取得聯繫。他原計劃在喀土穆與史末資將軍會談後返回。我發了一份電報給他：

1940 年 10 月 29 日

我深知你與史末資會談的關鍵性，然而我希望韋維爾先返回開羅，隨後，你也盡快前往。

在我們這裡，眾人堅定地相信，務必要付出一番努力，以便在克里特島穩住陣腳。為了獲取這個珍貴的戰利品，冒險是值得的。你將會看到關於此問題的軍事電報。

首相致艾登先生（發往喀土穆）

1940 年 10 月 29 日

顯然，至關重要的是在蘇達灣擁有最佳的機場和海軍燃料供應基地。成功保衛克里特島將極大地助力埃及的防禦。如果克里特島落入義大利之手，地中海的所有事務將更加複雜。這樣一項重大戰利品值得冒險，其價值幾乎相當於在利比亞進行一次成功的進攻。經過與韋維爾和史末資的全面研究後，請毫不猶豫地提出大規模行動的建議，即便這會影響其他戰區也在所不惜。請告知我們需要哪些額外支援，包括飛機和高射炮中隊。我們正在研究如何滿足你們的需求。我認為你應立即返回開羅。

在希臘政府的請求下，我軍於兩日後成功占領了克里特島最佳的港口蘇達灣。

第二十七章　希臘告急

首相致帝國總參謀長

1940 年 10 月 30 日

我們如何獲取來自希臘前線的情報？我們在該地區是否派駐了軍事觀察員？我們的武官在那裡承擔哪些職責？

為何不從埃及任命一位將軍作為我的軍事代表團團長，駐紮在希臘野戰軍司令部呢？讓他們觀察戰局，並將雙方軍隊優劣的詳細情況傳達給我們。只要希臘方面同意，我希望每天或幾乎每天能收到一份詳細電報，準確告知我們情況。

首相致函伊斯梅將軍，轉交參謀長委員會

1940 年 10 月 30 日

我們同意以下部署：將兩個營調往弗里敦，待西非旅抵達接防後，他們便可前往埃及。在大家同意西非旅應前往西非之前，這兩個營不能離開英國。

從高射炮的分配角度來看，克里特島和馬爾他島的優先順序應高於弗里敦。在當前形勢下，我無法批准將高射炮轉移至弗里敦，也不贊成在此階段向弗里敦派遣一個戰鬥機中隊。海軍必須承擔起防範任何來自海上的遠征軍對我西非殖民地進行襲擊的責任。至於空襲問題，如果法國人轟炸弗里敦或巴瑟斯特，我們就反擊轟炸維琪。我認為這種情況尚不至於發生。

首相致空軍少將朗莫爾

1940 年 11 月 1 日

你在派遣「伯倫翰」戰鬥機中隊前往希臘的決定上展現了勇氣與智慧。我期盼能盡快提供支援。

首相致函伊斯梅將軍，並抄送空軍參謀長及參謀長委員會

1940 年 11 月 1 日

我建議立刻安排，將另外 4 個重型轟炸機中隊（包括已派往馬爾他島的那個中隊）及 4 個「旋風」式戰鬥機中隊調往中東。請提交調遣計畫供稽核。我期望今天能收到相關報告。

首相致函伊斯梅將軍，轉交參謀長委員會

1940 年 11 月 1 日

艾登先生請求為中東分發一萬支步槍。難道無法從美國的庫存中提供這些槍支，或者在全球其他地區找到一小批步槍嗎？

首相致空軍參謀長

1940 年 11 月 2 日

1. 我認為，那 4 個轟炸機中隊可以通過馬爾他島前往克里特島或希臘。人員和地勤裝置則由巡洋艦運輸。務必要盡快讓這些空軍中隊從希臘領地的基地出發，攻擊義大利在塔蘭托的艦隊，並廣泛地擾亂義大利南部。對於如此重大的軍事行動，海軍必須給予特別的努力，因此不要假設屆時不會有軍艦來協助。為了運送那些在這個極其緊急時刻必須投入戰鬥的地勤人員和裝置，無論如何都至少會有 1 艘軍艦來。我覺得，車輛可能是個難題，但或許可以從埃及調配一批，其餘的則臨時解決。

2. 運送戰鬥機固然較為複雜，但我希望它們能夠像上次那樣，從航空母艦飛往馬爾他。若有必要，「狂暴」號應支援「皇家方舟」號。戰鬥機能否直接從馬爾他飛抵希臘機場？如果無法實現，是否可以降落在航空母艦上加油，然後再繼續飛往希臘？在物資和地勤人員方面，也將按照轟炸機的標準為這些戰鬥機做好相應準備。

第二十七章　希臘告急

致艾登先生（發往中東總司令部）的首相資訊

1940 年 11 月 2 日

　　當前希臘的局勢必須被視作首要問題。我們深知本身在人力和物力方面的限制。必須仔細考量對希臘的援助，否則一旦希臘認為英國無意履行承諾，我們在土耳其的優勢地位將岌岌可危。請務必在開羅至少停留一週，以便在此期間，我們可以深入研究這些問題，確保雙方都盡了最大的努力。此外，預計額外派遣的 3 萬人將在 11 月 15 日左右抵達，這將對埃及地區的局勢產生決定性影響。

　　在艾登先生與韋維爾將軍及威爾遜將軍舉行的最初幾次會議和會談中，他曾詢問：如果義大利人按兵不動，我們應如何應對？將軍告知他一項重要的軍事機密，中東部隊正策劃在西非沙漠地區主動進攻義大利軍隊，而不是被動等待義大利人進攻馬特魯港。然而，他們並未將這些計畫告知我或參謀長委員會。韋維爾將軍請求陸軍大臣保持沉默，不發電報，待他回國後親自向我們說明。因此，數週內我們對他們的計畫一無所知。從我 10 月 26 日的電報可見，我對在西非沙漠地區實施任何大規模先發制人的軍事行動持強烈支持態度。然而，在艾登先生尚未歸國前，我們普遍認為韋維爾和威爾遜仍被困在馬特魯港的防禦戰中，消極等待敵軍來襲。在如此嚴峻時刻，他們唯一擬採取的行動似乎只是派遣一個營至克里特島、幾個空軍中隊至希臘，調動少數部隊襲擊多德卡尼斯群島，並在蘇丹發起一次大規模但攻擊力道平平的攻勢。我們冒著極大風險，付出諸多努力和代價提供給他們如此強大的兵力，但他們對這支兵力的運用，顯然令人失望。

　　因此，在這個時期內，我們之間的通訊往來皆是基於對彼此的誤解。韋維爾與陸軍大臣認為，為了給予希臘有限的支援，我們迫使他們分散在西非沙漠地帶集結的兵力。另一方面，由於我們不清楚他們有進攻計畫，

因此反對他們在這個關鍵時刻按兵不動或浪費時間。事實上，如即將看到的，我們的意見是一致的。確實，在 11 月 1 日，艾登先生祕密發來一封電報：

> 我們無法從中東的軍事力量中抽調出足夠的空軍或陸軍增援，以對希臘的戰局產生任何決定性的影響。從這裡調走如此規模的兵力，或是將那些正在運輸途中的或已獲批准的增援部隊轉移，將會危及我們在中東的整體有利地位，並且會干擾我們在多個戰場上發起攻勢的計畫。經過艱苦的努力和冒著重大風險，我們目前在地面部隊的部分，已經在此建立了一支能夠應對自如的防禦力量。不久，我們將處於能夠在某些方面發起攻勢的有利位置，如果成功，這將對整個戰局產生深遠的影響。要求我們放棄這個任務而另作打算，顯然是失策的，而將我們的兵力零散地用於一個無法產生決定性影響的戰場，亦是不明智的。……幫助希臘的最佳方式是打擊義大利，從我們力量已經壯大並且計畫已制定的地方出擊，就能最有效地實現這一點。我迫切希望盡快向你詳細說明此地的部署和計畫，我提議……於 3 日啟程，通過最便捷的路線回國。

這份電報與我發往喀土穆的電報時間上有了差錯，之後他抵達了開羅，因此我那份電報又不得不重新發送至開羅。

首相致函艾登先生（發往中東總司令部）

1940 年 11 月 3 日

希臘局勢的嚴峻性及其潛在後果，迫使你不得不前往開羅。儘管這顯得多麼不公，但若我們對希臘的崩潰袖手旁觀，不伸出援手，將對土耳其和戰爭的未來產生災難性的影響。德國軍隊尚未在該地出現。必須將克里特島的燃料基地和機場逐步發展為永久性的軍事要塞。這項工作正在進行中。然而，必須直接援助希臘，即使只是派遣一些象徵性的部隊。我深知，你的部將都決意在馬特魯港進行一場大戰。正因為如此，這場大戰未

第二十七章　希臘告急

必會發生。敵人將等待油管完工以及軍隊的進一步集結。你們在沙漠中進攻的困難顯而易見，但若在接下來的兩個月裡，你們無法在利比亞發動重大攻勢，就應冒險增強希臘的抵抗。自6月以來，已有7萬多人被派往中東司令部，11月15日之前還將有3萬人抵達，年底前還會有5萬3千人。裝甲團昨日已隨大規模軍事運輸艦隊出發。因此，我無法相信，你所提及的小規模攻勢及馬特魯港的主要防禦，比在希臘採取有效行動更為重要。

我們在埃及保持靜止，兵力不斷增強，而對希臘的局勢及其相關事務置之不理，這樣的態度不會贏得任何人的讚賞。失去雅典的後果遠比失去肯亞和喀土穆嚴重得多，我們不應承擔這樣的風險。請詳細閱讀帕勒里特（我們駐雅典公使）的電報。在戰爭中，面對新的變化必須及時應對，不能讓局部的考慮壓倒主要的問題。沒有人預見到今年晚些時候義大利會入侵希臘。若希臘在埃及和英國的適當援助下奮勇抵抗，或許能抵擋住侵略者。我正嘗試派遣強大的轟炸機和戰鬥機前往克里特島和希臘支援，飛機從英國起飛，地勤物資由巡洋艦運輸。如果此計畫可行，將在明天或星期一電告詳情。相信你能牢牢掌控局勢，拋棄一切消極和被動的策略，抓住我們已得到的機會。在戰爭中，「安全至上」必然導致毀滅，你所謂的安全其實並不安全。請盡快提交你的計畫，或說明無建議可提。

我再次發送電報：

1940年11月4日

我們正在向你們派遣空軍增援部隊，參謀長委員會的附電已詳細說明如何到達的細節。請立即派遣一個「鬥士」式戰鬥機中隊和兩個「伯倫翰」式戰鬥機中隊一共3個中隊前往希臘。如有必要，請再派一個營前往克里特島。依照上述空軍增援部隊的到達情況，再儘快派遣一個「鬥士」式戰鬥機中隊。希臘的飛機場上使用的高射炮，必須在這些中隊到達以前運到。

此時，有人建議要求希臘人將他們的克里特島部隊留駐島上。於是我公布了如下備忘錄：

首相致帝國總參謀長

1940 年 11 月 6 日

禁止希臘人使用克里特島的這個師實屬不易。若如此，我們必須向該島增派更多軍隊。關鍵在於：必須確保軍隊數量充足，並且讓敵人誤以為我們有大量部隊正在登陸。需警戒的區域非常廣闊，反攻的後果也極為嚴重。

請告知您的觀點。

首相致帝國總參謀長

1940 年 11 月 7 日

若我們僅為本身目的利用克里特島，不讓希臘使用其第 5 師的三分之二兵力，那麼我們對希臘的幫助將微乎其微。克里特島的防衛依賴於海軍，但無論如何，岸上必須有一定規模的威懾部隊。我懷疑，英國的兩個營和希臘留下的 3 個營是否足夠。我希望你能按我的要求發電報給韋維爾將軍。他必須竭盡全力進行籌劃：

（1）英國的補充部隊由 3、4,000 名士兵及 12 門大炮組成。這些士兵不需要全副武裝或具備高度機動性。

（2）他僅能從那些未打算參與即將到來的戰鬥的部隊中抽調這部分兵力。

（3）我們需要向希臘方面表明，我們能夠支援希臘的主力部隊，調動 6 個營和希臘第 5 師的炮兵隊加入作戰。

（4）必須想盡辦法運送武器和裝備，以籌組一支在克里特島的希臘後備師。這支後備師擁有充足的步槍和機關槍。不讓希臘的 1 個師駐守在伊庇魯斯前線參與戰鬥是不妥的，而如果因為我們在克里特島沒有足夠的軍隊而失去該島，則是一種罪過。

如今正是艾登先生依照他的急切願望歸國並向我們報告之時。以下電報能夠解釋緣由。

第二十七章　希臘告急

艾登先生致首相

1940 年 11 月 3 日

大家都極力建議，我應盡快回國，以便向你彙報從中東觀察到的整個局勢。切望你能同意這一點。我計劃明晨出發。和你會面後，如有必要，我隨時準備再飛返此地，深信，我們兩人之間的會晤極其必要。不可能用電報詳盡說明此地局勢的計畫。

請迅速回覆。

我表示贊同，因此陸軍大臣便啟程返鄉。他在啟程時發來的電報中提及如下要點：

在開羅的會議中，克里特島的局勢成為討論的焦點。海軍上將坎寧安強調，占領克里特島對我們至關重要，因為該島可用於控制東地中海並阻礙義大利通往北非的運輸。然而，由於反潛保護不足，目前艦隊在蘇達灣的停留時間不得超過數小時。

他主張，預料在不久的將來或是希臘未被占領之前，義大利人不會攻占克里特島。他與韋維爾達成共識，決定立即將我 11 月 1 日電報中提到的部分增援部隊轉移至克里特島。海軍上將坎寧安認為，無需在克里特島駐紮大量英國軍隊，他確信，只要克里特島人組織起來，一個營加上防空部隊就足夠了。隨後，我們探討了關於支援希臘的整體問題。正如我們在 9 月 22 日所言：「在德國和義大利對埃及的威脅徹底消除之前，我們可能給予希臘的任何援助都無法實現，因為埃及的安全對我們的策略，同時對希臘的未來，都是至關重要的。……」

希臘急需的援助主要集中在空軍上。第 30「伯倫翰」戰鬥機中隊今天已飛抵雅典。朗莫爾重申，在當前形勢下，他極不願意再派遣更多空軍中隊承擔希臘戰場的任務。他認為，這將導致他的飛機在希臘或克里特島的機場遭受義大利軍隊的攻擊而遭受重大損失，因為這些機場缺乏飛機掩

體，地面防空部隊和其他防禦設施也不完善，而且在短時間內建設這些設施也非常困難。總而言之，各位總司令一致認為，保衛埃及對我們在中東的整體地位至關重要。他們認為，從戰略角度來看，保衛埃及是最緊迫的任務，比防止希臘被敵軍攻陷更為重要。如果我們希望繼續獲得土耳其的支持，這一點也至關重要。

他還透過使用我的私人密碼發送了以下補充電報：

1940 年 11 月 5 日

雖然參謀長委員會調派的增援部隊會增加西非沙漠地區行動的風險和可能的傷亡，但由於援助希臘的政治任務，我們必須承擔這些風險。撤軍雖然對西非沙漠的部署不利，但尚不至於徹底擾亂整個部署。然而，若超出當前規定的義務或試圖加快對希臘的增援，將嚴重威脅我們在埃及的局勢。目前尚未確定空軍增援部隊，尤其是戰鬥機中隊，何時抵達埃及以接替調往希臘的空軍。過去的經驗顯示，之前的預估未能實現，時間大大落後於預期。現在，我認為在此已無事可做，因此計劃明早乘飛機離開。

11 月 8 日，陸軍大臣歸來。當晚，尋常的空襲開始後，他造訪了我在皮卡迪利大街的臨時地下住所。他帶來了那項我一直渴望得知的祕密。儘管現在才告知我，但並未造成任何損失。艾登先生詳細向我們一小部分特定人員披露了韋維爾將軍和威爾遜將軍所構思和擬定的計畫，其中包括帝國總參謀長和伊斯梅將軍。我們為馬特魯港的防禦戰已經進行了長時間的周密布置，現在我們不必在堅固的防線上等待義軍進攻了。相反，再過 1 個月左右，我們將主動出擊。這個行動被命名為「羅盤」作戰計畫。

從地圖上顯示，格拉齊亞尼元帥指揮的義大利軍隊，兵力當時逾 8 萬，已跨越埃及邊境，並在一條長達 50 英里的戰線上分布於一系列防禦工事中。這些營寨相隔甚遠，無法互相支援，且部署中缺乏縱深。在索法菲右翼與其鄰近的尼貝瓦營寨之間，存在一條寬約 20 英里的空隙。計畫

第二十七章　希臘告急

是透過這條空隙發起猛烈攻擊，隨後向地中海方向，從西側，即敵人的後方，攻打尼貝瓦營寨，並繼續進攻圖馬爾的系列營寨。同時，在海岸區域，利用小規模部隊牽制索法菲和梅克蒂拉的營寨。為此，需動用第7裝甲師、第4印度師（現已滿編）、英國第16步兵旅，以及駐馬特魯港的混合部隊。該計畫雖具高度風險，但也蘊含出其不意的勝算。風險在於：當我方精銳部隊深入敵軍陣地核心時，需在開闊的沙漠中連續兩夜急行70英里，並在兩夜之間的白晝，面臨被敵人察覺和遭受空襲的危險。此外，補給和燃料的計畫也必須精心安排，若在時間上出現誤差，後果將極為嚴重。

實現這個目標的價值足以承擔這次冒險。一旦我們從海上運送的先遣部隊抵達布格布格或其周邊地區，就能截斷格拉齊亞尼元帥所率部隊的四分之三的交通線。在我軍的突然襲擊下，敵軍後方將遭受重創，並在我方的英勇作戰下不得不大規模投降。如此一來，義大利軍隊的防線將會崩潰，無法挽回。他們的精銳部隊一旦被俘或消滅，將無力抵擋我軍的持續進攻，也無法沿著長達數百英里的海岸公路有序撤退至的黎波里。

這正是那些將軍與陸軍大臣密談的絕對機密。這也是他們不願透過電報告知我們的內容。我們全體都感到非常振奮。我不禁連聲叫好。確實值得大幹一場。立即決定：若參謀長委員會和戰時內閣同意，便立刻批准，並全力支持這個充滿希望的行動計畫，將其置於所有工作的首位，並且，在我們人力和物力極為緊張的情況下，也要優先考慮這個計畫的需求，不顧其他方面的緊急需求。

之後，我便將這些計畫提交給戰時內閣。我準備親自說明此事。然而，當我的同僚們得知戰場上的將軍和參謀長委員會已經與我及艾登先生完全達成一致時，他們表示不希望了解計畫的細節，認為知情者越少越好，並完全支持採取這個攻勢的策略。這種態度正是戰時內閣在幾次重大

事務中所採取的，我在此記錄下來，以供未來在類似危險和困難中作為典範。

　　義大利艦隊對我們占領克里特島並未作出明顯反應，然而，海軍上將坎寧安早已準備利用現已增強的艦隊空中力量，襲擊停泊在塔蘭托的義大利主要海軍基地。此次襲擊於 1940 年 11 月 11 日展開，之前進行了一系列精心協調的軍事行動：部隊抵達馬爾他，另一支增援艦隊，包括「巴勒姆」號戰艦、兩艘巡洋艦和 3 艘驅逐艦，駛入亞歷山大港，最終以襲擊為高潮。塔蘭托位於義大利半島的後跟，與馬爾他相距 320 英里。其寬闊的港口設有多層防禦，足以抵擋現代化武器的攻擊。我們此前有幾架快速偵察機已先抵達馬爾他，因此能夠辨識襲擊目標。英國的計畫是從「光輝」號派出兩批飛機，第 1 批 12 架，第 2 批 9 架，其中 11 架攜帶魚雷，其餘攜帶炸彈或照明彈。夜幕降臨後不久，「光輝」號從距塔蘭托約 170 英里的海域發出飛機。在義大利艦隊的火光和爆炸聲中，戰鬥激烈進行了 1 個小時。儘管高射炮火猛烈，我軍僅損失兩架飛機，其餘全部安全返回「光輝」號。

　　這個戰役使得地中海的海軍力量對比瞬間發生了改變。空中拍攝的影像顯示，有 3 艘戰艦，其中包括新建的「利特里奧」號，被魚雷擊中。此外，據稱還有 1 艘巡洋艦遭到攻擊，船廠也受到了嚴重損毀。義大利的戰艦有一半至少需要 6 個月才能恢復戰鬥力；我們的艦隊航空兵因其英勇行為抓住了這個難得的機會，感到無比欣喜。

　　就在那一天，義大利空軍奉墨索里尼的命令，參與了對大不列顛的空襲，這為我軍襲擊塔蘭托增添了幾分諷刺意味。一支義大利轟炸機編隊，在 60 架戰鬥機的護航下，試圖轟炸梅德韋河的盟軍運輸艦隊。遭遇我方戰鬥機攔截，8 架轟炸機和 5 架戰鬥機被擊落。這是他們首次也是最後一次干預我們的事務。他們不如將這些飛機用於保護塔蘭托的艦隊。

第二十七章　希臘告急

我隨即將具體情況通報給總統。

前海軍人員致電總統

1940 年 11 月 16 日

我相信，你對塔蘭托的事件一定歡欣鼓舞。那 3 艘未遭破壞的義大利戰艦今日已駛離塔蘭托，或許正撤往里雅斯特。

此外，還有一封電報：

前海軍人員致電總統

1940 年 11 月 21 日

我曾要求海軍部為塔蘭托戰役編寫了一份海戰摘要，你可能會覺得有趣：

（1）地中海艦隊總司令為了這次襲擊籌備已久；他原本計劃在 10 月 21 日（特拉法加日）若月光適宜便發起行動，但由於「光輝」號發生小事故而推遲。10 月 31 日和 11 月 1 日，他在地中海中部巡航時再次考慮進攻，但因月亮不配合，他認為使用帶降落傘的照明彈攻擊效果不佳。他堅信，進攻的成功與否依賴於月光和天氣的條件、艦隊的逼近不被敵人察覺，以及我方的有效偵察。偵察任務由馬爾他起飛的飛船和「格倫‧馬丁」式飛機中隊執行。11 月 11 日至 12 日夜間，所有條件均已滿足。遺憾的是，由於塔蘭托海灣的天氣不佳，12 日至 13 日夜間未能再次進攻。

（2）曾使用多聯裝發射管，這或許也提高了魚雷命中敵艦的機率。

（3）希臘駐安哥拉的大使於 11 月 11 日報告，義大利艦隊正在塔蘭托集結，準備進攻克基拉島。11 月 13 日的偵察顯示，未受損的戰艦和裝備 8 英寸炮的巡洋艦已經離開塔蘭托——可能是因為 11 日至 12 日的攻擊所致。

此刻，我向韋維爾將軍發送了電報。

首相致韋維爾將軍

1940 年 11 月 14 日

　　參謀長委員會、三軍大臣與我已對近期事態進行了全面分析。義大利軍隊在希臘戰線遭遇挫折，英國海軍對塔蘭托艦隊的打擊奏效，義大利空軍在不列顛上空表現不佳，義大利國內士氣低落的消息令人振奮，加拉巴特的局勢，以及你在西非沙漠與敵軍接觸的經驗，尤其是整體政治形勢，這些因素都十分有利於你向陸軍大臣建議的軍事行動。

　　德國大概不可能長時間拒絕對其岌岌可危的盟友提供援助。因此，目前似乎是時候從海、陸、空三個方面冒險進攻義大利了。你應當與其他總司令採取協調一致的行動。

首相致韋維爾將軍

1940 年 11 月 26 日

　　無論從哪個角度來看，傳來的消息必定引起了你的注意，「羅盤」作戰計畫對於包括巴爾幹各國和土耳其在內的整個中東局勢、對於法國在北非的立場、對於目前忐忑不安的西班牙人的反應、對於陷入困境的義大利以及對於整場戰爭，具有何等的重要性。儘管我不自負，但我無法不感到充滿信心和希望，並且堅信，為了取得偉大成就而冒險，乃是理所當然的。

　　已請求海軍部調查艦隊的任務分配情況。若有可能成功，我相信你會有計畫並充分利用。我正指派參謀部評估，如果一切順利，我們是否能透過海上長途運輸，將作戰和後備部隊沿海岸線運送至前線，並建立新的供應基地，以支持對敵人的裝甲車輛和部隊的追擊。我不需要詳細細節，但希望確認是否對此進行了評估、探討和盡可能的準備。

　　有人指出，希特勒絕不會對其盟友坐視不理，這種說法令人難以置信。顯然，德國的策略已超越了通過保加利亞直抵塞薩洛尼基的設想。我們從多個管道獲悉，德國人並不贊成墨索里尼的冒險，因此傾向於讓其承擔後

第二十七章　希臘告急

果。這讓我更加懷疑某種不祥之事正在醞釀，不久將會爆發。每拖延一天對我們就有多一天的好處。或許，「羅盤」作戰計畫本身會影響南斯拉夫和土耳其的決策。而且，無論如何，如果計畫成功，我們將能夠向土耳其承諾更多的支持，遠遠超出我們目前的能力。人們確實可以預見，中東局勢的重心可能會突然從埃及轉向巴爾幹國家，從開羅轉向君士坦丁堡。毫無疑問，你當然已經考慮到了這一點，而此地的參謀部也正在對此進行研究。

正如我數日前告知你的，我們無論成敗與否，都會支持你和威爾遜任何經過深思熟慮的舉措。因為在戰爭中，人們只能努力爭取成功，但無法確保一定成功。

請傳達給朗莫爾，他從南部調回空軍中隊，儘管面臨懲罰的風險，我對此深感欽佩。如果一切順利，「狂暴」號及其裝備將於明日抵達塞康第－塔科拉迪。這將彌補我們為支持希臘而從他那裡抽調的力量；皇家空軍在希臘幾場勝利戰鬥中的作用，帶來了巨大的軍事和政治影響。祝你們二人一切順利，也祝海軍上將坎寧安順利，他最近的成就非常卓著。我很高興得知，他認為蘇達灣具有「不可估量的價值」。

首相致外交大臣

1940 年 11 月 26 日

我提議向英國駐土耳其大使提交以下幾點：

起初，參謀人員對他們觀察到的支持和反對土耳其參戰的不同觀點進行了報告；這些論點我們已經告知你，但我們不希望你對我們的立場和指示產生任何困惑。我們期望土耳其儘早參戰。我們並不要求土耳其採取特定措施來支援希臘，僅希望他向保加利亞表明立場：若德軍借道保加利亞攻擊希臘，或保加利亞對希臘採取敵對行動，土耳其將立即宣戰。我們希望土耳其與南斯拉夫進行協商，並在發現德軍向保加利亞移動的跡象時，

若可能，立即對保加利亞和德國發出聯合警告。關鍵是，無論德軍是否獲得保加利亞的援助，若通過保加利亞，土耳其必須立即參戰。否則，它將陷於孤立，巴爾幹國家將逐一被吞併，而我們將無力相助。你可以提及，到1941年夏季，我們計劃在中東部署至少15個師，到年底則接近25個師。我們對在非洲擊敗義大利充滿信心。

下午6時 —— 參謀長委員會對上述各點達成一致。

首相向海軍大臣及第一海務大臣致意，並請求伊斯梅將軍轉呈參謀長委員會。

1940年11月30日

（送空軍參謀長一閱）

「狂暴」號應立即返航，攜帶另一批飛機及駕駛員作為中東增援部隊。在完成運送任務之前，應盡可能推遲其檢修。空軍參謀長需決定如何編組這支部隊。

首相致伊斯梅將軍

1940年12月1日

我們在蘇達灣（克里特島）的準備工作究竟進展如何 —— 具體而言：軍隊部署、高射炮設定、海岸防禦炮配置、探照燈安裝、無線電通訊、雷達測向器布置、防潛網布設、水雷安放及機場建設等方面的情況如何？

我期望，務必派遣數百位克里特島居民以強化防禦設施，並加速改善機場。

首相致函伊斯梅將軍，轉參謀長委員會

1940年12月1日

義大利軍隊在阿爾巴尼亞繼續撤退。我們今日收到關於義軍在利比亞沙漠中難以獲取食物和水源的報告，還有其他關於義軍將飛機調回的黎波里以規避我方攻擊的消息。此外，33架由頂級飛行員駕駛的「旋風」式戰

第二十七章　希臘告急

鬥機已安全抵達塞康第-塔科拉迪。這一切形成了新的事實，使我們能夠對局勢發展抱持更有信心的觀點，應將我們的看法電告韋維爾將軍。

敵人一旦潰退，我軍便可以在一天之內透過海路將補給和作戰部隊推進80英里，並讓新抵達的軍隊擔任先鋒。這種在戰爭中少見的大好形勢是極其難得的。韋維爾將軍給我的回覆似乎未對此加以強調。鑑於我們在這場戰鬥中投入的賭注如此巨大，我認為我們有責任將參謀人員的研究結果傳遞給他。擁有兩棲部隊卻不加以運用，是一種失職。因此，我希望，如果這份研究報告有助於決策，應立即透過電報發送。不論如何，此事最遲需在3日完成。

我還需要補充整體觀點：我們目前掌控蘇達灣，這使得對馬爾他的擔憂大為減輕。只要艦隊能夠駐紮在蘇達灣，敵人就很難在馬爾他進行大規模登陸，更何況我們還從中東調派坦克和大炮支援該島。蘇達灣的占領極大地改變了東地中海的局勢。

蘇達灣的故事充滿悲劇色彩，直至1941年才正式揭開序幕。我堅信，我所持有的直接操控戰鬥指揮的權力，足以與那個時期任何國家的任何領袖相媲美。我所掌握的知識，戰時內閣的信任與積極支持，我所有同僚的忠誠擁護，以及我們作戰機構效率的不斷提升，這一切都使我們能夠高度集中憲法的權力。然而，中東司令部採取的行動，與我們的命令及期望相去甚遠！為了正確評估人類行動的極限，必須記住，在同一時期，各方面都在進行大量行動。然而，我依然感到驚訝，我們竟未能將蘇達灣發展為兩棲作戰的基地，將整個克里特島作為這個基地的堡壘。儘管在所有事情上都達成了理解和一致的意見，並進行了不少工作，但這些努力顯得在執行面三心二意。我們很快就會為我們的疏忽付出慘痛的代價。

義大利軍隊通過阿爾巴尼亞入侵希臘，令墨索里尼又遭遇一次重大的挫折。首次進攻的部隊被擊退，損失慘重，而希臘迅速展開了反攻。在北

部馬其頓戰區，希臘軍隊進入阿爾巴尼亞，並於 11 月 22 日攻下科爾察。在品都斯山脈北部的中心戰區，義大利的一支山地師被全殲。在沿海地區，義軍起初推進迅速，但不得不迅速從卡拉馬斯河撤退。在帕帕戈斯將軍的指揮下，希臘軍隊在山地戰中展現了卓越的戰術能力，他們出其不意地從兩翼包抄敵軍。年底時，他們的英勇作戰迫使義軍沿整個戰線從阿爾巴尼亞邊境後撤 30 英里。義大利的 27 個師被希臘的 16 個師圍困在阿爾巴尼亞數月。希臘傑出的抵抗極大地鼓舞了其他巴爾幹國家，而墨索里尼的聲望則急遽下滑。

1940 年 11 月 9 日，內維爾·張伯倫先生在家鄉漢普郡去世。我獲准將內閣文件送到他家，他在病重期間仍十分關注國事。他去世時顯得極為安詳。我相信，他離世時心中應感到寬慰，因為他知道國家至少已經脫離了險境。

11 月 12 日，議會一開幕，我便發表演說，讚美他的品行和功績。

在人生的終點，我們必須不斷地反思自己的言行。造物主並未賦予人類在相當程度上預測或預言事態發展的能力，這對我們而言是一種幸運，否則生活將變得難以忍受。在某個階段，似乎一切正確，而在另一個階段，又似乎全然錯誤。然而，經過數年、經過深入的觀察，過去的一切又變得截然不同。事物獲得了新的標準，價值也被重新衡量。歷史，手持一盞微光閃爍的燈，在舊日的足跡中搖搖晃晃地前行，試圖重現昔日的場景，重新響起曾經的回聲，用微弱的光芒喚起往昔的情感。這一切究竟有何意義？一個人的唯一引導是他的良心；在追憶過去時，唯一的護盾是他的正直與誠實。踏上人生旅途而不高舉這面盾牌，是極為冒險的，因為我們常常因希望的破滅和計畫的落空而遭受嘲諷；然而，只要我們高舉這面盾牌，無論命運如何捉弄，我們都能在光榮的行列中永遠前行。

無論歷史對這些動盪不安的歲月作何敘述或保持沉默，我們堅信，內

第二十七章　希臘告急

維爾・張伯倫曾真誠地依據他的智慧，竭盡所能運用其巨大能力和權力，努力將世界從我們當前正經歷的這場可怕的戰爭中解救出來。希特勒先生誇誇其談，假裝追求和平。他的這些狂言囈語，是否在內維爾・張伯倫莊嚴的墓前值得提及？漫長而充滿挑戰的歲月在我們面前展開，但至少我們團結一致，懷著純潔的心向前邁進。

他與他已故的父親和哥哥奧斯汀一樣，皆為下議院知名的議員；今天上午，各政黨的成員無一缺席地齊聚於此，悼念一位堪稱「英國的財富」的人物，我們都認為，這對我們本身和國家而言都是一種榮耀。

第二十八章
租借法案通過

在刀光劍影與炮火連天的背景下,一項影響全球命運的事件即將發生。美國將在 1940 年 11 月 5 日進行總統選舉。儘管這 4 年一度的競選異常激烈,兩個主要政黨在國內議題上存在顯著分歧,但共和黨和民主黨的領導者同樣重視這個「崇高的事業」。11 月 2 日,羅斯福先生在克里夫蘭表示:「我們的政策是向那些在大西洋和太平洋彼岸仍在抵抗侵略的國家提供一切可能的物質援助。」同日,他的競選對手溫得爾·威爾基先生在麥迪遜廣場花園宣稱:「我們所有人 —— 共和黨人、民主黨人和獨立黨人 —— 都支持援助勇敢的英國人民。我們必須向他們提供美國的工業產品。」

這種擴展的愛國主義確保了美國聯邦的安全和我們的生存,但我依然焦慮地等待著選舉結果。沒有任何新上任者能立刻具備富蘭克林·羅斯福的知識和經驗,也沒有人能匹敵他的領導才能。我與他的關係是經過極為小心的建立,幾乎達到了推心置腹的親密程度。要割捨這段逐漸建立的友誼,並中斷我們正在進行的商談,去與一個在思想和個性上都陌生的人重新開始,這對我來說並不愉快。自敦克爾克以來,我從未感到如此不安。當得知羅斯福總統再次當選時,我的欣慰之情難以言表。

前海軍人員致羅斯福總統

1940 年 11 月 6 日

我認為,在選舉期間,作為外國人,評論美國政治並不合適。然而,

第二十八章　租借法案通過

現在若我表達曾經希望你成功連任並為你如今的成就感到高興，我相信你不會責怪我。這並不意味著，在我們兩國共同肩負拯救岌岌可危的世界局勢任務中，我對你的期望超越了你公正自由運用智慧的能力。我們正面臨一場顯然曠日持久且不斷擴大的戰爭陰影，我希望能在我們兩人之間自戰爭爆發、我擔任海軍部主管時就已建立的信任和坦誠基礎上與你交流。事態在發展，只要世界上任何一個角落仍有說英語的人，就不會對這些事置之不理。在我因美國人民再次將這個艱鉅的責任託付給你而感到欣慰之時，我必須強調這個堅定信念：我們若循著智慧的指引，必將安全抵達目標。

令人費解的是，我始終沒有收到這份電報的回電。很有可能是它被埋在大量的賀電之中，因為公務繁忙而被暫時擱置。

截至目前，我們已經向美國下達軍火訂單，雖然與美國陸軍部、海軍部和空軍部進行磋商，但並未透過他們的管道。由於我們的需求量持續增加，常常在多個地方出現訂單重疊的情況，儘管大家的出發點都是好的，但仍可能在較低級別官員中引發衝突。斯特蒂紐斯寫道：「只有政府對所有防務物資採取統一的採購政策，才能完成我們當前的艱鉅任務」。這意味著美國政府將統籌管理所有在美國的軍火訂單。總統在連任後第3天公開宣布將按「基於實際經驗的方法」分配美國的軍火產品。軍火一經出廠，約一半分配給美國軍隊，另一半則分配給英國和加拿大軍隊。戰時物資優先分配局批准了英國的請求，同意在我們在美國訂購的 11,000 架飛機之外，再供應 12,000 架。但這筆費用如何償付呢？

1940 年 11 月中旬，洛西恩勳爵從華盛頓返回，與我在迪奇利共度了兩天時光。有人建議我不要總是去契克斯度週末，特別是在月圓之時，擔心敵人會特別關注我的行蹤。羅納德‧特里先生和他的夫人在他們位於牛津附近寬敞而精緻的住宅中多次熱情款待我和我的團隊。迪奇利與布倫寧相距僅 4、5 英里。在這樣的舒適環境中，我會見了洛西恩大使。我發現

洛西恩發生了顯著的變化。在我認識他的這些年裡，他給我的印象是學識豐富，具有貴族氣質，超然物外。他注重風度，有獨立見解，性格孤傲，舉止穩重，批評時不留情面，但態度卻總是輕鬆活潑，是個極好的夥伴。如今，在我們共同經歷重大打擊後，我察覺到他變得更加務實，凡事深思熟慮。他對美國的態度瞭如指掌。在主持「驅逐艦與海、空軍基地交換」談判中，他贏得了華盛頓的好感與信任。他與總統建立了親密的私人友誼，並在回國前一直與總統保持緊密聯繫。他現在全心投入於「美元問題」的思考；這確實是個棘手的問題。

在戰爭爆發之前，美國受限於中立法，總統被迫於1939年9月3日公布禁運令，禁止向任何交戰國運送武器。10天後，他召集國會舉行特別會議，考慮撤銷禁令，因為這項禁令表面上看似公正，實際上卻剝奪了英國和法國在軍火和物資運輸方面的制海權優勢。經過數週的討論和爭論，直到1939年11月底才撤銷中立法，取而代之的是「現金購貨，自行運輸」的新原則。如此一來，美國仍維持中立的表象，因為美國人既可以自由地向盟國出售武器，也可以向德國出售。然而，實際上，我們的海軍力量阻止了德國的所有海上運輸，而英國和法國只要有「現金購貨」，便可以自由運輸。在新法令通過後的第3天，由才華橫溢的亞瑟·珀維斯先生領導的採購委員會便開始運作。

英國參戰時，擁有45億美元的美國資產，其中涵蓋了美元現金、黃金及在美國可變現的投資。增加這些財富的唯一途徑是：在大英帝國，尤其是在南非，開採新的金礦，並竭盡全力向美國出口商品，尤其是奢侈品，如威士忌、高級毛織品和陶瓷等。在戰爭的最初16個月中，透過這種方式又獲得了20億美元。在「晦暗不明的戰爭」中，我們進退維谷，一方面，急於向美國訂購軍火，另一方面，又深怕我們的美元儲備耗盡。在張伯倫先生執政期間，財政大臣約翰·西蒙爵士常常向我們訴說，英國的

第二十八章　租借法案通過

美元儲備已所剩無幾，並一再強調要保留美元。人們或多或少地承認，向美國購買商品應當嚴格限制。我們的做法如同珀維斯先生曾對斯特蒂紐斯所言，「我們彷彿置身於一個荒涼的小島上，口糧不足，應盡量依靠這點口糧多堅持幾天。」

這就意味著，我們必須謹慎管理財務，以彌補資金短缺。在和平年代，我們可以自由進口，支付款項不受限制。然而，當戰爭來臨之時，為了動用黃金、美元和私人財產，並防止那些心懷不軌者將他們的資產轉移到他們認為更加安全的國家，為了削減奢侈進口和其他開支，我們不得不設立一個管制機構。除了確保我們不浪費貨幣，更重要的是要評估其他國家是否仍接受我們的貨幣。英鎊區的國家與我們站在同一陣線：他們與我們一樣，實施了相同的外匯管理政策，並願意接受和持有英鎊。我們與其他國家達成協定，以英鎊支付，使其在英鎊區任何地方都可使用，他們承諾保留暫時閒置的英鎊，並按官方匯率進行貿易。這種安排最初與阿根廷和瑞典商定，後來擴大到歐洲大陸和南美其他國家。這些安排是在1940年春季後達成的，能夠在如此艱難的環境下商定和維持這些安排，是令人欣慰的，這顯示了英鎊的信譽。透過這種方式，我們能夠在世界多個地方用英鎊進行貿易，將大部分珍貴的黃金和美元保留下來，以便從美國購買重要物資。

1940年5月，戰爭形勢迅速惡化，迫使我們面對嚴峻的現實，我們意識到英、美關係進入了一個新的階段。自我籌組新政府以來，金斯利‧伍德爵士擔任財政大臣，我們採取了相對簡單的政策，即盡量採購所有物資，將未來的財政問題交由「永生的上帝」解決。在敵人持續轟炸，虎視眈眈準備入侵的情況下，我們為生存而戰，幾乎孤軍奮戰，過分擔憂美元耗盡的後果是一種錯誤的節儉和不適當的謹慎。我們注意到，美國的輿論正發生重大變化，不僅華盛頓，整個聯邦都日益相信他們的命運與我們緊

密相連。此外，全美掀起了一股同情和欽佩英國的浪潮。華盛頓直接向我們發送了非常友好的消息，還透過加拿大傳達給我們，鼓勵我們勇敢戰鬥，並指出無論如何都會找到解決辦法。在摩根索先生擔任財政部長時，盟國事業擁有了一位堅定不移的支持者。1940年6月，我們接手了法國在美國的訂單，幾乎使我們的外匯支出翻倍。除此之外，我們向各方發出了新的訂單，採購飛機、坦克和商船，推動了美國和加拿大大規模新工廠的建設。

到1940年11月為止，我們已清償了所有收到貨物的款項。我們已出售了總值3億3千5百萬美元的美國股票，這些股票透過英鎊從英國私人持有者手中購得。我們支付了超過45億美元的現金。我們只剩下20億美元，且大部分為投資，其中許多無法立即變現。顯然，我們不能再這樣繼續下去。即使我們變賣所有的黃金和海外資產，也無法支付訂單金額的一半，更何況戰爭的拖延使我們所需訂單增加10倍。我們必須保留一些資金以應付日常開支。

洛西恩確信，總統及其顧問們正認真地尋求最佳途徑以協助我們。如今，選舉已塵埃落定，行動的時機已然到來。弗雷德里克·菲利普斯爵士與摩根索先生分別代表兩國財政部，在華盛頓持續進行會談。大使敦促我起草一封信，向總統詳細陳述我們的狀況。因此，那個星期天，我在迪奇利與他討論並擬寫了一封致總統的私人信函。11月16日，我發電報給羅斯福，告知：「我正在寫一封長信給你，闡述1941年的前景，數日後將由洛西恩勳爵親自遞交。」這份文件因為需要經過參謀長委員會與財政部反覆稽核，並須獲得戰時內閣批准，故在洛西恩返回華盛頓前尚未完成手續。11月26日，我再發電報給他：「我仍在忙於致總統的信，希望幾天內能發給你。」這封信最終於12月8日定稿，並立即發給總統。因其闡述了倫敦各方對整體形勢的共識，並對我們未來產生了顯著影響，故值得深入研究。

第二十八章　租借法案通過

> 1940 年 12 月 8 日
> 白廳，唐寧街 10 號

尊敬的總統閣下：

　　1. 臨近年終之際，我認為您可能希望我對 1941 年提出一些看法。我懷著誠摯和信任的態度表達如下。因為，我堅信，美國的大部分公民都確信，美國的安全，以及我們兩國的未來與所代表的文明，與英聯邦國家的生存和獨立密不可分。唯有如此，才能確保那些對掌控大西洋和印度洋至關重要的海上力量掌握在忠誠友好的國家手中。美國海軍對太平洋的控制及英國海軍對大西洋的掌控，是保障我們兩國安全和通商航道的必需條件，同時也是防止戰火蔓延至美國海岸的最可靠方式。

　　2. 還有另一部分。將一個現代國家的工業生產轉變為戰爭服務的工業結構，通常需要 3 到 4 年的時間。當最大的工業能力盡可能地從民用轉向軍需生產時，便達到了飽和狀態。德國無疑在 1939 年底已達此點。而我們在大英帝國境內僅行至第 2 年的中途。我認為，美國在這方面的進展必定不如我們。而且，我知道，美國目前正致力於大規模的海、陸、空防禦計畫，完成這些計畫無疑需要兩年。在美國準備就緒之前，堅持陣地並與納粹力量對抗，是我們英國人對共同利益應盡的職責，同時也是為了我們自身的生存。也許兩年內勝利便可實現，但我們不應以此為打算，而放鬆任何人所能作出的努力。因此，我懷著莫大的敬意請你以友好和善意考慮這一點，即：只要上述情況仍然存在，大英帝國和美國之間的利益是完全一致的。正是基於此，我才冒昧地寫這封信給你。

　　3. 這場戰爭已經演變成這種格局，並且似乎還會繼續下去，這使得我們很難在任何德國人能夠集結主力的戰場上與其陸軍相抗衡。然而，我們可以藉助海軍和空軍的力量，在德軍只能部署較少部隊的地區與其周旋。我們必須竭盡全力阻止德國的統治從歐洲擴展到非洲和南亞。同時，我們必須在本島保持一支隨時可以投入戰鬥的軍隊，這支軍隊必須足夠強大，

以至於渡海入侵成英國為敵人無法解決的問題。正如你已知曉的，為了實現這些目標，我們正在迅速籌建50到60個師。即便美國成為我們的盟國，而不僅僅是朋友和重要的夥伴，我們也不會請求美國派遣龐大的遠征軍。限制的因素在於船舶而非人員，力量必須優先用於運輸軍火和補給，然後才是海上運送大量士兵。

4. 1940年上半年對同盟國與歐洲而言，乃是一個災難深重的階段。在接下來的5個月中，大不列顛孤軍奮戰，頑強且或許出乎意料地扭轉了局勢，而這一切離不開偉大共和國在軍火和驅逐艦方面對我們的巨大支援，這正是你第三次當選為元首時的貢獻。

5. 大不列顛面臨敵軍以優勢兵力迅速摧毀的威脅，如今已大為減輕。然而，隨之而來的則是一種不同性質的長期危險，雖不如前者那般突如其來、令人震驚，但同樣致命。這種威脅在於船舶噸位的持續減少，日復一日。在無差別的轟炸中，房屋倒塌，平民傷亡，這是我們能夠忍受的。我們期盼著，隨著科學的進步，我們能逐步應付空襲，並在空軍實力逐漸接近敵人時，對德國的軍事目標進行反擊。1941年的勝負關鍵在於海上。若我們不能確保本土的糧食供應和所需軍火的輸入，若我們不能將軍隊調遣至各戰場迎擊希特勒及其盟友墨索里尼，並確保這些行動能持續進行，直至令歐洲的獨裁者們精神崩潰，否則我們可能半途而廢，美國也將失去為防禦做好準備的時間。因此，1941年整個戰爭的進展依賴於船舶及其遠洋運輸能力，尤其是在大西洋上。反之，若我們能使所需的船舶運輸在海上無限期執行，那麼我們就能將空軍優勢轉向德國本土，加上德國人民及其他被納粹踐踏民族的日益反抗，或許能為遭受重創的文明帶來福祉，使其重現光明。

然而，這項任務絕不可被低估。

6. 我們船舶的損失程度幾乎與上次戰爭損失最嚴重的一年相媲美，最近幾個月的損失資料請參見附件。在11月3日之前的5週內，損失總計達

第二十八章　租借法案通過

42萬零300噸。為了保持我們的作戰能力，我們估計每月應進口的噸數為4,300萬噸；而9月分的進口僅達3,700萬噸，10月分達3,800萬噸。如果船舶噸數繼續以目前的速度減少，那麼，除非能及時獲得遠超當前補充的噸數，否則後果將不可想像。儘管我們已設法應付這個局面，但顯然減少損失比上次戰爭更加困難。我們缺乏法國、義大利和日本海軍的支持，尤其是美國海軍的協助，儘管美國海軍曾在關鍵時刻給予我們重要援助。敵人已掌控法國北部和西部海岸的所有港口，並逐漸將這些港口和法國海岸附近的島嶼作為潛艇、飛船和戰鬥機的基地。我們無法利用愛爾蘭的港口和領土進行空中和海上巡邏。事實上，我們只有一條通往英倫三島的航線，即北部航線，但敵人正集中力量在那裡，並以潛艇和遠端轟炸機不斷襲擾。此外，近幾個月來，在大西洋和印度洋出現了襲擊商船的敵艦。我們現在還需要應對強大的敵方襲擊艦隻。我們既需要能夠追擊敵艦的艦隻，也需要護航艦隻。儘管我們的資源和準備如此充分，但仍感捉襟見肘。

7. 在接下來的6到7個月內，我對本國水域內的戰艦力量對比感到不甚滿意。「俾斯麥」號和「提爾皮茨」號預計將在1月分投入使用。我們已經擁有「英王喬治五世」號，並期待「威爾士親王」號也能同時加入戰鬥。這些新型戰艦在裝甲，尤其是防空方面，顯然遠勝於20年前設計的「羅德尼」號和「納爾遜」號。最近，我們不得不將「羅德尼」號用於大西洋護航任務，但在船隻數量如此有限時，任何一次水雷或魚雷襲擊都可能立刻改變力量對比。當「約克公爵」號在6月完工時，我們可以稍微鬆一口氣，而當「安森」號在1941年底也加入戰鬥時，情況會有所好轉。然而，那兩艘裝備15英寸口徑大炮、排水量35,000噸的全新德國戰艦迫使我們不得不集結自戰爭開始以來未曾見過的強大海軍力量來應對。

8. 我們期望，義大利的兩艘「利特里奧」級戰艦暫時無法參戰，而且只要不歸屬德國海軍，就無關緊要。或許它們會配屬德國海軍！我們非常感謝你在「黎希留」號和「讓‧巴爾」號問題上的幫助，而且，我敢說，這

樣的舉措是有效的。然而，總統先生，沒有人比您更清楚，在這幾個月裡，我們必須面對這樣一個事實：在這場戰爭中，將首次出現敵人至少擁有兩艘戰艦與我們最優秀且唯一的兩艘新式戰艦相當的情況。我們不能削減我們在地中海的力量，因為土耳其的立場，實際上整個東地中海的局勢都取決於我們是否在那裡保持一支強大的艦隊。那些未經過現代化改造的舊戰艦將用於護航任務。因此，即便在戰艦級別的艦隻上，我們也是極為緊張的。

9. 還有第2種潛在的危險存在。維琪政府可能選擇加入希特勒的歐洲「新秩序」，或者採取某種方式，例如透過海路派遣遠征軍侵犯自由法國的殖民地，迫使我們不得不與其交戰。如此一來，他們便能找到藉口，將目前仍掌握在他們手中且未受損失的龐大海軍投入與軸心國的聯合作戰中。如果法國海軍加入軸心國，西非將迅速落入他們的掌控之下，進而嚴重威脅我們在北大西洋和南大西洋之間的航運，這同時會影響到達卡，當然也會進一步波及南美。

10. 第3種隱憂位於遠東地區。顯然，日本正從印度支那向南推進至西貢及其他海、空軍基地，距離新加坡和荷屬東印度已經不遠。據悉，日本正準備5個精銳師，以備將來擔當海外遠征軍。如果這種趨勢持續，我們當前在遠東的兵力將難以應對。

11. 面對這些危險，我們必須充分利用1941年所建立的武器供應，這些供應足以奠定勝利的基礎，特別是飛機，一方面在英國本土冒著敵人的轟炸提高產量，另一方面依賴海外的供應。從我列舉的事實以及其他許多類似的事實可以看出，這項任務極其艱鉅。因此，我覺得我有權利，更準確地說，我有責任向你提出各種建議，以便美國能夠為這項從某些角度來看是共同的事業提供崇高且決定性的援助。

12. 當前最緊迫的需求是在大西洋航線上防止與減少船舶損失。實現此目標有兩種途徑，一是增強海軍力量以抵禦襲擊，二是增加商船數量。

第二十八章　租借法案通過

為了實現第一個目標，似乎有以下幾種可選擇的方法：

（甲）美國再次強調海上航行自由的原則，船隻不應被非法或戰爭的暴力行為干擾，這是上次大戰後的決議，德國在1935年也愉快地承諾並制定了相關規定。根據這個原則，美國船隻可以與未被有效、合法封鎖的國家自由貿易。

（乙）我認為，接下來，應動用美國的軍事實力，包括護航戰艦、巡洋艦、驅逐艦及空軍編隊，以保衛這種合法貿易。在戰時如能在愛爾蘭獲得基地，這種保護措施將更為有效。我相信，這種防護措施不至於導致德國對美宣戰，儘管偶爾可能會發生一些海上意外事件。顯然，希特勒先生希望避免重蹈德皇的覆轍。在尚未徹底摧毀英國軍隊之前，他不願與美國開戰。他的策略是「逐一擊破敵人」。

我斗膽提出的這項政策，或類似的政策，能夠將美國的果斷行動解讀為積極的非戰鬥性舉措，並且比其他任何方式更能保障英國的抵抗能有效持續到勝利為止。

倘若上述措施難以實現，為了維護大西洋航線，我們不得不請求你們贈予、借予或提供一部分目前在大西洋上航行的美國軍艦，尤其是驅逐艦。此外，美國海軍是否能夠在靠近美國一側的大西洋加強海上控制，以防止敵艦侵擾通向美國在西半球英屬各島上修建的海、空軍基地的新航線？美國海軍實力如此強大，因此提供上述援助不會危及其在太平洋的控制。

我們仍然需要美國在此過程中發揮調解作用，要求美國政府持續利用其全部影響力，以便大不列顛在愛爾蘭南部和西部海岸獲得停泊小型艦隊的便利，更重要的是，確保我們的飛機能在大西洋上空進行西向行動。如果美國認為宣布英國的長期抵抗以及保障為大不列顛準備的重要軍需品順利通過大西洋航線符合其利益，那麼，美國的愛爾蘭裔可能願意向愛爾蘭政府指出，愛爾蘭現行政策正在給美國帶來風險。

若愛爾蘭因其所採取的行動面臨德國攻擊的威脅，英王陛下政府自然會預先實施最有效的保護措施。我們無法強迫北愛爾蘭人民違背其意願脫離聯合王國並加入南愛爾蘭。然而，我相信，若愛爾蘭政府在此緊急時刻展現與英語世界各民主國家的團結，那麼便可能成立一個全愛爾蘭防務委員會，並且戰後或許能以某種形式實現愛爾蘭的統一。

13. 上述措施目的在將當前海上巨大的損失縮小至可控範圍。此外，為了滿足大不列顛的需求並全力支持其戰爭活動，商船噸位必須大幅增加，超過我們目前可實現的每年125萬噸的產量，這至關重要。護航制度、繞行、「之」字航行，以及目前物資運送路途遙遠，再加上英國西部各港口的擁堵，導致現有船舶的效率降低了約三分之一。為確保最終勝利，至少需增加300萬噸商船的建造能力。唯有美國能夠滿足這個需求。展望未來，1942年的生產規模似乎應當與上次戰爭中的霍格島計畫相仿。同時，我們請求美國在1941年提供其所擁有或控制的商船，除自用外，全部供應給我們，並設法將目前為國家海務局建造的商船中一大部分撥給我們使用。

14. 此外，我們期望共和國的工業實力能夠彌補我們在戰鬥機製造能力上的不足。如果無法在這個領域獲得大規模支援，我們便無法在空中取得絕對優勢，以削弱並摧毀德國在歐洲的控制力。目前，我們正致力於一項計畫，目的在到1942年春將前線飛機數量增加至7,000架。然而，很明顯，這個計畫尚不足以讓我們獲得打開勝利之門所需的優勢。為此，我們顯然需要美國提供盡可能多的飛機。儘管我們正遭受敵人的持續轟炸，但我們迫切希望在本土完成原定生產計畫的大部分。根據現有安排，我們能夠從美國的生產計畫中獲得飛機，但即便將這些飛機全部投入我們的空軍中隊，我們仍無法獲得所需的優勢。因此，總統先生，能否請您認真考慮透過聯合結算的方式，每月緊急增訂2,000架作戰飛機？我認為這批飛機中絕大部分應為重型轟炸機，因為我們主要依靠這種武器來摧毀德國軍

第二十八章　租借法案通過

事力量的基礎。我明白,這將使美國的工業體系承受巨大壓力。然而,鑑於我們的緊迫需求,我們滿懷信心地向全球最有能力、最具才華的技術人員發出呼籲。我們要求他們付出前所未有的努力,並相信他們能夠實現目標。

15. 你已收到關於我們陸軍需求的情況說明。在軍火生產方面,儘管敵人轟炸,我們依然穩步提升。若非你一貫的支持,我們不可能在1941年裝備50個師,尤其是在工作母機的供應和特定物品的轉讓方面。我感激你們周全的安排,對我們計劃編成的部隊提供裝備的支持,以及對我們10個補充師及時提供美式武器以備1942年的戰鬥。然而,隨著獨裁統治的衰退,許多渴望重獲自由的國家可能會請求武器,而他們只能依賴美國的工廠。因此,我們必須強調美國在擴大小型武器、大炮和坦克生產能力方面的重要性。

16. 我正著手擬定一份詳盡的計畫,闡明我們期望從貴方獲得的各類軍備,其中絕大部分已獲得雙方認可。若美軍採用的武器種類與那些在實際戰鬥中經得起考驗的武器相符,則可顯著節省時間與精力。如此一來,儲備的大炮、軍火和飛機便能進行交換,進而大幅增加其數量。然此為複雜的技術議題,故此不再詳述。

17. 最後,我想討論財政問題。你們若能更迅速和大量地為我們提供軍火和船隻,我們的美元存款就會更快地消耗殆盡。正如你所知,我們已動用了大部分美元存款來支付到期帳款。事實上,正如你了解的,那些已提交或正在商議的訂單,包括為在美國建立軍需工廠支付或待支付的費用,已數倍超過大不列顛現有的全部外匯存底。我們即將無法再以現金支付船舶和供應品。當我們盡最大努力,付出一切合理的犧牲來用外匯支付時,我相信你會同意這樣的觀點:如果大不列顛在這場戰爭的關鍵時刻被剝奪了所有可出售的資產,導致在我們用鮮血贏得勝利,拯救文明,為美國爭取了充足的武裝以應付不測之後,卻一無所有,這在原則上是錯誤的,其結果對雙方都是不利的。這樣的策略在道義和經濟上都不符合我們

任何一國的利益。戰後，我們從美國進口的貨物將不能超過我們對美國出口的貨物，購買範圍將受限於你們的關稅條件和工業經濟的出口商品數量。不僅我們在大不列顛將面臨艱難，美國也將因出口能力的減少而導致廣泛的失業。

18. 此外，我不相信美國政府和人民會認為，將他們慷慨承諾給予我們的援助限制為僅在立即付款後才能提供的軍火和商品，是符合他們商業原則的。請相信，為了正義的事業，我們決心忍受一切痛苦，作出最大犧牲，並為作為這個事業的捍衛者而感到自豪。我們充滿信心地將其他事情留給您和您的人民去考慮，我們堅信，你們一定能夠找到將來為大西洋兩岸子孫後代所稱讚的途徑和方法。

19. 總統先生，我堅信，若您認為摧毀納粹與法西斯暴政對美國人民及西半球至關重要，那麼您不會將此信視為乞求援助，而是視為一份陳述，闡明為實現共同目標所需的最低必要行動。

此信附有一份統計表，列出在此期間因敵人襲擊而損失的英國、同盟國及中立國商船噸數。

這封信是我撰寫中最具重要性的信件之一。當它抵達我們偉大朋友手中時，他正在陽光明媚的加勒比海上乘坐美國軍艦「圖斯卡露莎」號，身邊圍繞著的全是他的心腹之人。哈里・霍普金斯——那時我尚未與之相識——後來告訴我，羅斯福先生獨自坐在帆布躺椅上反覆閱讀這封信，然而經過兩天仍未得出任何具體結論。他竭力思索，默默沉思。

他在深思熟慮中做出了一個不同尋常的決策。總統的問題並非在於他不清楚自己應該採取何種行動，而在於如何帶領國家與他同步，以及如何說服國會接受他的指導。根據斯特蒂紐斯的描述，早在去年夏天，總統就在船舶資源防務諮詢委員會的會議上提出建議：「英國無需自費在美國建造船隻，也無需我們向他們提供貸款來實現這個目標。在這個非常時期，

第二十八章　租借法案通過

我們沒有理由不將已經建造好的船隻租借給他們使用。」這個構想似乎最初源自財政部，具體來說，是財政部的法律顧問，特別是來自緬因州的奧斯卡‧考克斯，在財政部長摩根索的啟發下提出的。事實上，根據1892年的一項法律條款，陸軍部長「在認為符合大眾利益的情況下」，可以在國家不需要的前提下，將陸軍財產租借出去，期限不超過5年。這項法律的應用已有先例支持，租借陸軍物資的情況屢見不鮮，並有紀錄在案。

因此，羅斯福總統早已構思「租借」一詞，並打算運用這個原則以滿足英國的需求，作為替代即將耗盡英國償付能力的無限期借貸政策的方法。此刻，這一切轉化為果斷的行動，宣告了「租借」這個輝煌概念的誕生。

1940年12月16日，總統從加勒比海歸來，次日便在記者會上闡述了他的計畫。他以一個簡單的例子說明：「假如我的鄰居房子著火，而我在4、500英尺外有一條水管。如果他能用我的水管連接到他的水龍頭上，我就能幫他滅火。那麼我該怎麼做呢？在救火之前，我不會告訴他：『鄰居，我的水管值15美元，你必須先付我這筆錢才能用。』這樣做是不對的！我該怎麼做呢？我不會要這15美元——在火滅之後，我會把水管拿回來。」他還補充道：「毫無疑問，絕大多數美國人認為，美國最直接有效的防禦在於大不列顛能夠自我保衛；因此，撇開我們在歷史上和目前對全球民主制度的關注不談，即使從自私的角度和美國國防出發，我們也應該全力支持大英帝國保衛自身。」他最後說道：

「我計劃抹去美元符號。」

在此基礎上，永垂不朽的「租借法案」迅速草擬並提交國會。之後，我對議會說這是「在任何國家的歷史上最為光明磊落的行為」。該法案一經國會通過，局勢立刻發生了改變。它讓我們可以透過協定自由地為我們所有的需求制定全面的長期計畫。沒有規定任何償付條款，甚至沒有以美

元或英鎊計算的正式帳目。我們所獲得的一切,都是借來的或租來的,因為我們對希特勒暴政的持續抵抗,被視為與偉大共和國息息相關。根據羅斯福總統的說法,今後決定美國武器去向的,不是美元,而是美國的國防。

就在這個時刻,遭逢菲利浦・洛西恩公職生涯的關鍵點,他與我們永別了。回到華盛頓後不久,他突染重病,最終因長期不懈的工作而辭世。1940年12月12日那天,他完成了他的人生使命,撒手人寰。這對英國及正義事業而言,都是一大損失。大西洋兩岸的朋友們都在哀悼他的離去。僅僅兩個星期前,我還與他親密交談,聽聞噩耗,深感震驚。在下議院的一次會議上,我發表了悼念他的演講,和大家一道向他的成就致以崇高的敬意。

此刻,我必須迅速決定洛西恩的繼任者。鑑於當前我們與美國的關係,我們需要一位在全國享有聲譽且精通國際政治各方面的政治家來擔任大使。在得知總統接受了我提名的人選後,我邀請勞合・喬治先生擔此重任。1940年7月時,他因無法加入戰時內閣而在英國政界感到失意。他對戰爭及其起因的看法與我不同。然而,毫無疑問,他是我們之中的傑出人物,他無與倫比的才能和經驗將有助於他成功履行使命。我與他在內閣辦公室進行了長時間的交談,第2天午餐時又進行了討論。受邀擔任大使令他流露出真誠的喜悅。「我告訴我的朋友,」他說,「首相邀請我擔任一個極具榮耀的職務。」他清楚自己已年屆77歲,不適合承擔如此繁重的任務。自從我與他長談後,我注意到,從我之前邀請他加入戰時內閣後的幾個月裡,他明顯衰老了許多。因此,我遺憾地決定放棄這個計畫。

接著,我便想起了哈利福克斯勳爵,他在保守黨中享有極高的聲望。同時,因是現任外交大臣,他的名聲更加顯赫。由外交大臣擔任大使,足以顯示此項任務的極端重要性。他的高尚人格廣受尊敬,但另一方面,他

第二十八章　租借法案通過

在戰前幾年中的所作所為，以及政治事態的發展，導致他受到全國聯合政府中工黨方面的批評，甚至敵視。我知道他本人也清楚這種情況。

當我向他提出這項事務，並強調這絕非為了提升個人地位時，他僅以簡短而莊重的語氣回應，表示自己會在最需要他的地方工作。為進一步強調其職責的重要性，我做出承諾，無論他何時返回英國，他都將繼續擔任戰時內閣成員。這個安排得以順利實施，全賴相關人士的見識和經驗。在隨後的 6 年中，無論是在聯合政府還是工黨——社會主義政府執政期間，哈利福克斯在擔任駐美大使期間都表現出色，影響力和成就日益顯著。

羅斯福總統、赫爾先生以及華盛頓的高層人士對哈利福克斯勳爵的任命感到非常滿意。事實上，我很快就發現，總統對他的滿意程度超過了我最初提出的人選。美國和英國國內都普遍認同這位新大使的任命，並認為他在各方面都適合當前的情勢。

我毫不遲疑地知道誰應該填補外交部的空缺。正如本書所揭示的，在過去 4 年中，我與安東尼·艾登在所有重大問題上的看法都高度一致。我曾提及，1938 年春天，當他與張伯倫先生分道揚鑣時，我是多麼焦慮不安、心情激動。在表決慕尼黑協定時，我們曾一起投下反對票。在那年陰冷的冬天，我們共同抵抗保守黨在我們選區對我們的壓力。自戰爭爆發以來，我們在思想和情感上一直團結一致，在戰爭過程中，我們成為同僚。艾登的大部分公職生涯都投入在外交事務的研究上。他在擔任外交大臣時表現卓越，但在僅 42 歲時便辭職。在這個動盪不安的年分中，他作為陸軍大臣發揮了良好的作用，他在處理陸軍事務時使我們更加接近。在日常出現的眾多實際問題上，即使未事先磋商，我們的看法也相差無幾。我希望首相和外交大臣之間保持愉快和諧的友誼，而這個希望在接下來的 4 年半的戰爭和政策制定中得到了實現。艾登雖然對離開陸軍部感到遺憾，因

為他被那裡的緊張工作和激動人心的事蹟所吸引，但他最終像返鄉般回到了外交部。

我向英國國王建議，由馬傑森上尉接替艾登先生的陸軍大臣職務；當時，他正擔任全國聯合政府的首席黨鞭。這個提名引發了一些爭議。戴維‧馬傑森曾在下議院擔任執政黨黨鞭辦公室主任近10年，因此他負責協調和激勵保守黨中那批耐心且穩健的多數派，這些人長期支持鮑德溫和張伯倫的內閣。在印度法案期間，我作為保守黨的反對派領袖，多次與他激烈交鋒。在我退出公職的11年間，我與他的接觸也不算少，而且每次見面都如同仇敵。我對他的評價是：他能力出眾，無論他的領袖是誰，他都忠誠地為之服務，並誠實地對待他的對手。工黨和自由黨的黨鞭也持有相同的看法，這種聲譽對於執行這種特殊職務顯然至關重要。當我出任首相時，許多人認為我會選擇其他人擔任此職，但我堅信，馬傑森會像對待我的前任一樣全心全意為我服務；在這一點上，他沒有讓我失望。他曾在第一次世界大戰中服役，擔任團長，經歷過磨礪，並獲得了戰功，獲頒十字勳章。因此，他不僅擁有豐富的軍事經驗，還精通下議院事務。

我委任詹姆士‧斯圖爾特上尉接替馬傑森的職位，儘管我們之間曾有多次爭論，但我對他的品格深表尊重。

在1940年11月至1941年3月的租借法案通過期間，我們的美元極為緊缺。我們的盟友設法找出各種應急方案。美國政府購買了我們為了在美國下訂單所建立的幾家兵工廠。這些工廠被納入美國的防務計畫，但他們建議我們繼續盡可能地使用。美國國防部訂購了一些他們並不急需的軍需品，以便在生產後轉讓給我們。同時，美國也採取了一些在我們看來苛刻且令人不悅的措施。總統派遣一艘軍艦到開普敦，要求將我們存在那裡的所有黃金運走。根據美國政府的要求，我們以遠低於實際價值的價格出售了英國在美國的大型企業——科陶爾股份公司。我有一種感覺，這些

第二十八章　租借法案通過

舉措是為了強調我們所處的困境,並激發大眾同情以對抗租借法案的反對者。無論如何,透過各種手段,我們終於度過了這段艱難時期。

1940年12月30日,總統透過廣播發表了「爐邊談話」,勸告他的國人支持他的政策。「危險近在眼前,我們必須未雨綢繆。然而我們深知,不能以被矇頭的方式逃避危機。……如果大不列顛崩潰,整個美洲將生活在槍口之下,槍膛內裝滿隨時可能發射的子彈,經濟和軍事的子彈都有。我們必須全力以赴,利用我們所能支配的人力和物力,生產武器和艦艇。……我們必須成為民主國家的兵工廠。」

前海軍人員致羅斯福總統

1940年12月31日

我們對您昨日所發表的言論深表感激。尤其欣慰的是,您闡述了關於支持我們計畫的概要,若無此支持,根除希特勒主義在歐洲和亞洲的蔓延是不可能的。我們自然能夠猜測,您為何未能詳盡闡述實現提案的方式。然而,有些問題令我感到憂慮。

首先,派遣軍艦前往開普敦運送黃金,可能會導致令人棘手的後果。這個行動幾乎必然會被曝光。這將引發英國及各自治領的強烈反應,輿論會一片譁然,同時也會讓敵人感到欣喜,稱你派人去奪走我們的最後儲備。如果你認為這是唯一的解決方案,那麼我們將下令,將開普敦的黃金裝船運走。然而,如果可能的話,我們應盡量避免這樣做。比如,我們能否採取技術措施,用南非的黃金替換渥太華另有用途的黃金,並試圖將渥太華的黃金運至紐約?我們必須立即得到回饋,因為那艘船已經在途中。

我所擔憂的第2個問題是:我們無法預估國會需要多長時間來討論你的提案,若時間延宕,我們該如何下達軍火訂單並支付款項。總統先生,請您牢記,我們不清楚您的立場,也不了解美國的真實意圖,而我們正在為生存而戰。如果我們被迫拖欠你們承包商的款項(他們還需支付工人薪

資），這將對全球局勢產生何種影響？敵人會不會趁機宣稱英、美合作已經徹底失敗？幾週的拖延或許就會導致這樣的後果。

第三，除去這段時期之外，當國會批准你的計畫後，仍有許多關於計畫適用範圍的問題需要解決。在現有訂單完全交付之前，如何處理需要支付的大筆款項？這些訂單的預付款已經耗盡了我們的資源。我們仍然需要各種美國商品，不僅限於武器，例如原材料和汽油。加拿大和其他自治領，希臘以及流亡的盟國政府，急需美元以維持他們的戰爭活動。我不期望立即獲得你對這些問題的解決方案。我們願意向你公開我們在全球的所有資產和負債，除了為共同事業所需的協助外，我們別無所求。我們當然希望確認你將用於自身防衛的力量足以應對這些重大問題，並經受住所有適當的考驗。

弗雷德里克・菲利普斯勳爵正與財政部長摩根索先生討論此事，他將闡述我們在全球多個地區的戰爭責任，我們不能要求你們直接協助，但需要黃金和美元。這種情況同樣適用於荷蘭和比利時的黃金，屆時我們可能需要以硬幣償還。

昨夜，敵人焚毀了倫敦的大部分割槽域，倫敦及其周邊城市的破敗景象令人震驚；然而，今日我探訪仍在燃燒的廢墟時，倫敦市民的鬥志依舊高昂，猶如4個月前敵人在9月開始無差別轟炸時的情形。

我對你向全球所發表的宣告深表感激：支援並切實地武裝我們這種頑強不屈的精神，直接關係到美國未來的安全與繁榮。

在即將襲來的新年風暴中，我真誠地祝願你萬事如意。

第二十八章　租借法案通過

第二十九章
德俄關係漸變

　　希特勒未能征服或擊敗不列顛，這個島國顯然決心抵抗到底。眾所周知，沒有制海權或制空權，德國無法將軍隊運送跨越海峽。冬季及隨之而來的風暴已然來臨。德國試圖透過轟炸來恐嚇不列顛民族或削弱其作戰能力和意志的計畫，已經失敗，閃電戰的代價極為昂貴。若要重新啟動「海獅」計畫，勢必會延誤數個月，而每過一週，英國國內軍隊的發展、成熟與裝備便愈加完善，需要更大規模的「海獅」計畫，運輸也愈加困難。到1941年4月或5月，即便動用75萬裝備精良的士兵，也難以成功。那時，如何備齊如此大規模渡海襲擊所需的船舶、駁船及專用登陸艇？在英國日益強大的空中力量面前，他們如何集結？與此同時，英國的空中力量，得益於英國和美國各工廠的積極生產，以及以加拿大為中心的各自治領大規模飛行員的訓練計畫，將使已經在品質上超越德國的英國空軍，大約一年之後在數量上也將超越德國。因此，希特勒一旦意識到戈林的希望和吹噓已落空，便將目光轉向東方，這有什麼奇怪呢？正如拿破崙在1804年的情形一樣，在未能確保東方無後顧之憂前，他遲遲不敢進攻我們這個島嶼。如今希特勒認為，在孤注一擲入侵不列顛之前，應不惜一切代價理清與俄國的關係。和拿破崙率軍從波隆那到烏爾姆、奧斯特里茨和弗里德蘭的情況類似，希特勒也受到同樣的壓力驅使，按同樣的思路行事，暫時放棄摧毀大不列顛的渴望和想法。現在，這齣戲只能如此落幕。

　　毫無疑問，早在1940年9月底，他便已經下定決心。自此以後，儘管對英國的空襲因飛機數量的普遍增加而規模擴大，但在元首的思考和德

第二十九章　德俄關係漸變

國的計畫中,其重要性已降至次要。空襲或許被用來巧妙掩蓋其他計畫,希特勒已不再期望藉此取得決定性勝利。向東出發吧!從純粹的軍事角度而言,我個人並不反對德國在1941年春季或夏季發動對英國的攻勢。我相信,敵人將面臨任何國家在某次特定軍事冒險中所未曾遭遇的慘重失敗和傷亡。然而,我不會僅僅為此而希望敵人真的入侵。戰爭中,你不反對的,敵人往往不會做。此外,在指揮一場長期戰爭中,當時間在一年或兩年內對我們有利,而且我們將獲得強大的盟友時,我感謝上帝,使我們的人民免於面對嚴峻的考驗。從我在這個時期撰寫的文件可以看出,我從未認真考慮過德國會在1941年入侵英國。到了1941年底,情況卻大不相同,我們不再單獨作戰;世界上四分之三的國家站在我們這邊,然而,許多無法預料的重大事件在這令人難忘的一年裡相繼發生。

當歐洲人和外界人士在不知真相時,或許認為我們的命運已然絕望,或至多處於存亡未卜之際,納粹德國與蘇聯之間的關係卻在全球事務中居於首要位置。英國未如法國與低地國家那般被恐嚇和制伏時,這兩大專制國家之間的根本矛盾再度顯露。公平而言,史達林在盡力忠實與希特勒合作的同時,也在蘇聯廣袤的群眾中盡可能積聚一切力量。每當德國獲勝,他與莫洛托夫例行恭敬致賀。他們持續向德國輸送大量食物和重要原料。他們的第五縱隊共產黨員極盡擾亂我方工廠之能事。他們的廣播對我方進行惡意誣衊和誹謗。他們隨時準備就兩國之間懸而未決的重要問題與納粹德國達成永久解決,幸災樂禍地期盼英國的最終毀滅。然而,他們也始終意識到,此政策可能失敗。他們決意透過多種手段爭取時間;從他們對問題的評估來看,他們無意將俄國的利益或野心單單寄託於德國的勝利之上。這兩大集權國家皆缺乏道德節制,雖在彼此關係中表現得彬彬有禮,卻又冷酷無情。

芬蘭和羅馬尼亞之間的分歧顯而易見。蘇聯的領導者們對法國的崩潰和第 2 戰場的結束感到震驚，他們很快便呼籲重啟這個戰場。他們原本預期西線會陷入曠日持久的消耗戰，卻未曾料到如此迅速的瓦解。如今西線已不復存在！然而，在尚未確認英國在 1940 年是否會屈服或被消滅之前，貿然改變與德國合作的策略是愚蠢的。克里姆林宮逐漸意識到，英國有能力應付一場持久且無止境的戰爭，而在戰爭期間，美國及日本本土周圍可能發生的任何事態，使史達林更加意識到自身的險境，越發渴望爭取時間。然而，為了維持與納粹德國的友好關係，他顯然犧牲了許多利益，承擔了許多風險。更為驚人的是，他對即將來臨的災難作出了許多錯誤的判斷，表現出愚昧無知。從 1940 年 9 月到希特勒在 1941 年 6 月發動攻勢時，他的表現既冷酷無情，又充滿計謀，同時也顯得孤陋寡聞。

在前面簡要交代情況之後，我們可以深入探討 1940 年 11 月 12 日莫洛托夫訪問柏林時的插曲。當這位布爾什維克的特使抵達納粹德國的核心區域時，他聽到了各種讚美之詞，並得到了隆重的接待。在接下來的兩天裡，莫洛托夫與里賓特洛甫，以及希特勒，展開了漫長而緊湊的會談。這些艱難且令人不安的意見交換和面對面的談判，在 1948 年初由美國國務院在華盛頓從繳獲的文件中編纂的《納粹—蘇聯關係，1939—1941 年》一書中被詳細揭示。為了敘述或理解其中的過程，必須引用其中的材料。

莫洛托夫首次與里賓特洛甫進行了會談。

1940 年 11 月 12 日

德國外交部長在致史達林的信中明確表示，德國堅信大英帝國的衰落已不可逆轉。英國已然受到重創，最終承認失敗只是時間的遲早。或許不久後，英國將承認其現實，因為其局勢正不斷惡化。德國當然希望儘早結束戰爭，以免不必要地犧牲生命。如果英國在不久的將來不承認失敗，明年也必定會尋求和平。德國晝夜不停地轟炸英國，並計劃逐步最大化利用

第二十九章　德俄關係漸變

潛艇，給英國造成重大損失。德國認為，這些攻擊可能迫使英國放棄抵抗。在英國國內，明顯有某種不安情緒，似乎暗示著事情將以這種方式結束。然而，如果當前的攻勢不足以令英國屈服，一旦天氣條件允許，德國將發起大規模進攻，徹底摧毀英國。至今未能進行大規模進攻，完全是因為惡劣的天氣所致……

無論英國是否得到美國的援助，試圖在歐洲大陸進行登陸或軍事行動，從一開始就注定會徹底失敗。這絕不是一個單純的軍事問題。英國人對此尚未了解清楚，因為大不列顛顯然仍然存在某種程度的混亂，其次，這個國家由一個名為邱吉爾的人領導，他在政治和軍事上都缺乏專業知識，他過去的事業在關鍵時刻總是以失敗告終，這次也不會例外。

此外，軸心國家在軍事和政治上已在歐洲對英國形成壓倒性優勢。即便是法國──已經戰敗並需為戰爭承擔後果（順帶一提，法國對此心知肚明），也接受了這樣一個原則：未來的法國絕不支持英國及其唐吉訶德式的非洲征服者戴高樂。軸心國家憑藉其強大的實力，並非在思索如何贏得戰爭，而是在考慮如何迅速結束這場已然勝利的戰爭。

午餐過後，元首會晤了這位蘇聯使節，再次夸夸其談地討論了英國的全面失敗。他表示，戰爭帶來了許多違背德國初衷的複雜局勢，經常迫使德國在軍事上對某些事件做出回應。

隨後，元首向莫洛托夫詳細說明了迄今為止的軍事行動進展，並表示這樣的軍事行動已使英國在歐洲大陸上無盟友……英國的反擊手段實在荒謬，俄國的先生們可以親眼見證所謂摧毀柏林是多麼虛假的說法。天氣一旦好轉，德國將對英國施以沉重且最終的打擊。目前，德國的目標不僅在於為這場終極戰爭進行軍事準備，還要釐清在這次最終結果及其後的關鍵政治問題。因此，他重新審視了與俄國的關係，他並非消極看待，而是希望積極調整──如果可能的話，使其經歷一個長期的過程。在此方面，他得出了以下幾點結論：

1. 德國無意接受來自俄國的軍事支援。

2. 由於戰事擴散甚廣，德國為應付英國，不得不深入距離本國遙遠的地區，而這些地方在政治或經濟上對德國而言完全不具吸引力。

3. 然而，德國擁有一些需求，其完整的重要性唯有在戰爭中方能顯現，這些對德國至關重要。其中包含若干原料的來源，德國視其為極端重要且不可或缺的。

莫洛托夫對這一切模稜兩可地表示了同意。

莫洛托夫詢問了《三國條約》中有關歐洲及亞洲新秩序的含義，以及蘇聯在此新秩序中應扮演的角色。這些問題需要在柏林會談及德國外交部長計劃的莫斯科之行中進行討論，俄方無疑期待著德國外長的來訪。此外，有關俄國在巴爾幹和黑海的利益，與涉及保加利亞、羅馬尼亞和土耳其的若干問題，也需加以釐清。若俄國政府能就上述問題獲得解釋，可能會更容易對元首的問題作出明確回應。蘇聯對歐洲新秩序表示關注，尤其關心其進展及形式，並希望了解所謂大東亞圈。

元首回應稱，三國條約的目的是根據歐洲國家的自然利益來重新配置歐洲的局勢，因此，德國目前要求蘇聯明確其感興趣的區域。無論如何，沒有蘇聯的合作，任何決定都無法做出。這不僅限於歐洲，同樣適用於亞洲，他們希望與俄羅斯合作，共同劃定大東亞圈，並提出在該地區的主張。德國的角色是充當協調者。俄羅斯絕不會遇到任何既成事實。

在元首開始籌組這些主要國家的聯盟時，他意識到最大的挑戰並非德、俄之間的關係，而是德國、法國和義大利之間的合作能否實現的問題。直到此刻……他才意識到，可以透過與蘇聯的磋商來解決黑海、巴爾幹和土耳其的難題。

會談結束時，元首總結說，此次會談在某種程度上為廣泛合作奠定了具體的基礎：會談充分考慮了西歐的問題，需由德國、義大利和法國來解

第二十九章　德俄關係漸變

決；同時認為遠東的問題主要涉及俄國和日本，而德國願作為協調者介入其中。這是對美國意圖「透過歐洲牟利」的反對。美國在歐洲、非洲或亞洲均無發言權。

莫洛托夫表示，他贊同元首對美國和英國地位的看法。他認為，只要俄國能夠以夥伴身分而非僅僅是盟友進行合作，則俄國在原則上完全可以接受加入三國條約。在此情況下，他認為蘇聯參與共同事業沒有困難。然而，條約的目標和意義，尤其是關於大東亞圈的劃分，必須優先得到更明確的定義。

後於 11 月 13 日重啟協商之時：

莫洛托夫提出了關於立陶宛那條狹長領土的問題，並強調蘇聯政府在這個問題上尚未收到德國的明確答覆，然而，該問題正在等待解決。關於布科維納，他承認這涉及到另一片未在祕密協定中提及的土地。俄國最初的要求僅限於北布科維納。然而，鑑於當前形勢，德國應當理解俄國對南布科維納的關注。在這個問題上，俄國也沒有得到答覆。相反，德國卻保證羅馬尼亞的領土完整，而完全不顧俄國對南布科維納的意圖。

元首回答道，即便俄國只占據布科維納的一部分，這對德國而言也是相當大的妥協。

然而，莫洛托夫仍然堅守他之前的言論：俄國所期望的重新劃分僅是極其微小的範圍。

元首答覆稱，若德、俄合作未來要產生實際成果，蘇聯政府需意識到德國正進行一場關乎生死的戰爭，並無論如何都要取得勝利。……雙方原則上認可芬蘭屬於俄國勢力範圍。因此，兩國不如停止純理論的討論，轉而關注更重要的問題。

英國一旦被征服，英帝國將成為一個擁有遍布全球 4,000 萬平方公里龐大資產的破產者，且所有資產將等待被瓜分。在此破產者的遺產中，俄

國有機會獲得真正通往大洋的不凍港口。4,500萬的英國少數人至今統治著大英帝國的6億居民。他即將摧毀這個少數力量。美國實際上也只是在這份破產者的財產中尋找一些特別適合自己的利益。當然，德國希望避免在攻擊英帝國心臟──英倫三島的戰鬥中遭遇其他分散力量的衝突。因此，元首對義大利發動對希臘的戰爭持反對態度，因為這會導致力量分散，無法集中攻打英國。在波羅的海區域發動戰爭亦是如此。對英國的戰爭將持續到最後，他毫不懷疑，一旦英倫三島被擊敗，帝國將趨向瓦解。若幻想從加拿大統治並團結帝國，那只是夢魘。在這種情況下，世界的前景將顯現。在接下來的幾週內，這些問題將在與俄國的聯合外交談判中得到解決，並安排蘇聯參與解決這些問題。所有對這份破產者的財產感興趣的國家，彼此應當摒棄前嫌，專注於瓜分英帝國。這適用於德國、法國、義大利、俄國和日本。

莫洛托夫表示，他對元首的論述傾耳細聽，並對自己所知的每一件事都表示贊同。

隨後，希特勒便離席去休息了。英國空軍在蘇聯大使用餐後對柏林發動空襲。雖然我們事先得知此次會談，但未被邀請參加討論，然而我們也不願完全置身事外。當「空襲警報」響起時，眾人皆避入防空洞，兩位外交部長在較為安全的環境中繼續會談，直至深夜。德國的官方記錄指出：

因為空襲警報，兩位部長於晚9時40分進入德國外交部長的防空室進行最終會談。

里賓特洛甫表示，目前探討波蘭新秩序的時機尚不成熟。巴爾幹問題已經詳盡討論過。德國在巴爾幹各國僅有經濟利益，我們不希望英國在那裡製造混亂。德國對羅馬尼亞給予的保證顯然被莫斯科誤解了。德國政府所有決策的核心理念在於維護巴爾幹各國的和平，並阻止英國插手和干預這些國家向德國輸送物資。因此，德國在巴爾幹的行動完全是由於與英國交戰的背景促成的。只要英國承認失敗並向德國求和，德國在巴爾幹各國

第二十九章　德俄關係漸變

的利益將僅限於經濟領域，德軍將撤出羅馬尼亞。正如元首多次宣告的那樣，德國對巴爾幹各國的領土毫無興趣。他只能一再強調，關鍵問題在於：在消滅英帝國的偉大事業中，蘇聯是否願意或能夠與德國合作。如果我們能夠深化關係並劃定勢力範圍，其他問題將容易達成共識。關於勢力範圍的劃分，已經多次討論。因此，正如元首明確指出，為了蘇聯和德國的利益，要求合作的夥伴們不要對立，而要相互依靠，以便在實現彼此願望時給予支持。

莫洛托夫在回覆中指出，德國認為與英國的戰爭實際上已經獲勝。因此，從另一個角度看，若稱德國是在與英國進行生死搏鬥，他只能這樣理解：即德國是在為「生存」而戰，而英國則是為「死亡」而戰。關於合作的問題，他非常贊同，但他補充說，合作必須建立在徹底的諒解之上。這個觀點也曾在史達林的信中表達。勢力範圍的劃分問題也需要解決，但對此，他（莫洛托夫）當時還無法表達明確的立場，因為他不知道史達林和他在莫斯科的其他朋友對此事的看法。然而，他必須指出，所有這些未來的重大問題與當前的問題及現行協定的執行密不可分。……

此時，莫洛托夫先生向德國外交部長友好道別，並指出，他對這次空襲警報並無遺憾之情，因為正是這次警報使得他能夠與德國外交部長展開如此深入的對話。

1942年8月，我首次造訪莫斯科時，史達林親自向我簡述了會談情況，其內容與德國的紀錄大致相符，只是更加簡潔。

史達林表示：「不久前人們都在抱怨莫洛托夫過於親近德國，而現在又認為他過於親近英國。然而，我們從未信任過德國人。對我們而言，這是生死攸關的事務。」我插話道，我們也曾有過類似經歷，因此理解他們的感受。元帥說：「當莫洛托夫在1940年11月前往柏林與里賓特洛甫會面時，你們有所察覺，並派飛機進行轟炸。」我點頭示意。「警報響起時，里賓特洛甫引導莫洛托夫走下多層樓梯，進入一間奢華的防空室。進入

後，空襲便開始了。里賓特洛甫關上門之後對莫洛托夫說：『現在這裡只有我們兩個人，何不劃分一下呢？』莫洛托夫問：『那英國的立場呢？』，『英國？』里賓特洛甫回應，『已經完蛋了，再也不能扮演大國角色。』莫洛托夫反問：『既然完蛋了，我們為何要進入防空室，誰在投擲炸彈呢？』」

柏林會談未能動搖希特勒的內心決策。10月間，凱特爾、約德爾及德國總參謀部遵循其命令，制定了將德軍東調的計畫，以便在1941年初夏對俄國展開攻勢。此時尚無必要確定具體日期，因為天氣因素仍需考量。鑑於越過邊境後需要行進漫長距離，並在冬季來臨前占領莫斯科，5月初顯然是最佳時機。此外，從波羅的海至黑海約2,000英里戰線上的德軍集結與部署，以及所有後勤、營房和鐵路支線的準備，都是史上最具挑戰性的軍事任務之一，計劃和執行上絕不容遲延。同時，務必保守祕密，迷惑敵方。

為實現這個目標，希特勒採用了兩種不同形式的掩護策略，各具獨特優勢。首先，他在瓜分和分配大英帝國遠東殖民地的基礎上，進行關於共同政策的詳細談判。其次，他透過匈牙利不斷增派軍隊以控制羅馬尼亞、保加利亞和希臘。這不僅在軍事上取得了顯著成效，還可掩飾或解釋德國在該戰線南翼的集結，以便對俄國進行策略部署。

談判採取了由德國提出建議草案的策略，邀請蘇聯加入《三國條約》，並將英國在東方的利益轉讓給蘇聯。若史達林接受此提議，局勢可能在一段時間內朝著不同的方向發展。希特勒隨時可能擱置對蘇聯的進攻計畫。若大陸上擁有百萬大軍的兩大帝國結成軍事同盟，將如何瓜分巴爾幹、土耳其、波斯及中東，甚至進一步覬覦印度，同時還有熱衷的盟友日本倡導的「大東亞計畫」，其結果難以想像。然而，希特勒一心想摧毀布爾什維克，他對其恨之入骨。他堅信自己有能力實現畢生的抱負。此後，一切都可以歸他所有。從柏林會談及其他接觸中，他必然已察覺，他讓里

第二十九章　德俄關係漸變

賓特洛甫送至莫斯科的建議遠無法滿足蘇聯的野心。

在截獲的德國外交部致德國駐莫斯科大使館的信件中，有一份《四國公約》的草案，未標註日期。據傳，舒倫堡於 1940 年 11 月 26 日與莫洛托夫進行了會談，而這份草案顯然是他們會談的基礎。根據該草案，德、義、日三國同意尊重彼此的自然勢力範圍。由於這些勢力範圍彼此接壤，因此，對於由此產生的問題，他們將以友好的方式經常互相磋商。

德、義、日三國共同宣告，它們承認並尊重蘇聯當前的領土界限。四國絕不參與或支持任何針對四國中某一國的國家聯盟。它們將在經濟議題上相互協助，並補充和擴展現有的各項協定。協定有效期為 10 年。

《四國公約》之外附有一份祕密議定書，其中德國表示，其領土欲望集中在中非地區，除非在締結和約時重新劃分的歐洲領土；義大利則表明，除了歐洲重新劃分的領土以外，其領土欲望集中於北非和東北非地區；日本則宣告，其領土願望集中在日本帝國本土以南的東亞區域；蘇聯則宣告，其領土願望集中在蘇聯以南通往印度洋的區域。

四國宣告中指出，除尚需解決的特定問題外，各方均對這些領土訴求予以尊重，並不反對取得這些領土。

毫不意外，蘇聯政府拒絕了德國的提議。在歐洲，他們獨自面對德國的挑戰，而在世界的另一端，日本也對他們施加壓力。然而，他們對自身日益增強的力量和廣闊的領土充滿信心，其領土占據了全球陸地面積的六分之一。因此，他們不斷地進行討價還價。1940 年 11 月 26 日，舒倫堡將蘇聯提出的建議草案送達柏林。蘇聯的建議要求：德國軍隊應立即撤出芬蘭，因為依據 1939 年的條約，芬蘭屬於蘇聯的勢力範圍；在接下來的幾個月，為確保蘇聯在伊斯坦堡海峽和達達尼爾海峽的安全，蘇聯將與地理位置在蘇聯黑海邊界安全區內的保加利亞簽訂互助條約，並透過長期租借方式，在臨近伊斯坦堡海峽和達達尼爾海峽的地區為蘇聯陸、海軍建立基

地；承認巴統和巴庫以南通往波斯灣的地區為蘇聯領土願望的核心；日本放棄庫頁島開採煤炭和石油的權利。

德國對於這個提議沒有做出明確的答覆。希特勒壓根不考慮與俄國和解折衷。如此重大的問題，應當由雙方在友好氛圍中進行長期細緻的探討。蘇聯自然期望並確實在等待德國的回應。與此同時，雙方都在向已經駐紮重兵的邊境增派部隊，希特勒的勢力已經擴展至巴爾幹地區。

依照元首的指示，凱特爾與約德爾精心策劃的方案現已成熟，足以讓他在1940年12月18日自其司令部公布那具有歷史意義的第21號指令。

「巴巴羅薩」作戰計畫

1. 德國武裝部隊需做好準備，在結束對英戰爭之前便能在一場迅速的戰役中摧毀蘇俄。

2. 因此，陸軍需要調動所有可用的部隊，但必須保留一部分以確保占領區不被敵人突襲。

3. 空軍的任務是：利用強大的戰鬥機群在東部戰場支援陸軍，以期迅速結束地面戰鬥，並盡量減少敵人對德國東部領土的空襲損失。除了充分保護整個作戰區域和我方控制下的軍需工業區免受敵人空襲外，空軍的一切主力應集中於東方，同時不中斷對英國的攻勢，尤其是對英國補給線的打擊。

4. 在東方戰役進行之時，海軍的核心力量應繼續全力以赴地對抗英國。在行動開始前約8週，我將下令集結對蘇俄的攻擊力量。

5. 需要較長時間準備的工作，如尚未完成，請立即開始，務必在1941年5月15日之前完成。

6. 無論如何，進攻的意圖絕不能洩漏，這一點至關重要。

最高統帥部需依據下列各項進行籌備：

第二十九章　德俄關係漸變

第一，整體目標：

1. 實施猛烈攻擊，利用裝甲部隊分散穿插並深入敵人陣地，以摧毀俄國西部的大規模陸軍，並阻止具備戰鬥力的敵軍撤退至廣袤的俄國領土。

2. 在快速追擊後，抵達一條界線，從此俄國空軍將無法再對德國領土進行襲擊。此行動的最終目的是：在窩瓦河至阿爾漢格爾大致範圍內建立一道針對俄國亞洲地區的防線。之後，如有必要，德國空軍可以摧毀俄國在烏拉爾的工業殘餘。

3. 在戰鬥進行中，俄羅斯的波羅的海艦隊將迅速喪失其基地，進而無法繼續參與戰鬥。

4. 戰鬥一旦開打，必須對俄國空軍施以重創，以阻止其在戰鬥中發揮作用。

第二，潛在的盟國及其職責：

1. 在我們戰鬥的兩側，我們期望羅馬尼亞與芬蘭積極投入對蘇俄的戰事。

兩國開戰後，最高統帥部將在適當時機協調決定如何將它們的武裝力量置於德國指揮之下。

2. 羅馬尼亞的使命是：協同駐紮在該國的軍隊，制衡與之對峙的敵方，並在後方執行支援任務。

3. 芬蘭需掩護從挪威調遣至此進行重新部署之德國北方集團軍群（第21軍團部分）的集結，並配合該集團軍群展開作戰。此外，芬蘭還承擔攻克漢科的職責。

4. 預計，自行動開始起，瑞典的鐵道和公路將能夠用於集結德國的北方集團軍。

第三，關於策略指導：

1. 陸軍（我現已核準送達的方案）：

在戰鬥區域內，以平斯克沼澤為界劃分南北兩個戰區，主要兵力應部署在北部戰區。在此地應籌備兩個集團軍群。

這兩大集團軍群中的南部集團軍群——戰線的中央部位——須以極為強大的裝甲與機械化部隊，從華沙周圍及其以北地區發起攻擊，消滅駐白俄羅斯的敵軍。……只有在俄國抵抗迅速瓦解時，我們才有理由同時進攻這兩個目標。……

駐紮在平斯克沼澤南部的軍團，應將其主要力量部署在盧布林至基輔的區域，以便透過強大的裝甲部隊快速滲入俄軍的側翼和後方，繼而沿聶伯河方向迫使敵軍側翼陷入我軍包圍圈。

右翼的德國與羅馬尼亞聯合集團軍群需承擔以下任務：

（甲）維護羅馬尼亞領土，以此保障整個戰區南翼的安全；

（乙）在北翼發動進攻的南方集團軍群，應當牽制對峙的敵軍，並依據局勢的逐步演變，與空軍協同作戰，確保在我們追擊期間，敵軍無法輕易撤過聶斯特河；

此外，在北方，需要快速抵達莫斯科。占領該城市不僅象徵著在政治與經濟領域取得了決定性勝利，同時也代表攻下了最關鍵的鐵路樞紐。

2. 空軍：

空軍的職責在於最大限度地削弱俄國空軍的戰鬥能力，使其無法進行作戰，並在關鍵戰場上支援陸軍，尤其是中央集團軍群和南方集團軍群的側翼。俄國的鐵路應根據其作戰重要性依次被切斷，或者，果斷地使用傘兵和空降部隊奪取其附近的重要目標（如河流渡口）。

為集中全部力量打擊敵方空軍並直接支援地面部隊，在關鍵戰鬥中無需對軍需工業進行攻擊。只有在完成戰鬥機動任務後，才能考慮這種攻擊，尤其針對烏拉爾地區。……

第四，所有軍隊總司令根據本指示公布的命令，需明確指出這些命令

第二十九章　德俄關係漸變

是為預防之用，以防俄國改變當前對我們的態度。參與早期準備的軍官人數應盡量減少，增補人員的安排應盡可能推遲，並且僅限於個別人員的活動。否則，一旦準備情況被察覺，儘管計畫的執行時間尚未確定，仍可能在政治和軍事上引發極大的不利風險。

第五，希冀各軍總司令依據本指示遞交補充計畫的報告。

各武裝部隊部門的預期準備工作及其進展情況，須經由最高統帥部向我彙報。

阿道夫・希特勒

從此刻起，1941年即將發生重大事件的輪廓已經顯現。顯然，我們當時並不清楚德國與俄國之間為摧毀我們並瓜分大英帝國而進行的討價還價，也難以猜測日本未定的計畫。我們的情報人員尚未察覺德國陸軍主力已向東調動。他們僅僅觀察到德軍逐步滲入並集結於保加利亞和羅馬尼亞的跡象。若我們當時知曉本章所述的情況，或許就能鬆一口氣。德國、俄國與日本聯合對抗我們是我們最為擔憂的局面。然而，誰能知曉呢？此時，我們依然堅定決心：「繼續戰鬥！」

第三十章
海上噩耗

　　1939 年 12 月，「施佩伯爵」號在普拉特河口外的戰鬥中被摧毀，迫使德國首次在公海上的襲擊活動驟然中斷。正如我們已觀察到的，在挪威的戰鬥中，德國海軍在其本土水域一度陷入癱瘓，剩餘的艦艇被迫保留以準備執行對英國的登陸進攻計畫。海軍上將雷德爾對德國海戰的技術性見解是準確的，但在元首的會議上，他的意見常難以被採納。有一次，他甚至不得不反對陸軍的建議：拆除所有重型艦隻上的武器，將大炮安裝在海岸的遠端炮臺上。在夏季，他為多艘商船加裝裝備，變成偽裝的襲擊艦。與英國的武裝商船相比，這些船隻裝備更強，速度更快，並配有偵察飛機。1940 年 4 月至 6 月間，5 艘這樣的艦隻避開英國的巡邏艦進入大西洋，第 6 艘則通過危險的東北航道，沿俄羅斯和西伯利亞北部海岸進入太平洋。藉助俄國破冰船的援助，該艦在兩個月內完成航程，於 9 月經白令海進入太平洋。雷德爾海軍上將為這些艦隻的行動設定了 3 個目標：

　　第一，摧毀或捕獲敵艦；

　　第二，擾亂敵船活動；

　　第三，迫使英國戰艦因需應付德國海軍的威脅而分散其護航和巡邏船隻。

　　這些深思熟慮的戰術使我們遭受損失，難以應對。在 9 月的前兩週，5 艘偽裝襲擊艦出沒於我們的貿易航線上。其中兩艘在大西洋，兩艘在印度洋，第 5 艘在紐西蘭奧克蘭布設水雷後進入太平洋。戰爭期間僅與它們

第三十章　海上噩耗

交手過兩次。1940 年 7 月 29 日，「襲擊艦 E」在南大西洋遭遇武裝商船「阿爾坎塔拉」號的攻擊，經過一場無果的戰鬥後逃脫。12 月，另一艘武裝商船「卡那封堡」號在普拉特河口外再次展開攻擊，但它在受損後再次逃脫。至 1940 年 9 月底，這 5 艘襲擊艦共擊沉和捕獲了我們 36 艘船，總計 23 萬 5 千噸。

1940 年 10 月底，「舍爾」號袖珍戰艦終於整裝待發，準備投入使用。在英國進攻計畫被擱置後，該艦於 10 月 27 日從德國啟航，穿越冰島以北的丹麥海峽，進入大西洋。1 個月後，裝備 8 英寸火炮的「希佩爾」號巡洋艦也相繼出發。「舍爾」號的任務是攻擊北大西洋上的運輸船隊，當時負責護航的戰艦已被調往地中海增援。克蘭克艦長推測，一支返回英國的運輸船隊已於 10 月 27 日從哈利福克斯出發，他原本希望能在 11 月 3 日前後攔截這支船隊。11 月 5 日，他的偵察機回報在東南方海域發現 8 艘艦隻，他立即展開追擊。下午 2 時 27 分，他發現了一艘孤單的船隻，即「莫潘」號，在劫持船上 68 名船員到他的戰艦後，他用炮火將其擊沉，並阻止「莫潘」號發出無線電報告。下午 4 時 50 分，在他們忙於處理「莫潘」號時，擁有 37 艘船的「H.X.84」運輸船隊的桅杆已經出現在地平線上。船隊中間是護航艦——武裝商船巡洋艦「傑維斯灣」號。指揮官皇家海軍上校費根立刻意識到，這次遭遇凶險無比。在發出遇敵報告後，他唯一的想法是盡量與敵方袖珍戰艦周旋，以爭取時間讓運輸船隊散開。夜幕降臨，許多船隻得以逃脫。當船隊散開時，「傑維斯灣」號全速迎向其強大的敵人。「舍爾」號在 18,000 碼開火。「傑維斯灣」號舊式 6 英寸火炮無法還擊。無力還手的戰鬥持續到下午 6 時，「傑維斯灣」號大火失控，敵艦遂離去。它最終於 8 時左右沉沒，損失官兵 200 餘人，費根上校亦隨船沉入海中。他被追授維多利亞十字勛章，以表彰其英勇行為，他的事蹟在皇家海軍史上占據光榮一頁。

「舍爾」號未等戰鬥結束便開始追擊運輸船隊，但此時冬夜即將來臨。船隻已經散開，天黑前它只追上並擊沉了 5 艘。由於位置暴露，它無法繼續停留此海域，預料到英國強大的艦隊會迅速集中於此。因而，這支珍貴的運輸船隊大部分在「傑維斯灣」號的勇敢犧牲下得以獲救。商船船員的精神絲毫不遜於護航艦的船員。其中一艘油船「聖德米特里歐」號，載有 7,000 噸石油，因船身起火被棄。然而，翌日清晨，部分船員重返船上，撲滅大火，經過英勇搶救，雖已喪失羅盤和航海裝置，仍成功將其與船上貴重物資駛入英國港口。即便如此，此次仍損失了 47,000 噸船舶和 206 名商船船員。

　　「舍爾」號決心將追擊者甩得越遠越好，遂向南疾馳；10 天後，它遇到 1 艘德國補給船，補充了燃料和裝備。11 月 24 日，它出現在西印度群島，擊沉了前往庫拉索的「霍巴特港」號，然後加速返回維德角群島。接著，它的行動擴展至南大西洋和印度洋，直到 1941 年 4 月成功穿越丹麥海峽返回基爾。5 個月的巡航戰果斐然：擊沉或奪獲船隻共 16 艘，總計 99,000 噸。

　　自 6 月起，軍隊運輸船隊（電報代號「W.S.」）每月在強大護航艦隊的保護下繞過好望角，駛向中東和印度。同時，印度洋各港口之間的頻繁軍隊運輸，以及加拿大軍隊經由大西洋源源不斷地抵達英國，給海軍帶來了極大的壓力，難以應付。因此，我們無法再像 1939 年那樣，籌組搜索隊去海上搜索「施佩伯爵」號。我們的巡洋艦部署在主要航線的關鍵水域，單獨航行的船隻必須採取不固定路線，並利用海洋的廣闊來保護自己。

　　1940 年聖誕節，名為「W.S.5A」的運輸船隊，由 20 艘軍用運輸艦和補給船組成，正前往中東，幾乎抵達亞速爾群島時，遭遇了 1 個月前從德國出發的「希佩爾」號巡洋艦襲擊。當時能見度極低，「希佩爾」號突然發現護航艦中有「貝里克」號、「幸運」號和「杜尼丁」號巡洋艦。「希佩爾」

第三十章　海上亞耗

號與「貝里克」號展開了短暫而激烈的交火，雙方均受損。「希佩爾」號設法逃脫，儘管本土艦隊和從直布羅陀出發的 H 艦隊全力追擊，它仍在濃霧中成功抵達布雷斯特；船隊中只有搭載 3 萬多人的「帝國騎兵隊」號需要前往直布羅陀進行修理。

我們對遠洋航行的憂慮無法避免。我們清楚，南方海域上有無數偽裝的商船在進行劫掠。袖珍戰艦「舍爾」號行蹤不定，現已潛藏。「希佩爾」號隨時可能從布雷斯特出發，「沙恩霍斯特」號和「格奈森諾」號兩艘巡洋戰艦預計也將很快展開行動。

敵方襲擊艦的數量與海軍部為預防敵艦侵襲及保護遼闊航線所部署的艦隻之間，力量對比極為懸殊。海軍部需要在眾多要點做好準備，為無數商船提供保護，因此，除非是軍隊運輸船隊，無法保證不發生偶發性的悲劇。

除此之外，還存在一種更為嚴重的威脅。在戰爭中，令我真正恐懼的是潛艇的危害。敵人的入侵，甚至在空戰之前，我就斷定不會成功。空戰勝利後，戰局對我們有利。我們可以在對我們有利而敵人顯然處於不利的情況下，擊沉或消滅可惡的敵人。在如此殘酷的戰爭中，能夠進行這樣的戰役，我們應該感到滿足。然而，如今我們的生命線，甚至遠洋航線，尤其是英倫三島的門戶，均受到威脅。我對海上戰鬥的憂慮，遠遠超過了對所謂「不列顛之戰」光榮空戰的擔憂。

平日與我保持緊密友誼和密切聯繫的海軍部，同樣憂心忡忡，尤其因為保衛我們海岸不受入侵，確保我們海外航線暢通無阻，是他們的首要責任。海軍始終視此為他們最高的、神聖的、不可推卸的職責。因此，我們共同權衡並考慮這個問題。這並不是透過輝煌的戰役和顯赫的成就來展現，而是透過全國人民不知曉、大眾也不了解的統計、圖表和曲線來展現。

潛艇戰爭將對我們的進口和船舶造成多大影響？它是否會對我們的生存構成致命威脅？在此並非故作姿態或誇大其詞，這裡只有在圖表上緩慢且冷靜繪製的線條，顯示我們可能面臨被扼殺的風險。相比之下，儘管有勇敢的陸軍準備面對敵人，或者為沙漠戰制定詳細的計畫，也意義不大。在這個陰鬱的領域中，人們崇高而忠誠的精神也無濟於事。我們要麼從新大陸和英帝國殖民地將糧食、軍需和武器運過大洋，要麼就無法獲得這些物資。隨著從敦克爾克到波爾多的整個法國海岸線落入德國人之手，他們迅速在占領的領土上為他們的潛艇及合作的飛機建立基地。從 1940 年 7 月起，我們不得不放棄愛爾蘭以南的航道，因為那裡顯然不允許我們派駐戰鬥機。所有船舶都必須繞行北愛爾蘭。感謝上帝，北愛爾蘭在此充當了忠實可靠的哨兵。默西河和克萊德灣成了我們賴以生存的肺葉。在東海岸和英吉利海峽，小船在敵人日益增多的飛機、快速魚雷艇和水雷的襲擊下，繼續航行。由於東海岸的航線無法改變，所以運輸船隊在福思灣到倫敦之間航行，幾乎每天都如同在戰鬥。勇於在東海岸冒險的大船寥寥無幾，而在英吉利海峽則完全沒有。

　　在 1940 年 7 月至 1941 年 7 月這段期間，我們的船隻遭遇了極為嚴重的損失。然而，到 1941 年 7 月，我們可以宣稱大西洋上的「不列顛之戰」已經取得了勝利。美國參戰後，在東海岸尚未建立護航制度之前，損失尤為慘重。但那時，我們已經不再孤軍奮戰。1940 年最後 6 個月的損失極為巨大，僅因冬季的強風使情況稍微好轉，擊沉的潛艇數量也不多。藉由擴大深水炸彈的布署方式並隨時變更航線，我們獲得了一些優勢；然而，由於入侵的威脅，我們不得不在海峽中集結強大的海軍，同時大量新建的反潛艦隻陸續下水。這樣的陰影籠罩著海軍部和其他知情人士。在 9 月 22 日之前的一週內，損失率達到開戰以來的最高水準，事實上，超過了我們在 1917 年同期所遭受的損失。被擊沉的船隻多達 27 艘，接近 16 萬噸，

第三十章　海上虛耗

其中許多是從哈利福克斯出發的運輸船隊的船隻。10月間，當「舍爾」號仍然活躍時，另一支大西洋運輸船隊遭到潛艇襲擊，34艘船中有20艘被擊沉。

接近1940年11月和12月時，默西河與克萊德河河口的海灣，比戰爭中其他因素顯得尤為重要。此時，我們可以考慮使用新型武器對德·瓦萊拉的愛爾蘭發動攻擊，以奪回南方港口。我常說，除非為了維護生存，否則沒有理由採取此舉。如果真的出現生存危機，那就不得不如此。然而，即使採取這種極端措施，也只能暫時緩解局勢。唯一有效的方法，仍是確保默西河和克萊德河的通行自由。

少數知情者每日相遇時，總是彼此對視。眾所周知，潛水員在水下時離不開通氣管，若他目睹成群的鯊魚撕咬他的通氣管，他的感受會如何？尤其在無望被拉上海面時，情況更為緊迫！對我們而言，海面並不存在。這個極為擁擠的海島上居住著4,600萬人，他們在全球各地參與廣泛的軍事行動，而海島被大自然和地心引力牢牢繫於海底。鯊魚會如何對待他的通氣管呢？要如何驅散或消滅鯊魚呢？

早在1940年8月初，我便認定，由普利茅斯的司令部掌控西部航道，尤其是從默西河和克萊德河發起的控制，已經不再可行。

首相致海軍大臣及第一海務大臣

1940年8月4日

西北航道頻繁發生的重大損失令人深感憂慮，我希望海軍部能如同處理磁性水雷一樣，全力以赴，尋求解決方案。在對這些航道的控制上，效率似乎相當不足。這無疑是因為防禦入侵，導致驅逐艦數量不足。請立即提供該水域內可用和已部署的驅逐艦、驅潛快艇、配備潛艇探測裝置的拖網船以及飛機的完整配置情況。上述艦艇的活動由誰負責？是否由普利茅

斯的司令部和內史密斯海軍上將的部下指揮？由於你們將入口從南方移至北方，是否在普利茅斯設司令部仍然合適？是否應在克萊德河新建一個前線指揮部，或者內史密斯海軍上將（普利茅斯司令部的總司令）是否應遷往那裡？無論如何，我們不能繼續這樣下去。南部的布雷掩護進展如何？是否可以在稍後的時間調整這些部署，以利用這短暫的空隙時間派遣幾批運輸船隊？這僅僅是一個附帶提出的建議。

單一航道系統的使用，危險性總是不斷增加的。除非加倍努力，集結更多艦隻進行保護，否則無法克服這個危險。敵人很快就會意識到應將所有力量集中於此。這與早期在東海岸布設水雷後的馬利灣情形極為相似。我堅信海軍部會及時妥善處理，但顯然還需要新的、巨大的推動力。希見覆。

海軍部在9月間採納了我提出的建議，將司令部從普利茅斯遷至北方，正確地選擇了默西河而非克萊德河。然而，耗費了數月時間才完成司令部的組織籌建、作戰室的設定以及複雜的通訊網路，並且進行了多次臨時調整。這個新司令部由海軍上將珀西·諾布林爵士領導，他於1941年2月在利物浦上任，司令部的規模不斷擴大，人員眾多。此後，利物浦幾乎成為我們最重要的軍港。此次搬遷的必要性和收益至此已被廣泛認可。

到1940年底，我越發憂慮進口的嚴重減少，這乃是敵方潛艇襲擊的另一項後果。我們不僅損失了船隻，為防止船隻損失而採取的預防措施也影響了整個商船的運作。此時，我們能依賴的少數港口已顯得過於擁堵。所有船隻的進出及航行時間都被延長。進口成了最終的考驗。在截至6月8日的一週內，正值法國戰役最高峰，我們輸入了120萬1,535噸貨物，不包括石油。到7月底，這個最高進口量降至每週不到75萬噸。儘管8月間有所回升，但每週的平均數量仍在下降，該年最後3個月每週僅略超80萬噸。

第三十章　海上噩耗

首相致海軍大臣及第一海務大臣

1940 年 12 月 3 日

　　對哈利福克斯運輸船隊面臨的新災難必須進行詳盡的調查。大約一週前，我們得知多達 13 艘潛艇潛伏在這些航道。是否將運輸船隊改道明奇海峽會更為妥當？既然由於惡劣天氣，出口的運輸船隊被迫推遲，而進口運輸船隊的護航艦也無法及時抵達危險區域，那麼，改道明奇海峽難道不是更為明智的選擇嗎？

首相致財政大臣

1940 年 12 月 5 日

　　鑑於我們的船隻在愛爾蘭海域頻繁沉沒，且無法使用愛爾蘭港口，這對我們的航運和財政造成了沉重負擔；請務必召集會議，商討如何減輕這些負擔。會議應邀請以下大臣參加：貿易、航運、農業、糧食及自治領事務。如果大家在原則上達成一致意見，應立即擬定一個總體計畫，以便迅速展開行動，同時制定日程表和實施方案。外交和國防問題可暫不考慮，稍後再行處理。首要措施是制定一個切實可行的方案，內容務必周詳，以確保我們受到的損失降至最低。

首相致運輸大臣

1940 年 12 月 13 日

　　對於 12 月 3 日有關鋼鐵運輸的來信，深表感謝。希望盡力採取必要措施，以實施您的建議。

　　在當前的情勢下，公司居然拖延卸貨，導致貨車堆積，我認為這是不可接受的，必須採取措施防止此類事件。

　　據統計例項顯示，所有非石油運輸船在利物浦的平均港口作業時間，從 2 月的 12 天半增至 7 月的 15 天，10 月則達到 19 天半。在布里斯托爾，時間從 9 天半增至 14 天半，而格拉斯哥始終保持 12 天。改善這個現象顯然是整體局勢中最關鍵的因素。

首相致運輸大臣

1940 年 12 月 13 日

我注意到，9月和10月的石油進口量僅為5月和6月的一半，僅能滿足我們消耗量的三分之二。我了解到，進口減少並非因為油船短缺，而是由於南海岸和西海岸部分地區拒絕油船入港。因此，許多油船暫時停泊在克萊德河，其餘則停在新斯科舍的哈利福克斯港。直至近期，才允許一些油船駛向南海岸和東海岸，因此11月分的石油進口量增加。

從你前任對我8月26日備忘錄的回覆中，我得知，他對西海岸港口進口石油的準備工作感到滿意。然而，他的期望似乎未能如願。

要解決這種局面，有兩種策略可供選擇。要麼，冒更大的風險通過南海岸和東海岸的港口進口油船，以增加現有進口量；或者，繼續使用庫存，待西海岸的石油處理設施準備就緒後再進行補充，同時忍受由此帶來的不便。請與海軍大臣協商，探討這兩種策略的實施方法。

此備忘錄的副本已另行遞交給海軍大臣。

首相致海軍大臣

1940 年 12 月 14 日

請呈交關於美國驅逐艦狀況的詳細報告，詳列相關之查核結果，註明其中發現之缺陷以及迄今為止我們獲得的微小益處。希盡快送達報告，以便審議。

首相致海軍大臣及第一海務大臣

1940 年 12 月 27 日

關於從出口運輸船隊的船隻上發射消耗性飛機的計畫，你們做了哪些安排？據我所知，有一項計劃涉及從油船上彈射這種飛機，而幾乎每個運輸船隊中都有幾艘據有這種裝置的油船。它們可以攻擊「福克烏爾夫」式飛機，然後在海上降落，駕駛員會被救起，至於飛機是否回收，則根據具

第三十章　海上虛耗

體情況決定。

對於這項計畫，你們有何看法？

我們之後將了解到這個計畫的效果顯著。早在1941年初，已經建造了能夠發射戰鬥機攻擊「福克烏爾夫」飛機的船隻。

首相致運輸大臣

1940年12月27日

據稱，我們航運能力減少了40%，主要原因是由於船隻在英國港口的進出和裝卸時間的浪費。現今，眾多船舶停泊於默西河與克萊德河，需預見敵方對其襲擊將愈加頻繁，因此，此問題似乎成為我們整體戰線中最具風險的一環。

請以書面形式詳細說明：

（甲）事實。

（乙）您目前正在從事什麼活動，計劃如何處理此事。

（丙）您希望他人以何種方式協助。

首相致海軍大臣

1940年12月29日

這些「引誘潛艇的船隻」在本次戰爭中迄今表現不佳。海軍部應審慎考慮是否將其用於其他目的。我認為，這些船隻上必定有許多經驗豐富的海員。請提供這些船隻的名稱、噸數、速度等詳細清單。它們在巡航時，是否可以搭載軍隊或運輸軍需品？

在如此重重壓力下，我對我們被拒絕使用愛爾蘭南部各港口一事感到極為憤慨。

首相致財政大臣

1940 年 12 月 1 日

　　愛爾蘭的行動令我們陷入困境，迫使我們重新評估（對愛爾蘭的）補助金。我們不能一直提供補助金直到我們無能為力。我們應該將資金用於建造或從美國購買更多船隻，因為在布羅迪——福蘭德附近海域損失的船隻太多了。

　　請告知如何終止這些補助金。愛爾蘭在財政上可能採取哪些報復措施？須知，我們無需擔心他們切斷糧食供應，因為這反而簡化了透過德國在德·瓦萊拉協助下建立的封鎖線，將大量肥料和飼料運往愛爾蘭。目前無需列出所有贊成和反對的觀點，只需說明我們在財政上可以採取的措施及其後果。盼明日回覆。

首相致函伊斯梅將軍，轉交參謀長委員會

1940 年 12 月 3 日

　　我已將一份關於愛爾蘭的文件發送給你和三軍的各位參謀長。財政大臣也表示贊同，無疑，補助金在通知發出後不久便可停止發放。

　　當下，我們必須認真考慮軍事上的應對之策。倘若他們邀請德國人進入他們的港口，這將導致愛爾蘭人民的分裂，我們也必定要阻止德國人的行動。他們可能試圖保持中立，但這也可能為他們本身引發戰爭。我們有能力切斷英格蘭與南愛爾蘭之間的電訊聯繫，若他們決定拆除各種電訊和警戒設施，這又會造成什麼影響呢？這種情況會變得嚴重嗎？鑑於潛艇每次出海可航行約 30 天，限制因素並非補充燃料和補給的需求，而是船員急於返家且潛艇需要維修，因此若他們允許德國潛艇在愛爾蘭西海岸港口補充燃料和補給，這有何不可？請分享你們對這些問題的看法以及其他相關問題的思考。

　　我認為應該讓總統了解到這個政策，並獲得他的認可。

第三十章　海上噩耗

前海軍人員致羅斯福總統

1940 年 12 月 13 日

北大西洋的運輸依然是我們最為憂慮的事項。希特勒無疑將在我方航運線上加大潛艇和空中襲擊的力度，而這些襲擊的範圍將逐步深入大西洋腹地。由於我們無法利用愛爾蘭的港口和機場，這使得我們的小型艦隊疲於應付，難以承擔重任。目前為止，你們提供的 50 艘驅逐艦中，僅有少數能夠投入戰鬥，因為這些艦艇停航已久，在大西洋的風浪中自然會出現諸多問題。我正在安排編制一份極為詳盡的技術報告，以說明如何修復和改進舊式驅逐艦以使其適應當前任務，這份報告或許對你們自己的舊式驅逐艦也會有幫助。

與此同時，我們在海洋上面臨的挑戰已變得異常艱鉅，因此，再也無法如以往那般，在敵軍襲擊的威脅下，將 40 萬噸的飼料和肥料運送至愛爾蘭。我們需要這些運能來運輸自己的補給品，而且，我們也不再需要依賴愛爾蘭的糧食供應。我們必須將精力集中在最為關鍵的事務上。內閣建議通知德·瓦萊拉，在當前形勢下，我們無法繼續向他提供支援。當然，他會有足夠的糧食供給其人民，但無法維持目前繁榮的貿易狀況。對此我深感遺憾，然而，我們也必須考慮自身的生存，將我們歷經艱險獲得的運能用於生死攸關的事情。這樣不僅可以讓我們稍感寬慰，也可能促使他更願意考慮共同利益。如果我們被迫將運能集中用於大不列顛的供應，你的反應如何，請務必以極機密的方式告知我。我們也認為，在當前情況下，不能再如往常一樣，對愛爾蘭的農業生產者提供大量補貼。你也知道，當德·瓦萊拉袖手旁觀，使我們面臨敵人的封鎖時，我們還要冒著飛機和潛艇襲擊的風險向愛爾蘭供應物資並大量補貼他們，這個行為在我們的商船海員以及大眾輿論中廣受反對。

在 1940 年 12 月的一個傍晚，我在樓下的作戰指揮室召集了一次會議，出席者僅限於海軍部的成員和水手們。參會者深諳的危險與挑戰驟然

更新。我不禁回憶起 1917 年 2 月和 3 月的光景,當時潛艇擊沉我方船隻的曲線逐步攀升,儘管皇家海軍竭力應付,人們仍對同盟國還能堅持幾個月心存疑慮。海軍上將們提出的計畫無疑最能說明當前的危機。我們必須不計代價,優先全力打通前往海洋的通道。他們建議從默西河與克萊德河連接的北部海峽通向大海的那一端,一直到北愛爾蘭西北水深 100 英尋的線上,布設一層如地毯般的水雷。從沿岸水域一直延伸到大洋,布設寬 3 英里、長 60 英里的水下雷區。假使別無他法,即便嚴重影響戰地行動或重新裝備軍隊的需求,也要將現有炸藥盡數用於此,鋪設這層水雷如同鋪設一張地毯。

讓我來探討這個策略。將數千個觸發水雷繫於海底,使之懸浮在距離水面 35 英尺以內。在此航道中,往來的英國商船或駛向海外戰場的艦艇,其底盤不會觸碰到水雷。然而,若有潛艇闖入此雷區,便會立刻遭到摧毀;不久後,它們將意識到最好不要冒險。這是最佳的防禦手段,至少比無所作為要強。這也是最後的措施。那晚,我對所提的詳細計畫給予初步的批准和指示。這樣的策略意味著,潛水員今後可以不再擔心其他事務,而專注於他的「通氣管」,但他仍有其他任務要完成。

同時,我們下令皇家空軍海岸司令部負責控制默西河和克萊德河的河口以及北愛爾蘭周圍的區域。在執行此任務時,不能有絲毫妥協。這項任務應當被優先考慮,超過其他事務。轟炸德國則次之。所有適用的飛機、飛行員和裝置都應集中用於反擊敵人,使用戰鬥機攻擊敵軍轟炸機,在這些關鍵海峽區域中,結合海面艦隻和轟炸機的協助攻擊敵方潛艇。許多其他重要計畫被擱置、推遲或取消。我們必須不惜一切代價爭取喘息的機會。

在接下來的幾個月裡,我們將見證海軍與皇家空軍海岸司令部在執行反擊計畫中所取得的成就;將看到我們如何掌控出海口,戰鬥機如何擊落

第三十章　海上噩耗

敵方「亨克爾III」式轟炸機，以及我們如何在敵方潛艇試圖扼殺我們的海域中之反而獵殺了它們。在此，僅需指出，皇家空軍海岸司令部的成功，使得我們無需在水下鋪設如地毯般的水雷。在此事對我們的戰時經濟產生重大影響之前，那些不切實際的防衛思想和計畫已經消失無蹤，我們再次用鋒利的武器掃清了通往我們島嶼的航道。

第三十一章
沙漠反攻

　　在偉大行動即將展開之前，時間彷彿被拉長到無法忍受。解決這個問題的辦法，就是去處理其他緊急事務，而當時的確有相當多的緊急事項。我們的將軍們準備採取攻勢，這讓我十分欣慰，因此對結果不用有不必要的擔憂。我對將部隊用於維持肯亞、巴勒斯坦和埃及內部治安的處置感到不滿；然而，我對那些承擔這些任務的著名團隊以及經過長期訓練的職業軍官和士兵的能力與高昂士氣深信不疑。艾登也覺得相當有信心，特別是對指揮作戰的威爾遜將軍充滿信賴；然而，他們當時都是「穿綠夾克的」，並且在上次大戰中也在「穿綠夾克的」部隊中服役。同時，除了少數了解內情的人之外，還有許多值得討論和處理的事情。

　　所有將在這次攻勢中配合執行任務的部隊，已經為了將在這場複雜的進攻中承擔的特殊任務進行了一個月或更長時間的演習。計畫的細節由威爾遜中將和奧康納少將制定，韋維爾將軍也常常親自檢閱。只有少數軍官了解全部計畫的規模，而文件上對此事卻未有任何記載。為了能夠出其不意地發起突襲，設法讓敵人相信：由於增援希臘，我方部隊已大幅削弱，並有繼續撤退的趨勢。1940年12月6日，我們那支約25,000人的全機械化陸軍，經過沙漠訓練，身體瘦削、膚色黧黑，推進了40多英里，並在翌日整天隱蔽在沙漠中，未被義大利空軍發現。12月8日，他們繼續前進，直到當晚才首次被告知，這並非沙漠演習，而是真正的戰鬥。隔日拂曉，西杜拜拉尼之戰正式開打。

第三十一章　沙漠反攻

在接下來的 4 天內，紛繁複雜且極為分散的戰鬥擴展至一個大約與約克郡相當的區域，這些戰鬥的細節在此不作詳細描述。一切順利推進。一個旅在上午 7 時進攻尼貝瓦，經過 1 個多小時的戰鬥，成功攻占該地。下午 1 時 30 分，進攻圖馬爾兵營的行動開始，至傍晚幾乎整個兵營區域都已被我軍控制，大部分守軍被俘。同時，第 7 裝甲師在西部切斷了沿海公路，孤立了西杜拜拉尼。駐守馬特魯港的部隊，包括科爾斯特里姆警衛隊，也已整裝待命，準備出擊。12 月 10 日破曉時分，他們在軍艦強大火力的掩護下，對義軍正面陣地發起猛攻。戰鬥持續了一整天，到 10 時，科爾斯特里姆警衛隊指揮部報告稱，俘虜數量過多，難以清點，「大約有 5 英畝的軍官和 200 英畝的士兵」。

他們每隔 1 小時就從戰場上將消息傳遞到唐寧街我的住處。儘管很難獲取詳細的作戰情況，但整體印象是積極的。我記得一位年輕軍官從第 7 裝甲師的一輛坦克中發來的電報讓我印象深刻，他說：「已經到達布格布格的第二個布格。」我曾在 10 日通知下議院：沙漠中的戰鬥正在進行中；我們已經俘虜了 500 名敵軍，並擊斃了一名義大利將軍；我軍已推進至海岸。「要估計正在進行大戰的規模或結果尚為時過早。但是，無論如何，我們可以說，初步階段已經取得成功。」當天下午，我軍攻占了西杜拜拉尼。

自 12 月 11 日始，戰鬥的核心行動為：第 7 裝甲師以及緊隨其後的英國第 16 摩托化步兵旅，與換防第 4 印度師的澳洲第 6 師，一同繼續追擊義大利的撤退部隊。到 12 月 12 日，我能夠向下議院報告，布格布格和西杜拜拉尼周邊的整個沿海區域已被不列顛及大英帝國的部隊控制，並且已有 7,000 名俘虜被押送至馬特魯港。「我們尚未完全知曉被圍困的義大利軍隊數量，但至少有 3 個義軍精銳師，包括眾多『黑衫黨』成員，或被殲滅，或被俘虜，卻是不足為奇的。當前正全力向西推進。空軍正在實施轟

炸，海軍則對敵人撤退的主要公路進行炮擊，且已收到報告，另有大量俘獲。

「雖然目前判斷這些軍事行動的成果為時尚早，但顯而易見，它們在這個非洲戰場上奠定了非凡的勝利。這是阿奇博爾德·韋維爾爵士、亨利·梅特蘭·威爾遜爵士、以及負責策劃這項極為複雜軍事行動的參謀團隊和以非凡毅力與勇氣完成任務的部隊的最高成就。整個局勢必須在這樣的事實背景下評估，即僅在 3、4 個月前，我們對埃及防禦的擔憂仍揮之不去。而今，我們的憂慮已被徹底消除，英國已充分履行了有效抵禦入侵者以保衛埃及的承諾。」

在西杜拜拉尼的勝利得到最終確認時，即 1940 年 12 月 12 日，韋維爾將軍果斷地做出了一個明智且大膽的決定。他並未將剛剛替換下來的英國第 4 印度師留在戰場作為總後備隊，而是立即將其調往厄利垂亞，與英國第 5 印度師一道參與普拉特將軍指揮的衣索比亞戰役。該師的一部分透過海路前往蘇丹港，另一部分則乘火車再換船沿尼羅河而上。其中有一部分幾乎是直接從西杜拜拉尼前線出發，前往他們的登船地點，抵達 700 英里外的戰場後，迅速投入戰鬥。前往蘇丹港的部隊於 12 月底首批到達，而整個調遣在 1940 年 1 月 21 日完成。該師參與了追擊於 1 月 19 日從卡薩拉撤退到克倫的義軍，在克倫遭遇義軍主力的抵抗。我們將看到，即使有英國第 4 和第 5 印度師的支持，普拉特將軍在克倫的戰鬥任務仍然艱鉅。如果沒有韋維爾將軍先見之明的決策，克倫之戰的勝利不僅難以確保，衣索比亞的解放也將遙遙無期。北非沿岸和衣索比亞最近的事態發展證明了總司令對形勢的深刻理解和判斷是多麼準確。

我迅速向所有相關人員致以祝賀，並敦促他們全力以赴追擊敵人。

第三十一章　沙漠反攻

前海軍人員致羅斯福總統

1940 年 12 月 13 日

我相信，你會為我們在利比亞取得的勝利感到欣慰。若我們能妥善運用這次成功，那麼這次勝利，加上義大利在阿爾巴尼亞的失利，將使墨索里尼十分難堪。戰役的全貌尚未完全清晰，但若義大利遭受重創，我們的前景將比 4、5 個月前更為樂觀。

邱吉爾先生致函澳洲總理孟席斯先生

1940 年 12 月 13 日

我堅信，帝國軍隊在利比亞取得的輝煌勝利將令你感到振奮。這次勝利，加上義大利在阿爾巴尼亞的失利，將讓墨索里尼的處境十分艱難。你還記得，幾個月前，我甚至不敢肯定我們是否能成功保衛尼羅河三角洲和蘇伊士運河。當時我們在本島面臨迫切的入侵威脅，冒著巨大的風險繞過好望角運送軍隊、坦克和大炮，如今，這一切都得到了回報。我們正計劃在中東集結整個帝國的強大地面部隊和龐大的海軍，以應付德國可能突然的轉向，同時，如有必要，也可以向你們的方向東進。唯有加倍努力方能取得成功。祝你一切順利。

首相致韋維爾將軍

1940 年 12 月 13 日

我由衷地祝賀你取得的輝煌勝利，它實現了我們的最大期望。當我在下議院描述所需的高超策劃以及軍隊勇敢執行這個艱難任務時，四周掌聲雷動。一旦最終結果確定，國王將發送嘉獎電報。同時，請向威爾遜傳達我的感激和敬意，並請你本人也接受我的感激和敬意。

詩人華特·惠特曼曾言，每一個完美的果實，無論多麼完美，都會引發一些需要我們投入更多努力才能解決的問題。在你的想法中，追擊敵人是首要任務。當勝利者精疲力竭之際，正是從失敗者身上獲得最大收益的

時候。沒有什麼比利比亞的失敗更能讓墨索里尼恐懼了。你無疑曾經考慮過，在義大利占領的土地上占據幾處港口，以便讓艦隊運送所需的人力和裝備，並將這些港口作為新的跳板，沿海岸線追擊敵人，直至遇到真正的抵抗。看來，他們就像成熟的莊稼，等待我們去收割。請盡快分享你的想法和計畫。……

一旦你徹底完成非洲沿岸的任務，我們便能夠重新審視我們的未來，數個頗具潛力的機會將展現在我們眼前。

截至12月15日，埃及境內已經徹底清除敵軍。駐紮在昔蘭尼加的多數義軍撤退至被孤立的拜爾迪耶防禦陣地內。西杜拜拉尼之戰的第一階段因此告終，敵方5個師大部分被殲滅，俘虜38,000餘人。我方損失為：陣亡133人，受傷387人，失蹤8人。

首相致韋維爾將軍

1940年12月16日

尼羅河兵團為帝國及我們的事業作出了卓越貢獻，各方面的成果已顯而易見。我們對你、威爾遜及其他司令官深表感激，你們卓越的軍事才能和無畏的領導力使我們在利比亞沙漠取得了重大勝利。當前的首要任務是全力摧毀義大利陸軍，盡可能將其逐出非洲海岸。此前聽聞你們計劃進攻拜爾迪耶和托布魯克，如今又得知你們攻占塞盧姆和卡普措，令人振奮。我堅信，只有在確信無法繼續推進時，你才會放棄主要目標而轉向蘇丹或多德卡尼斯群島的輔助行動。蘇丹的重要性不言而喻，而且顯然可以攻下，這樣可以節省兩個印度旅（英國第4印度師）而不影響利比亞的追擊戰。稍後再對多德卡尼斯群島採取行動，不會增加困難。然而，不能讓這兩個行動影響擊潰義軍主力的最高任務。雖然我遠在國內無法評估具體情況，但我認為應記取拿破崙的格言：「擊潰主力，其餘便迎刃而解了。」我必須重申在上次電報中的建議：實施兩棲作戰並在敵後登陸，以切斷敵軍部隊並使我軍能夠透過海上運輸物資和兵力。

第三十一章　沙漠反攻

　　朗莫爾在皇家空軍的排程中表現卓越，與陸軍的合作也取得顯著成效，請代我向他表達敬意和祝賀。我期望，新型的「旋風」戰鬥機大部分已安全抵達。請告知他，我們再次讓「狂暴」號裝載了更多可從塞康第－塔科拉迪起飛的飛機。他還將收到透過「超額」行動計畫運送的那批飛機。這兩批飛機預計在1940年1月初抵達。

首相致韋維爾將軍

1940年12月18日

　　《馬太福音》第七章第七節。

　　「你們祈求，便會賜予。探尋，便會發現。敲門，便會為你開啟。」

韋維爾將軍致首相

1940年12月19日

　　《雅各書》一章十七節。

　　「一切美好的恩賜和完美的賞賜，皆源自於上天，來自那眾光之父。在他之中沒有改變，也沒有轉動的影子。」

　　拜爾迪耶是我們的下一個目標。義軍另外4個師的大部分都駐在它周圍17英里以內的地方。防禦工事是由連續不斷的反坦克壕溝和鐵線網障礙物構成的，每隔一段有一座混凝土的碉堡，後面還有第2道防禦工事。攻擊如此堅固的陣地需要周密準備。第7裝甲師負責阻止敵人向北方和西北方向撤退。為攻克這個陣地，我們可運用的兵力包括第6澳洲師、英軍第16步兵旅、皇家坦克團第7營（26輛坦克）、1個機槍營、1個野炮團和1個中程炮團。

　　為了完成關於沙漠勝利的這一段，我暫時擱置了對新年的討論。1月3日清晨，攻擊正式展開。1個澳洲營在密集炮火的掩護下，於西部外圍陣地攻占了一個據點。隨即，工兵在他們後方衝入反坦克壕溝。兩個澳洲

旅繼續推進，並向東面和東南方向掃蕩。當時，他們哼唱著一首從美國電影中學來的歌曲，這首歌不久後也在英國流行開來：

「我們去看那位巫師，

那位神祕的奧茲的巫師

我們聽說他是巫師中的祖師，

若世間確實存在巫師。」

這首歌曲總讓我回憶起那些無憂無慮的時光。4 日下午，英國的坦克 ── 即被稱為「馬蒂爾達」的型號 ── 在步兵的協同下進入拜爾迪耶；5 日，所有守軍宣布投降。共俘獲 45,000 名敵人，繳獲 462 門大炮。

翌日（1 月 6 日），托布魯克義大利守軍的命運是被英軍第 7 裝甲師封鎖了交通；7 日，澳洲的先頭旅已逼近其東部防禦線。這裡的外圍陣地延綿 27 英里，與拜爾迪耶相似，只是反坦克壕溝在許多地方深度不足，未能發揮作用。駐守部隊包括一個完整步兵師、一個軍司令部及從前線撤下的大量殘餘部隊。攻方直至 1 月 21 日才發起攻擊，另一個澳洲旅在猛烈炮火下突入南部外圍陣地。該師的其他兩旅進入臨時橋頭堡，向兩翼擴展。傍晚，我軍已占領防區三分之一，翌日凌晨所有抵抗都停止。俘虜近 3 萬人，繳獲大炮 236 門。沙漠兵團在 6 週內於缺水缺糧的地帶推進 200 餘英里，占領兩座常駐海、空軍的防禦港口，俘敵 11 萬 3 千人，繳獲大炮 700 餘門。義大利龐大的陸軍，原本希望征服埃及，如今已潰不成軍，僅因距離和補給困難才遲滯了英軍繼續向西的推進。

1940 年 12 月至 1941 年 1 月的沙漠戰役勝利

在所有這些戰鬥中，艦隊提供了強而有力的支持。拜爾迪耶和托布魯克相繼遭到艦隊的猛烈轟炸，艦隊的飛機也參與了地面作戰。特別值得一

第三十一章　沙漠反攻

提的是，海軍不僅為將軍事人員運送到被占領的港口提供了巨大的便利，還每天為陸軍前線部隊輸送3,000噸補給，支持陸軍的推進。我們的陸軍之所以能夠勝利，相當程度上要歸功於皇家空軍對義大利空軍的優勢。儘管我們的空軍在數量上不及敵人，但飛行員進攻的勇氣迅速在士氣上完全壓倒了敵人，進而享有空中作戰的自由。我們對敵人機場的攻擊收穫頗豐，後來發現，被擊毀和遺棄的敵機多達數百架。

觀察他人的反應常常充滿趣味。讀者對齊亞諾伯爵已不陌生，應對軟弱之人少些苛刻，這些人容易被金錢和權力的引誘而誤入歧途。那些成功抵禦誘惑者，才能對事件發表見解。齊亞諾在面對行刑隊時，已償清了他的債務。壞人和他截然不同。然而，我們絕不應該認為寧願成為一個大壞人，也不願成為齊亞諾或潛在的齊亞諾。我們已經見識齊亞諾日日書寫的日記。以下是幾則：

12月8日：沒有新消息。

12月9日：策劃針對巴多格里奧的陰謀。

12月10日：「晴天霹靂般傳來英軍攻打西杜拜拉尼的消息。起初似乎不嚴重，但隨後格拉齊亞尼的電報證實，我們遭遇重大失敗。」當天，齊亞諾兩次見到他的岳父，感覺到他的岳父仍然鎮定。「他拋開個人立場，以客觀的態度評論此事……愈加執迷於格拉齊亞尼的名望。」

12月11日，羅馬政府不得不承認義大利軍的4個師被殲滅；更糟的是：格拉齊亞尼強調敵人的勇猛和策略，卻不談自身的反擊措施。墨索里尼仍保持冷靜。

「他認為，在每次戰爭的關鍵時刻，我們不可避免地要經歷許多苦難的日子。」

如果英軍到達邊境後停止前進，便不至於發生嚴重事態。相反，如果他們抵達托布魯克，「他認為局勢將演變成悲劇。」當晚，領袖得知，在兩

天內5個師均完全「被粉碎」。顯然，這5個師的義軍出了問題！

12月12日，格拉齊亞尼拍發了一封「噩耗般的電報」。他計劃撤退至的黎波里，「至少讓國旗在那座要塞上飄揚」。他對墨索里尼因過分受隆美爾影響而迫使他冒險攻打埃及感到極為不滿。他抱怨說，他被迫進行一場「跳蚤與大象」的較量。顯然，跳蚤已經吞噬了大半個大象。

12月15日，齊亞諾本人也無法確定英國人是否會在邊境止步，他在日記中簡要記錄了這個觀點。格拉齊亞尼違背了軍人的操守，對他的上司進行了激烈的反擊。墨索里尼說了一句或許相當中肯的話：「他是我不值得生氣的人，因為我對他不屑一顧。」他仍然希望英國軍隊的推進至少能在德爾納被阻止。

每天，我都會向議院更新我們在沙漠中的進展情況。12月19日，我就整體戰局發表了一次詳盡的演講。我描述了本土防禦的改進措施，並敦促大家保持警惕。我們預計敵人的空襲仍會持續；因此，防空洞的安排、衛生設施的改良，以及改善夜間休息條件，是政府在國內的首要任務。「防空大隊、內政部和衛生部與在利比亞沙漠中追擊義大利軍隊的裝甲部隊一樣，都是在前線作戰。」關於大西洋上的船舶損失，我認為有必要發出警告。「船舶損失率依然令人擔憂；雖然不如1917年最危急時那麼嚴重，但我們必須意識到，那種在一年前似乎已克服的危險可能再次出現。今後，我們將不斷增強小型艦隊和其他防禦措施的力量，但必須優先對付敵方潛艇和正在襲擊我們的遠端轟炸機，以確保這條我們與海外交通的航道暢通無阻，成為我們所有軍事任務中的首要任務。」

我認為，此時正適合透過廣播向義大利人民演講。因此，在1940年12月23日的晚上，我提醒他們英、義之間的長期友誼，而如今我們卻在交戰。

第三十一章　沙漠反攻

「……我們的軍隊正在擊敗並且必定會摧毀你們的非洲帝國。……這一切是如何發生的呢？這一切的目的是什麼呢？義大利人民，我必須向你們坦誠相告，這一切皆因一人所致。正是這個人將義大利人民推入與大英帝國的生死搏鬥，並使義大利失去了美國的同情與友誼。我不否認他是一個傑出的人物，然而，在他不受約束地掌權 18 年後，將你們的國家推向了毀滅的邊緣，這一點無可否認。正是這個人，違背了義大利國王和皇室的意願，違背了教皇、梵蒂岡及天主教會的宗旨，違背了並不願捲入戰爭的義大利人民的意志，使古羅馬的繼承者與凶殘的異教徒為伍。」

我宣讀了我擔任首相期間致墨索里尼的信件，以及他在 1940 年 5 月 18 日寫給我的回信，隨後，我繼續說道：

這位領袖，統治獨裁政權長達 18 年之後，將信賴他的人民引向何方呢？如今，他們所面臨的選擇是多麼不堪：要麼準備在海洋、天空以及非洲迎接整個大英帝國的炮火，承受希臘民族的猛烈反攻；要麼，另尋他途，從布倫納山口引入阿提拉，指揮貪婪的軍隊和祕密警察來占領、鎮壓並「保護」義大利人民，而他與納粹黨徒對義大利人民的極端輕蔑是顯而易見的，種族間的蔑視如同他們對待你們的態度是史無前例的。

一個人，正是那個人，令你們面臨的結果變得如此。我將等待義大利民族再度掌握自身命運的那一天 —— 這一天終將到來 —— 再詳述這個逐漸展開的故事。

奇怪的是，同一天，墨索里尼對齊亞諾談及義大利陸軍的士氣時說道：「無論如何，我必須承認，1914 年的義大利人比現在的義大利人更好。這並不是在讚美那時的制度，僅僅是在陳述事實。」次日，他凝視窗外，說道：「這場雪和寒冷的天氣真好。如此一來，我們這些無用的義大利人，這個劣等民族，將會有所改善。」在他看來，經過 6 個月對衰落的大英帝國的侵略戰爭後，義大利陸軍在利比亞和阿爾巴尼亞的失敗令這個邪惡之

人感到折磨,他內心的痛苦和不快正是如此。

此時,局勢變化迅速,因此必須事先考慮所有可能的行動,以便從容應對。我們在利比亞的勝利已在衣索比亞引發了對義大利的反抗。我熱切希望海爾・塞拉西皇帝能夠如願返回祖國。外交部認為此舉為時尚早。我採納了新任外交大臣的建議,但未耽擱太久,皇帝冒著一切風險,不久便回到了他的國土。

(限即日行動)
首相致函外交大臣及伊斯梅將軍,並轉交參謀長委員會

1940 年 12 月 30 日

看來,我們必須竭盡全力滿足衣索比亞皇帝的願望。據我所知,我們已經禁止軍官進入蓋拉人的區域。僅用幾隊衣索比亞逃亡者修路實在有些浪費,這些人或許可以引發起義。我們在肯亞有 64,000 名軍隊,尚未投入行動,他們完全可以取代這些築路者。首先,我非常支持海爾・塞拉西返回衣索比亞。儘管衣索比亞各部落間可能存在分歧,但毫無疑問,皇帝的歸來將極大地鼓舞起義的聲勢,並且可以與我們在利比亞的勝利傳言相呼應。

若能為我起草一封給衣索比亞皇帝的回信以表達同意,我將感激不盡。

首相致外交大臣

1940 年 12 月 31 日

人們普遍認為,衣索比亞皇帝應自行判斷何時能冒生命危險返回覆位。在你的備忘錄中,你提到我們「在倉促中被迫採取不成熟且可能導致災難的行動」。我並不想在「倉促中被迫」採取行動,但我希望了解為何衣索比亞皇帝數個月以來毫無動靜。我希望能將發給他的電報寫得更為明確,而給邁爾斯・蘭普森爵士的電報則更為肯定。然而,這些只是需要強

第三十一章　沙漠反攻

調的方面；如果你認為不便發出更明確的指示，我也不反對更改電文。

倘若我們取得戰爭的勝利（這極有可能），關於海爾·塞拉西復位的保障，以及對義大利在東非地位的看法，正受到外交部的關注。今天早晨聽你談起此事，我深感欣慰。

最終，我迫切希望給予維琪政府一次機會，以充分利用當前形勢的有利變化。在戰爭中，絕無餘地容納無謂的憤怒或怨恨。首要目標必須壓倒任何煩擾的次要因素。幾週前，參謀長委員會和陸軍部參謀部已籌備了一支由 6 個師組成的遠征軍，並制定了在法國同意的情況下於摩洛哥登陸的計畫。我們擁有一個有利因素，即加拿大駐維琪的代表迪皮伊先生可以作為我們與貝當元帥溝通的橋梁。情況必須及時告知美國；因為我已經意識到，總統對丹吉爾、卡薩布蘭卡，甚至非洲整個大西洋海岸線表現出關注。美國軍事當局認為，若德國將這片海岸線用作潛艇基地，將會威脅美國的安全。因此，經參謀長委員會和戰時內閣的完全同意，迪皮伊先生親自將以下信函交給維琪政府，外交部則通知我們駐華盛頓的代辦。

首相致貝當元帥

1940 年 12 月 31 日

1. 若法國政府近期選擇遷往北非，或從該地重新向義大利與德國發起進攻，我們將樂意派遣一支包括 6 個師的強大遠征軍，以支援摩洛哥、阿爾及爾和突尼西亞的防務。這些部隊將在運輸和登陸設施準備完畢後立即啟程。目前，我們在英格蘭擁有一支龐大且裝備精良的陸軍，除了能夠抵禦敵人的入侵外，還擁有大量經過良好訓練並在快速養成的後備部隊。此外，中東的局勢也在不斷改善。

2. 英國空軍現已進入擴張階段，並有望提供強而有力的支持。

3. 英、法兩國的艦隊將再次聯合作戰，並共享摩洛哥和北非的基地，以鞏固對地中海的掌控。

4. 我們樂於與您指派的任何軍事代表進行最高機密的參謀會議。

5. 另一方面，延誤可能帶來危險。德國人隨時可能透過威脅或利誘手段經西班牙南下，使我們無法利用直布羅陀的錨地。他們將在海峽兩岸有效控制炮臺，並在機場部署空軍。德國人慣於發動突然襲擊，如果他們在摩洛哥海岸站穩腳跟，我方的一切計畫都將落空。除非我們下定決心共同策劃並果斷行動，否則局勢可能隨時惡化，所有希望也將破滅。最重要的是，法國政府必須意識到，我們願意並且有能力提供強而有力和不斷增強的援助。但是，一旦拖延，我們將無能為力。

隨後透過另一位人士將一封內容相似的信件遞交給現駐阿爾及爾的總司令魏剛將軍。然而，雙方均未作出回覆。

我們進行了許多工作和規劃，其中大部分已經完成安排和準備，原則上均也獲得批准。現在，讓我們對這些計畫進行審視。

第一，當然是確保本島不受敵人入侵。迄今為止，我們已武裝並裝備了近 30 個高度機動的師，雖然並非每個師都達到現代裝備的頂尖標準；其中大多數為正規軍，士兵接受了 15 個月的嚴格訓練。我們相信，除了駐防海岸的部隊外，額外動用 15 個師足以應對海外入侵。此外，除了後備部隊，我們的國民自衛軍現已有數百萬人，他們配備了步槍和一些彈藥。因此，一旦需要並有機會，我們可以將 12 個或 15 個師用於海外的進攻行動。我們已經透過船隻或其他安排從澳洲和紐西蘭以及印度增援中東，特別是增援尼羅河集團軍。由於地中海仍然無法通航，這些運輸船隊及其護航艦需經過漫長的航程，耗時數週。

第二，若維琪政府或北非的法國人願意在共同事業下團結，我們也已經準備好一支由 6 個師組成的遠征軍，並配備部分空軍，可在摩洛哥的大西洋港口，尤其是卡薩布蘭卡登陸。德國人可能透過西班牙派遣同等規模和裝備的軍隊，至於我們是否能比德軍更迅速地將這支精銳部隊調至摩洛

第三十一章　沙漠反攻

哥或直布羅陀對岸的休達，取決於西班牙的態度意向。另一方面，若我們接到請求，我們也可以在卡迪斯登陸，以援助西班牙人。

第三，若西班牙政府屈從於德國的施壓，成為希特勒的附庸或同盟國，導致我們無法繼續使用直布羅陀港口，我們將動用已經準備好的精銳旅和4艘適用的快速運輸艦，攻占大西洋上的某些島嶼。或者，若葡萄牙政府允許，我們可以依據西元1373年的英、葡同盟條約，「朋友對朋友，敵人對敵人」，快速在維德角群島建立基地。這個代號為「開花彈」的作戰計畫，將為我們提供必要的空軍基地和船舶補給站，使海軍能控制繞行好望角的關鍵航線。

第四，從英國派遣一支法國戴高樂旅，與西非援軍一同繞道好望角前往埃及，以便在情勢允許時奪取吉布地（「瑪麗」作戰計畫）。

第五，對馬爾他島的增援準備正在有條不紊地展開，尤其是空軍方面的增援（代號「絞盤」作戰計畫），其目標是重新掌控西西里與突尼西亞之間的航道。作為該策略的關鍵環節，曾有計畫安排一支突擊旅──羅傑·凱斯爵士願意親自指揮──以奪取潘泰萊里亞這座小型岩石島（代號「工廠」作戰計畫）。命令已經下達，若因希臘局勢變化而需增援克里特島駐軍，須全力將該島的蘇達灣發展成穩固的海、空軍基地。我們正在希臘擴建機場，以便支援希臘陸軍並攻擊義大利，或在必要時攻擊羅馬尼亞的油田。同時，在土耳其進行機場擴建和提供技術援助的工作也在積極推進。

第六，我們利用所有手段激發衣索比亞的起義，並在喀土穆部署了相當規模的軍力，以便在卡薩拉附近發起攻擊，應付駐紮在衣索比亞境內的大批義大利軍隊的威脅。曾有計畫由陸軍和海軍協同從肯亞沿東非海岸向紅海推進，攻占義大利的防禦港口阿薩布和馬薩瓦，目的在奪取義大利的殖民地厄利垂亞屬地。

如此，我便能夠向戰時內閣呈遞一份深思熟慮、細緻周全且富有多種選項的行動計畫，一經下令，便可迅速實施，打擊敵軍。此外，在作戰過程中，我們必定能找到一些主動且持續的海外攻勢作戰策略，儘管規模不大，但對我們1941年上半年的戰爭行動仍是有利的。在此期間，我們的主要作戰力量將在人員、軍火、飛機、坦克以及火炮等各方面持續且顯著地增強。

在這年終之際，這一年間的明亮與晦暗皆在畫面上鮮明呈現。我們仍然存活。我們已經戰勝了德國的空軍。我們的島嶼未遭受敵軍入侵。國內陸軍已變得異常強大。倫敦在艱難考驗後依然屹立不倒。與本土制空權相關的各項事務皆迅速改善。莫斯科的共產黨人汙衊我們，稱這是一場資本主義與帝國主義的戰爭，然而，工廠內機器聲轟然作響，整個不列顛民族日夜辛勤工作，我們獲得重生，感到自豪，精神振奮，勇往直前。在利比亞的沙漠中勝利的光輝閃耀；大西洋彼岸的偉大共和國逐漸願意承擔其責任，並開始援助我們。

此刻，我接獲英王充滿慰勉的手諭。

1941年1月2日
桑德令罕府

尊敬的首相：

我誠摯地祝福你新年快樂，並期盼在來年我們能見證這場戰爭即將結束。在我逗留於此期間，感受到體力漸漸恢復，這對我益處良多。環境的變化和戶外運動如同上好的補藥。然而，當每個人都堅守職位時，我認為自己不應離開職責所在之地。然而，我應將此次旅程視為療養，希望歸來時身體康健，精神煥發，以充沛的精力再次投入與敵人的戰鬥。

我誠摯地希望並相信你能在聖誕節期間從繁忙中抽出時間稍作休息。我對你過去7個月作為我的首相所做的一切策劃深感欽佩，我非常享受我

第三十一章　沙漠反攻

們每週共進午餐時的對話。我期望在我回來後，我們能繼續每週共進午餐，我非常期待與你的交流。

我計劃於下週一前往謝菲爾德進行視察。當日我可以直接從這裡出發。再次祝福你。

你誠摯的
國王喬治

我深表感謝。

1941年1月5日

尊敬的陛下：

接到陛下深切慰勉的手諭，倍感榮幸。從我擔任海軍大臣，尤其是出任首相以來，陛下和王后對我的恩寵，成為我在生存奮鬥中汲取力量與鼓舞的泉源。作為君王的臣子，我曾在陛下的父親和祖父治下效力多年，我的父親和祖父亦曾在維多利亞女王治下任職，然而，陛下對我的關懷與厚愛，已超出所能想像的程度。

陛下，我們所經歷的這些日子，堪稱英吉利王國歷史上最為艱難嚴峻的時刻之一，眼前仍然是一條充滿挑戰且漫長的道路。我們每週在那座遭受轟炸的古老白金漢宮共進午餐，令我深受鼓舞，對陛下與王后不畏危險、不辭辛勞的精神感受深刻。這場戰爭使君王與人民的連繫展現前所未有地緊密，陛下與王后比以往任何君王都更受各階層社會人士的愛戴。在英國歷史的這個關鍵時刻，我有幸被授予重任，擔任首相並侍立於陛下左右，內心倍感榮幸和自豪；值此「拜爾迪耶日」，澳洲勇士又俘獲義軍兩萬——我在此日上書——足見我們的前途光明，對未來充滿希望和信心。

陛下的忠實臣僕
溫斯頓・斯賓塞・邱吉爾

我堅信，我們可以將這一年視為英吉利和大不列顛帝國歷史中最輝煌燦爛的時刻之一，同時也是最為艱難的歲月。正是這個偉大的古老英格蘭，擊潰了西班牙的無敵艦隊。信仰與決心熊熊燃燒，使我們度過了威廉三世和馬爾巴羅公爵對路易十四進行長達 25 年的戰爭。我們曾領略過查塔姆的輝煌年代，我們也曾與拿破崙展開曠日持久的戰爭，在這場戰爭中，英倫的生存因納爾遜及其同僚卓越的海軍指揮而得以保障。在第一次世界大戰中，英國付出了百萬人犧牲的代價，但與 1940 年相比，這一切都顯得黯然失色。在這個年末時刻，這片古老而渺小的海島，連同效忠的聯邦、自治領和全球屬地，已證明它能夠承受支配世界命運的全部重擔。我們未曾被嚇倒，也未曾動搖。我們未曾失敗。英國人民的勇氣與民族的精神已證明其不可征服，聯邦與帝國的堡壘是無法攻破的。儘管我們獨自奮戰，但一切見義勇為者都對我們施以援手，我們在暴君企圖登上勝利巔峰時向其發出了挑戰。

　　我們的所有潛力已經被完全激發出來。空襲的恐懼已被克服。我們的島嶼深不可測，無法被侵犯。未來，我們將獲得更多戰鬥的武器。未來，我們也將成為一臺結構嚴密的戰爭機器。我們已經向世界證明，我們有能力自衛。關於希特勒統治世界的問題有兩個方面。許多人曾以為不列顛已完結，但它依然在賽場上，並且比以往更為強大，其力量正日益增強。時間再次站在我們這邊，這不僅限於我們國家。美國正在迅速武裝，逐漸接近戰爭。在戰爭爆發時，蘇俄錯誤地低估了我們的抵抗力，並從德國換取了暫時的利益，分得了一部分贓物；它現在也比以前強大得多，並且鞏固了為自衛而取得的許多前線陣地。日本似乎因世界大戰可能拖延而暫時止步，它密切關注著俄國和美國，深思熟慮地權衡利弊。

　　大不列顛及其廣袤的自治領和屬地，曾一度接近瀕臨毀滅的深淵，其核心力量幾乎被敵對勢力所穿透。經過 15 個月的全力投入戰爭事務，訓

第三十一章　沙漠反攻

練軍隊並將各種可以動用的力量投入於戰爭。弱小的中立國和被征服的國家在震驚與寬慰中看到，天上的星星依舊閃耀著光輝。千萬人心中重新燃起了希望的火焰，迸發出澎湃的激情。正義的事業必將取得勝利，公理絕不會被永遠踐踏。自由的旗幟——此刻是英國國旗——仍將高高飄揚。

儘管我與忠誠的同事們依據精確情報立於高處縱觀全域性，但仍有許多令人憂慮之事。我們已經感受到敵人潛艇封鎖的威脅。我們的所有計畫能否順利實施，完全取決於我們是否能擊退這個威脅。法蘭西之戰已經失敗。不列顛之戰取得了勝利。大西洋之戰即將開始。

附錄

首相以個人身分公布的備忘錄與電報
1940 年 5 － 12 月

5月

首相致函伊斯梅將軍並轉有關人員

1940 年 5 月 18 日

　　近炸引信與相應的火箭發射器至今被視作保護船隻的重要武器。然而，為了保護飛機製造廠及其他特別關鍵的地點，所需的數量甚至更多，有些地方需求更為緊急。對此採取了哪些措施？希望明日擬定計畫，以便開展必要的生產。發射器的設計是否需進行修改？海軍軍械司司長在船隻方面可提供協助，但需注意不要中斷對易受攻擊海岸的補給。希望明晚向我報告此項生產需要哪些機構或方法。

首相致殖民地事務大臣

1940 年 5 月 23 日

　　我完全贊同韋奇伍德對所提問題的答覆；我不願意在巴勒斯坦以外地區徵召猶太部隊參戰。目前在巴勒斯坦的首要且幾乎唯一目標是撤出目前駐留的 11 營精銳正規軍。因此，猶太人必須武裝起來自衛，並且迅速地將其妥善組織。我們的海軍已經將他們與外界隔絕，我們可以透過海軍的力量和其他妥善的方式來防止他們與阿拉伯人之間的衝突。另一方面，由於原先駐防的英國正規軍必須儘早撤離，因此在我們撤軍時，不能讓猶太人毫無武裝。

附錄

首相致飛機生產大臣

1940 年 5 月 24 日

希望安排與林德曼會面，以便商討近期及未來的飛機生產數量。我始終認為，空軍部並未充分分配供應給他們的飛機；林德曼正為我索取他們掌握的所有飛機的統計資料，以便確定這些飛機的用途。

極為關鍵的是：不僅需要動用所有儲備和備用的飛機，同時還需要將這些飛機與飛行員編組成中隊。如今戰事迫在眉睫，必須準備盡可能多的飛機，甚至如你所言，連教練機和民用飛機也要投入使用，以便裝載炸彈去轟炸敵人在荷蘭、比利時、法國等國沿岸的機場。我需要掌握所有出廠及使用中飛機的具體數字，並希望每週收到最新情況的彙報。

首相致林德曼教授

1940 年 5 月 24 日

關於坦克的狀況，希列準備了一份單頁報告。我們已經向陸軍交付了多少？每種坦克每月的生產能力是多少？製造廠目前的庫存是多少？預期的數量是多少？重型坦克的規劃是什麼？

——現代戰術和坦克摧毀防禦設施的能力，將對「耕耘者」的生產計畫產生影響，似乎減少其數量即可。

首相致愛德華・布里奇斯爵士

1940 年 5 月 24 日

我認為各位大臣出席的各種委員會過於繁多，而這些委員會的成效卻不顯著。應透過裁撤和合併來減少數量。其次，內閣被報告所困擾，應致力於減少報告的數量，並縮小使用範圍。請內閣辦公廳人員提出實現這兩項簡化報告的方法。

首相致空軍大臣

1940 年 5 月 27 日

在今天的公報中，您將「使之不能作戰」的敵機與「被擊毀」的敵機加以區分。這兩者之間是真有差別，還是只是為了避免文字重複？如果僅是為了避免文字重複，那就不符合英文權威的解釋。不應因辭害意。

在比利時海岸進行戰鬥時，你認為天氣晴朗較為有利還是多雲更合適，請於今日提交報告。

1940 年 5 月 29 日

首相致函伊斯梅將軍及帝國總參謀長

由於戰爭方式的轉變，「耕耘者第 6 號」的用途已經受到決定性的影響。它在若干攻防作戰中仍有價值，但不再視為突破要塞防線的唯一利器。我建議，立即指示軍需大臣將計畫減半。或許不久後，它會被縮減到四分之一。騰出的資源可用於製造坦克。如果德國人在 9 個月內能製造出坦克，我們也必定能做到。請將關於優先製造 1,000 輛坦克的總體計畫提交給我，這些坦克應能應付敵人可能在 1941 年投入使用的改良型坦克。

倘若反坦克委員會尚未成立，則應立即籌組，以專注於研究和設計針對德國最新坦克的各類裝備。請提交擬定的名單。

6 月

首相致愛德華・布里奇斯爵士

1940 年 6 月 3 日

是否已經開始將兩萬名被拘留者送往紐芬蘭或聖赫勒拿島的安排？此事是否是樞密院議長負責的事務之一？如果是，請詢問他。我希望能盡快用船將他們送走，但我估計那邊也需要進行大量準備工作。這些安排是否已經在進行中？

附錄

首相致空軍大臣

1940 年 6 月 3 日

內閣從你的報告中了解到，目前你的戰鬥機飛行員有人數不足的問題，這個狀況已經成為重要影響因素，我們對此深感憂慮。

這是空軍部首次承認在這一個方面的問題。我們了解到，許多飛機是專門用於培訓飛行員的，其數量遠超德國。幾個月前，空軍部曾表示，有數千名飛行員沒有飛機，因此這些人必須「重新編排」：所提到的人數多達 7,000 人，而且這些飛行員的飛行時數比我們俘虜的德國飛行員還要多。然而，最近又聲稱缺少飛行員，這應如何解釋呢？

比弗布魯克勳爵在飛機的供應、修理以及整頓飛機製造部門的混亂和弊病上已經取得了顯著的改善。我非常希望你在人事方面也能達到同樣的成績，因為如果我們因缺乏駕駛員而讓飛機閒置，那將是一件令人遺憾的事。

首相致林德曼教授

1940 年 6 月 3 日

你未能依照我的要求，每隔幾天或每週提供一份關於軍火生產變化的簡要報告。若不提交報告，我就無法進行明確的判斷。

首相致林德曼教授

1940 年 6 月 3 日

請查閱附件（生產計畫：參謀長委員會的備忘錄），其中似乎存在諸多思考不夠嚴謹之處。顯然，在未來 5 個月內凡是可行之事，我們都應「加緊去辦」，儘管之後生產必然下滑，但在我看來，沒有任何理由需要修改已批准的 3 年作戰計畫。事實上，如果法國失敗的話，這些計畫就比以前更加需要。

請告訴我您的意見。

首相致林德曼教授

1940 年 6 月 7 日

（密件）

近炸引信的生產再次延誤，令我深感憂慮。

考慮到此事的重要性，以及我多次強調要積極推進這個任務，確有必要讓兩、三家公司同時進行嘗試製造，這樣若其中有人失敗，其他公司仍能繼續。

請告知我此事的進展情況如何。

截至目前，你尚未向我提交一份詳盡的報告，告知在我們製造近炸引信之前，已為近炸引信和普通引信定製的火箭生產狀況。

你應該繼續製造穩定投彈瞄準器，這至關重要，因為我們必須按照他們摧毀我們飛機工廠的程度去摧毀他們的飛機工廠。若能召集所有對近炸引信感興趣的人和對穩定投彈瞄準器感興趣的人，我將在下週聽取他們的意見，並督促他們推進工作。

首相致飛機生產大臣

1940 年 6 月 11 日

在 12 月 22 日的一次關於投彈瞄準器設計的會議上，決定快速將 2,600 個「馬克 II」型空投炸彈改裝為高空穩定瞄準投彈，當時 90% 的繪圖工作已完成。請告知後續工作的具體情況。為什麼只改裝了一個投彈瞄準器？我請求你查閱文件，查明是誰在進行阻撓。

首相致空軍大臣及空軍參謀長

1940 年 6 月 11 日

這份報告撰寫得非常出色。請立即協調，派遣你昨日提及的空軍中隊對你所提到的河流進行空襲。據悉，那裡的船隻活動頻繁。此事無需請求

法國的許可，但在河道投放水雷仍需獲得他們的同意。我正在處理此事。在此期間，你們要迅速在下游採取行動。你們的計畫請向我報告。

首相致殖民地事務大臣

1940 年 6 月 16 日

你是否曾思考過籌組一個西印度群島軍團是否合適？該團可以分為 3 個營，多由英國軍官領導，並應涵蓋大多數島嶼；成為帝國兵力的一部分，為土著居民提供效忠的機會，並將資金注入這些貧困島嶼。

我們當前面臨武器短缺的困境，不過我們有方法可以應對。

首相致海軍大臣

1940 年 6 月 17 日

我對你建議有關重型戰艦在西地中海的部署感到非常滿意，即：派遣「卻敵」號和「聲威」號封鎖斯卡帕灣；「羅德尼」號、「納爾遜」號以及「英勇」號駐守羅賽斯以保護該島；「胡德」號與「皇家方舟」號在直布羅陀與「堅決」號會合，觀察法國艦隊的動向。

駐紮在亞歷山大的艦隊必須繼續留守，以確保埃及免遭義大利的侵襲，否則我們在東方的戰略地位將會提早受到威脅。該艦隊的部署非常妥當，能夠有效維護我們在土耳其的利益，同時保護埃及和蘇伊士運河。此外，若局勢發生變化，艦隊還能夠向西行動，或通過蘇伊士運河保衛帝國，亦或繞過好望角以保障我們的貿易航線。

需時常關注東方艦隊的動向；在明確法國艦隊的狀況及西班牙是否宣戰後，方可進行重新評估。

即便西班牙宣戰，我們也不應因此放棄東地中海的立場。若我們被迫放棄直布羅陀，應當立即占領加那利群島，以此作為控制地中海西部入口的絕佳基地。

首相致國內安全大臣

1940 年 6 月 20 日

據了解，上週六已經決定由你部門負責實施煙幕釋放，以遮掩工廠及類似的工業目標。我希望了解，你指派了誰來承擔這項我認為極其重要的任務，並取得了哪些進展。

首相致海軍部

1940 年 6 月 23 日

將「胡德」號與「皇家方舟」號停泊在直布羅陀港而無所作為是非常不妥的，因為它們隨時可能會遭受岸上炮火的襲擊。

它們加完燃料後，應該出海，僅偶爾返航作短暫停留。正在採取何種措施？

首相致伊斯梅將軍

1940 年 6 月 24 日

雷諾先生已鄭重承諾將被俘於法國的德國飛行員送至英國，關於此事，是否有收到任何消息？

首相致外交大臣

1940 年 6 月 24 日

看來，今天或明天無需再就驅逐艦問題致電總統。顯然，法國艦隊的動向將影響他的決策，我對此保持樂觀。我仍未決定是否現在即召開參謀會議。我猜測，美國方面幾乎會將會議焦點集中在英國艦隊必要時將轉移到大西洋彼岸基地的問題上。在這個所有人都需要為崇高的戰爭振奮精神的時刻，討論此類問題無疑會削弱我們的信心。關於驅逐艦及飛船的問題，我將在不久之後再次親自發電報給總統。

附錄

首相致殖民地事務大臣

1940 年 6 月 25 日

由於你的前任對巴勒斯坦猶太人因武裝自衛而施以嚴厲懲罰,致使我們的部隊原本無需駐守,而今卻不得不留在那裡以保障他們的安全。請詳細告知我,猶太人具備哪些自衛武器和組織。

首相致軍需大臣

1940 年 6 月 25 日

感謝你 6 月 22 日的來信,討論增加美國鋼材進口數量事宜。我了解到,由於法國合約轉移給我們,下月的採購量將翻倍,目前我們每月的採購量約為 60 萬噸。這個情況令人滿意,因此在我們有能力購買時,我們必將盡量從美國多買進。

首相致外交大臣

1940 年 6 月 26 日

我認為,提議在戰爭結束後「討論」直布羅陀的問題對我們毫無益處。西班牙人明白,若我們勝利,討論將無疾而終;若我們戰敗,討論則無意義。我不認為,僅靠這類議題會影響西班牙的決策。

首相致伊斯梅將軍

1940 年 6 月 28 日

雖然我們對法國海軍的政策已經相當明確,但我願意了解海軍部對某些可能後果的評估,即:若法國採取敵對立場,以及德國和義大利奪取了我們未能取得的那部分法國海軍。希望於下星期日之前得到評估報告。

首相致伊斯梅將軍

1940 年 6 月 28 日

這個工人數字實在令人失望。我在內閣提到 57,000 人時,有人告知

我，這僅僅是實際使用人數的一小部分，目標應該是接近 10 萬人，還有許多人需要在週末之前抵達。然而，目前我們只有 4 萬人。請針對此事向我詳細解釋。

忽視組織工人以致戰鬥部隊無法進行訓練，這是一項嚴重的錯誤。在星期一的內閣會議中這個問題必須提出討論。

首相致內政大臣

1940 年 6 月 28 日

請提交一份包含你所逮捕的知名人士名單。

首相致林德曼教授

1940 年 6 月 29 日

如果我們能夠配備大量可在雲霧或夜間由雷達操控的多管發射器與火箭，並且具備在白晝能高效使用、在月夜與星光下雖效果稍遜但仍可以運作的近炸引信，這將對空襲防禦造成決定性作用。因此，研發這種結合多種效能的武器，是當前的最高目標。我們在各個方面已經接近達成這個目標，但似乎也面臨了難以解決的挑戰。請將你的意見與事實彙總告知，以便由我裁定最高優先順序，盡快推動此事。

首相致林德曼教授

1940 年 6 月 29 日

依我之見，封鎖措施大多已經無效，此情形下，我們唯一的致勝手段便是對德國實施大規模空襲。

若我們無需在法國駐軍，亦無需向法國輸送牛肉、煤炭等物資，未來不久我們便可減輕負擔。對此，希望有報告可以提交給我。

牛肉供應問題到底受到了多大衝擊？我們已經不再有向法國軍隊提供牛肉的責任。實在費解為何國內軍隊的配給量遠超重型軍火工人。凍肉與

附錄

鮮肉的問題也將因近期事態發展而受影響，儘管我尚不確定具體影響的方向。

7月

首相致伊斯梅將軍

1940 年 7 月 2 日

若確有數百名德軍透過軍用運輸艇在澤西島或格恩濟島登陸，需立即研究在夜間進行這兩座島祕密登陸的計畫，以消滅或俘虜侵略者。此項任務正適合突擊部隊執行。獲取必要的情報應不難，可透過當地居民或撤離者獲得。在戰鬥中，敵人唯一可能的增援途徑是透過航空母艦，這將為空軍戰鬥機提供良機。請務必擬定計畫並提交。

首相致外交大臣

1940 年 7 月 3 日

我無法容忍讓一群依附於貝當政府的法國有影響力的人士在英國及駐英國的法軍當中，無限制地進行負面宣傳，反對我們公開且積極推行支持戴高樂的政策。在我看來，在摩洛哥成立一個法國政府，獲取對「讓・巴爾」號及其他艦隻的控制，並從大西洋海岸的一個基地在摩洛哥展開戰鬥，都是至關重要的。內閣原則上熱烈支持這個嘗試，除了技術細節外，我很難同意放棄這種嘗試，並轉而採取已經被證明對我們利益有害的消極防禦策略。

（限即日行動）
總理致信海軍副參謀長及海軍助理參謀長

1940 年 7 月 5 日

德國軍隊已經控制了法國的整個海岸線，請以書面形式告知我，你們

對海峽護航船隊的安排情況。昨日，我方護航船隊遭到了敵機與快速魚雷艇的嚴重襲擊。我希望今早能收到保證：局勢已被掌控，空軍也在進行有效的協同作戰。

首相致函海軍大臣、陸軍大臣及空軍大臣
（由愛德華・布里奇斯爵士執行）

1940 年 7 月 5 日

有人告知我，在戰時內閣之外的「高級」同事，因對軍事情況知之甚少而感到不滿。若軍事大臣們能輪流與他們會面，解答疑問並闡述整體局勢，將會大有裨益。若每週集會一次，三軍的每位大臣就能每 3 週與他們會面一次。我認為這對你們而言並非過度負擔。任何人都不應討論未來的作戰計畫，這些計畫必須列管保密，僅限極少數人知曉。至於過去和當前的情況解釋，可以多加說明。我相信上述安排你們會同意，因此我已透過愛德華・布里奇斯爵士發出指示。

首相致雅各布上校

1940 年 7 月 6 日

今天，請向聯合情報參謀部索取一份關於敵人準備空襲或登陸的所有最新跡象的詳細報告。今晚將該報告交來。

首相致飛機生產大臣

1940 年 7 月 8 日

鑑於當前戰局的嚴峻形勢，對戰鬥機的需求變得極為緊迫；在徹底擊潰敵軍的進攻之前，戰鬥機的生產應當被視為首要任務。然而，當我深入思考如何贏得這場戰爭時，我發現只有一條可行的途徑。我們沒有能夠擊敗德國軍事力量的陸軍部隊。封鎖已被突破；希特勒可以從亞洲，甚至可能從非洲獲取資源。如果他在此被擊退或不嘗試入侵英國，他將可能轉向

附錄

東方,而我們將無力阻止。然而,唯一能迫使他回頭並將其擊倒的手段,就是英國以大量的重型轟炸機對納粹本土進行徹底的、毀滅性的轟炸。我們必須具備這種能力,以此方式戰勝他們,否則我看不出還有其他途徑。我們不能接受低於空中優勢的目標。何時才能獲得空中優勢呢?

首相致空軍大臣

1940 年 7 月 11 日

通常而言,轟炸機隊的損失不應如此嚴重;在轟炸不來梅的任務中,每 6 架飛機僅有一架返回,這尤其令人擔憂。目前需要付出巨大代價的事項包括:

(甲) 偵察德國及其控制的港口和河口的動向;

(乙) 轟炸偵察發現的駁船和集結的船隻。

此外,對於德國的遠端轟炸,既要保持持續性,又要最大限度地節省飛機和人員。最重要的是,大規模建造轟炸機隊,因為現有數量仍然不足。

首相致內政大臣

1940 年 7 月 11 日

我認為,你應該擬定一份建議,凡是在當前戰爭期間無國務大臣批准而擅自離職超過 6 個月的任何議員,應被解除其議員職務。

首相致伊斯梅將軍

1940 年 7 月 12 日

小型圓形掩體的建造和安裝進展如何?這種掩體可以安裝在機場的中央,並透過壓縮空氣瓶將其提升 2 至 3 英尺,猶如控制機場的角樓。我上週在視察蘭利機場時首次見到這種掩體。對於抵禦傘兵,這似乎是個有效方法,應大力推廣。請擬定一個計畫並提交。

首相致陸軍大臣

1940 年 7 月 12 日

現在正是你在軍隊中推廣政績的絕佳時機，方法是向各軍團和單位分發小型徽章和勳章，這些深受他們的喜愛。我曾見過倫敦的愛爾蘭士兵佩戴綠色和孔雀藍的絲穗。籌集製造銅徽章的費用並不困難，所需金屬量極其微小。應當鼓勵各種形式的團隊勳章。在法國軍隊中，有一種相當新穎的方法：官兵們還佩戴另一種非正式的團隊徽章，並將這些徽章贈送給民眾。我對此辦法十分欣賞，並相信這一定會令我們那些經歷長期艱苦生活的官兵感到欣慰。你對軍樂隊的措施我認為很好，我們何時能在街頭聽到他們的演奏呢？即便是小規模的閱兵遊行也極為有益，尤其是在利物浦和格拉斯哥這樣的城市。總之，凡是有部隊駐紮且有空閒時間的地方，都應設法進行軍樂表演。

首相致函伊斯梅將軍，抄送參謀長委員會

1940 年 7 月 12 日

1. 與義大利軍隊的接觸讓我們意識到，可以從海洋和空中對義大利本土發動更猛烈的攻擊。艦隊能夠更自由地使用馬爾他，這也顯得非常有希望。需要制定計畫，以各類防空炮和飛機大幅度加強馬爾他島的空防。該島也曾被視為「投蛋人」能夠有效布置空中布雷屏的地點。最後，還有光電引信，這種引信預計在 8 月底製成，白天使用效果極佳。如果我們能在那裡部署更強大的空軍部隊，就能大大減輕敵人反擊的威脅。

2. 立刻制定方案，並以最迅速的方式增強馬爾他島的防空能力，期望在 3 天內提交計畫，並附上時間評估。在大炮運送之前，應通知馬爾他島做好炮位準備。

附錄

首相致伊斯梅將軍

1940 年 7 月 12 日

請將下列通知轉達參謀長委員會

英國政府的方針是：將法國軍隊打造為精銳且強大的部隊，能夠在陸、海、空各領域作戰，鼓勵他們自願與我方並肩作戰，給予優厚待遇，激發他們對法國國旗的情感，並視他們為繼續戰爭的法國代表。

這個政策的有效執行應由參謀長委員會負責。

這個原則同樣適用於波蘭人，以及駐紮在英國的荷蘭、捷克和比利時部隊，還有反納粹的德國軍團。管理上的不便不應成為阻礙這個國策的理由。大不列顛正在獨自戰鬥，需要賦予這場戰爭更廣泛的國際性，以大幅增加我們的力量和聲望。

我渴望確保這項政策能被全力貫徹。我注意到奧林匹亞的狀況不佳；顯然，有些軍官在施加阻力，妨礙法國士兵自願參戰。現在有一個機會可以支持法國人，那就是讓他們在 7 月 14 日的慶祝活動取得巨大成功，那時他們將向福煦的雕像獻上花圈。

首相致伊斯梅將軍

1940 年 7 月 13 日

請海軍部關注這些艦隻的重要性，尤其是「西方王子」號。它的速度如何？若我們失去這 5 萬支來福槍，將是一場災難。同時，提醒海軍部注意 7 月 8 日至 12 日期間從紐約出發的運輸船隊。這些船隊何時進入危險區域？何時抵達？請將擬採取的措施彙報給我。

首相致愛德華‧布里奇斯爵士

1940 年 7 月 13 日

我收到多方建議，認為應該再次舉辦蒙羞祈禱日。你能否私下了解一下大主教對此事的意見？

首相致伊斯梅將軍

1940 年 7 月 14 日

我認為，現今每個人都必須重視他們的防毒面具，這件事極其重要。我猜測許多面具可能需要仔細檢查，希特勒很可能計劃對我們使用毒氣。你能否考慮如何開始這項必要的檢修工作？應當立即展開。

首相致函伊斯梅將軍，轉呈空軍副參謀長

1940 年 7 月 15 日

我完全同意你所提出在月盈期間進行轟炸的計畫。然而，我不明白我們為何在基爾運河沒有取得明顯成效。再沒有比這件事更為重要的了，因為這行動將可阻止已準備好的駁船和船隻從波羅的海出發，威脅我方的防禦。我聽說你在這個地區投下了一些炸彈，但未見顯著效果。請告知你過去在這方面的具體措施。進行了多少次空襲，投擲了多少炸彈，使用的是哪種型號，為什麼運河仍然暢通無阻？你能否制定一個計畫，以確保未來能取得更佳的結果？這無疑是一項至關重要的任務，當前時刻尤其關鍵。

首相致伊斯梅將軍

1940 年 7 月 15 日

為了確保 14 英寸口徑大炮的安全，必須在其上方安裝防護裝置，以防止轟炸襲擊。建議搭建鋼架，並在其上覆蓋沙袋，與沿海 6 英寸口徑大炮的防護措施一致。所有裝置需要進行偽裝處理。你應該了解，大炮在發射 120 發後就需要更換。屆時，必須拆除鋼架，待大炮更換完畢後再重新安裝。這應該不會有太大困難。

附錄

首相致伊斯梅將軍

1940 年 7 月 18 日

希望你持續敦促陸軍部透過籌組工兵營或採取其他措施來擴展外籍軍團。每週需向我提交報告。

首相致內政大臣

1940 年 7 月 19 日

我自然不會讓大孩子給麥肯齊・金先生送信,也不會讓小孩子去。如果我派人送信,那便表明我完全反對在此時從本國撤退。

(限即日行動)
首相致內務大臣

1940 年 7 月 19 日

最近我觀察到,全國各地的地方長官及其他法院在執行新發表的法案和規定時,處理了大量涉及洩漏機密的案件。所有這些案件應由內政部重新審查,對於沒有惡意或未造成嚴重危害的人,國王陛下有意給予赦免。你可以選擇幾件最近引起廣泛關注的案件,公開宣告赦免,這樣可以為地方法官提供必要的指導。沒有這樣的指導,他們很難理解議會的意圖和目的。

首相致海軍大臣及第一海務大臣

1940 年 7 月 20 日

我曾多次警示過你們這種潛在的危險。我認為不應允許「胡德」號停泊在直布羅陀港,因為在那裡它可能會突然遭受重型榴彈炮的攻擊。「胡德」號和「皇家方舟」號應當出海巡航,而「英勇」號和「堅決」號是否隨行,則依據具體情況而定。如果西班牙的局勢沒有進一步惡化,它們可以返回原地加添燃料或執行其他任務。請告知你們的看法。

首相致外交大臣

1940 年 7 月 20 日

關於中、日之間達成全面而公正且體面的和平,是否無需急於求成?蔣介石並不希望這樣的和平;親華人士也並無一人支持。這不僅無法幫助我們解決滇緬公路的問題,反而會使其更加惡化。我認為,若讓日本人脫離當前的困境,對我們並無益處。暫且將此事擱置約一個月,觀察局勢的發展,豈不是明智之舉?

首相致陸軍大臣

1940 年 7 月 20 日

請詳細閱讀韋奇伍德上校關於「倫敦防務」的信函。在我看來,對於政府中心區的防禦規劃,僅需考慮抵禦 500 名傘兵或第五縱隊的規模即可。目前的計畫如何?準備應對多大規模的威脅?

你可以協助喬斯。他性情開朗且心胸寬廣。

首相致不管部大臣

1940 年 7 月 20 日

根據我所掌握的消息,我不禁懷疑,我們是否在有效地利用國內的木材資源。顯然,這主要是軍需大臣的職責;我了解到,他近期就此問題在部門內部做出了一些變動。

首相致伊斯梅將軍

1940 年 7 月 21 日

希望你針對關於保衛白廳、中央政府等地的計畫向我提交報告。準備抵禦的襲擊規模多大,由誰負責這些措施?為何在聖詹姆士公園設定反坦克障礙物?是誰下令這樣做的?命令又是何時撤銷的?

附錄

首相致伊斯梅將軍

1940 年 7 月 23 日

我了解到，若在機場增加更多的油罐車，戰鬥機的加油速度將顯著提升。鑑於空戰中每分鐘都至關重要，確保飛機能迅速重返空中，我建議立刻採取行動，將加油裝置數量翻倍或大幅增加。

首相致陸軍大臣

1940 年 7 月 23 日

我似乎尚未收到你對我所提問的回應：加拿大第 2 師及其所有行動是否在冰島被浪費。

首相致陸軍大臣

1940 年 7 月 23 日

1. 自然，竭盡全力祕密獲取被侵略國家中德軍的詳盡情報，並與當地居民密切連繫、安插間諜，是一項緊迫且必需的任務。我期望，經濟作戰部新成立的機構正在積極且大規模的推進此項工作。這類任務不涉及任何軍事行動性質。

2. 以往在布洛涅和格恩濟島所採取的那些愚蠢且不成功的戰略來侵擾這些國家的海岸，實屬不智。必須嚴禁進行小規模的襲擊活動，且勿公布令人反感的宣告，以免沿海居民與我們為敵。

3. 羅傑·凱斯爵士正在制定關於實施中等規模襲擊的完整計畫，涉及人數在 5,000 到 10,000 人之間。今年冬季可以對法國海岸進行兩到三次這樣的襲擊。一旦入侵的威脅減弱或消除，而羅傑·凱斯的書面計畫也已完成，我們將共同討論，並指示參謀人員進行詳細準備。如果這種中等規模的襲擊能夠順利進行，那麼就沒有人會反對以小股部隊騷擾法國的海岸。

4. 預計於 1941 年春、夏發動大規模裝甲部隊的突襲。在物資準備方

面，我們已經遠遠超前，現在只需對這類進攻的可能性進行大致研究即可，8月底前無需向參謀部下達任何命令。

總理致函伊斯梅將軍，並轉交參謀長聯席會議

1940 年 7 月 24 日

　　除反納粹的德國人（他們可先擔任工兵）外，應為所有外籍軍團配發步槍及彈藥。至於使用國民自衛軍現有的英國軍用步槍（這些步槍正由美國步槍替換），還是直接用美國步槍裝備外籍軍團，你們應已進行研究。總體而言，我傾向於前者。最緊迫的是重新裝備波蘭人及法國人，因為我們可能在不久的將來需要他們在海外作戰。外籍軍團的武裝，尤其是步槍方面，優先次序應在英國軍隊之後，但在國民自衛軍之前。他們還應配備少量輕機槍等武器，即使需要從我們自己的軍隊中調撥，也應如此。關於為他們提供大炮的進展如何？分配幾門「75」榴彈炮即可。應盡力使波蘭軍隊達到成熟訓練的程度。請每週提供一份關於人數和武器的報告給我。

（限即日行動）

首相致海軍大臣、第一海務大臣及海軍副參謀長

1940 年 7 月 25 日

　　我不禁認為，在入侵部隊的登陸地後方設定水雷的計畫，其重要性遠超過海軍參謀部 3 週前與我討論此事時所認知的程度。在這段期間，我已經發送便函，請求你們進一步考慮此事。

　　若敵軍在夜間或破曉時分發起登陸，我的小型艦隊便可在白日從背後發動攻擊，而這些小型艦隊將接受猛烈的空中轟炸，這是勢必包含進行空戰的一部分。然而，入夜後，可以在海岸附近布設一層或一道水雷，切斷對登陸地點的一切增援。水雷一旦布置妥當，便無需再擔心空襲，因此，小型艦隊也無需在次日返航，進而避免在空襲和防空中遭受損失。無論如何，我始終認為，若不在小型艦隊執行攻擊或布設水雷這兩者中選擇其一

附錄

來封鎖敵人登陸，這便是缺乏遠見。敵人可能在多處登陸，你們可以用水雷封鎖一處，以便攻擊另一處。當然，若敵軍占領的是一個港口而非僅僅是海灘，那麼上述策略將更為廣泛地應用。

請對該事項予以更多關注，並彙報哪些船隻可供利用，以及何時能夠完成這些船隻的準備或改裝。

首相致海軍副參謀長

1940 年 7 月 25 日

請提供一份報告，詳述對德國、荷蘭及比利時港口進行水雷及障礙物封鎖的進展情況。

首相致外交大臣

1940 年 7 月 26 日

昨日，應郭先生的邀請，我與他會面，並直言不諱地向他說明了滇緬公路的狀況。我親自將透過外交部致信蔣介石的內容告知於他。他自然迫切地詢問我 3 個月期限屆滿後將如何處理。我答道，一切須視當時的實際情況而定，我無法預見未來。我向他保證，我們絕不會強迫蔣將軍違背其意願和政策來接受條件或進行談判。郭先生似乎感到滿意，但面露憂慮。

首相致財政大臣

1940 年 7 月 28 日

既然羅馬尼亞政府徵用了英國人的財產，我們是否可以向羅馬尼亞人表明，我們將動用他們被凍結的資金來補償英國人民？我了解到，大約 6 週前，你已經查封了羅馬尼亞在倫敦的財產。這些人對我們的做法態度極差。

8月

(限即日行動)

首相致海軍大臣及第一海務大臣

1940 年 8 月 1 日

　　鑑於日本採取威脅態度，追蹤「俾斯麥」號及「提爾皮茨」號的動向極為關鍵。請盡快傳遞你們的新情報。我認為空軍必須盡全力使這些艦隻喪失戰鬥力，因為它們在未來幾個月的行動可能極具威脅。

　　若日本對我們發動戰爭或強迫我們參戰，我認為，你們應該派遣「胡德」號、3 艘裝備 8 英寸炮的巡洋艦、兩艘「拉米伊」級戰艦以及 12 艘遠洋驅逐艦前往新加坡。

　　請提交已經完成建造的日本戰鬥巡洋艦的藍圖（即結構細節）。

(限即日行動)

首相致海軍大臣及第一海務大臣

1940 年 8 月 2 日

　　請務必避免將我們的艦隻分布過於分散，然而，我完全贊同海軍部應對緊張局面的原則。我認為，「胡德」號比「聲威」號具備更大的威懾力。請就空襲「俾斯麥」號和「提爾皮茨」號的可能性向我提交報告。我認為，這是應採取的重要步驟之一。除此之外，針對日本可能進行的軍事行動，目前無需進行新的部署。

　　據悉，我方在托利島附近海域的 3 艘油船被炸沉，這引起了我極大的關注。希望從東海岸調遣幾艘驅逐艦前往。然而，我們最好等到 8 月分滿月期結束後再進行。

　　此時，美國的火炮和步槍亦即將配發至軍隊。

附錄

（限即日行動）

首相致伊斯梅將軍

1940 年 8 月 2 日

1. 下週，我的重要任務之一是檢查空軍部擴充飛行員人數及其訓練計畫。請先徵詢比弗布魯克勳爵的看法。

2. 希望你針對秋季期間對部隊進行戰術課程的授課計畫，向我提交報告。

3. 對於各種廢鐵的收集工作，已經進行了哪些安排？請提交一份單頁的簡要報告，概述今年的進展情況。

4. 在我任職海軍部期間，我對船舶打撈修理處的工作尤為關注，並在 4 個月前參加了一次會議。當時，該會由海軍軍官迪尤爾上校主持。從即時起，請提供一份關於船隻打撈修理工作的報告。

5. 我同樣希望在本週內決定防空大隊及警察在遭遇入侵時應承擔的任務。此事首先由掌璽大臣負責。我們也應該考慮允許防空大隊隊員調入國民自衛軍，並使他們能立即參加戰鬥。防空大隊隊員的薪酬是否已經停止或受到何種限制？應繼續對此類薪酬進行限制。

6. 希望你就坦克師的進展及未來建立坦克師的計畫向我提交報告。至（1941 年）3 月 31 日，應有 5 個裝甲師，到 5 月底，應再增加兩個師。希望能告知我，在這方面，目前人員和物資的規劃如何，也希望將最近關於裝甲師的編制和組織的意見告知。應將這一切列在一頁紙的報告上，表明所有的主要和次要之點。

首相致伊斯梅將軍

1940 年 8 月 2 日

製作國民自衛軍制服乃是一項重任。希望你告知制服交付的預期日期。

（限即日行動）

首相致海軍大臣

1940 年 8 月 2 日

　　我反對的立場是：無論任何情況下，一旦發現敵艦便立即將其擊沉，而不顧船員的安危採取適當措施。此外，若因空襲或其他軍事原因無法將俘獲艦隻作為戰利品送回港口，則沒有理由反對擊沉敵艦。擊沉船隻導致寶貴噸位的損失，其弊端顯而易見。我不理解，為什麼在 20 次中，海軍部竟有 19 次無法按照慣常方法派遣船員登艦，駕回港口。而對於「赫爾米恩」號的行動，我並不反對，其處理與上述原則一致。

首相致愛德華・布里奇斯爵士

1940 年 8 月 2 日

　　有關放假及減少工時的所有問題，應當儘早提交至內閣審議。認為危險已經解除，似乎過於樂觀。告訴工人們他們已經疲憊不堪，這是非常不妥的。然而，適度的放鬆仍然是必要的。請與貝文先生、比弗布魯克勳爵及軍需大臣進行溝通，以便在內閣討論時可以參考他們的見解。我也希望了解，對於文官官員以及各位大臣和高級軍職人員的假期安排，目前有何計畫。必須對此事作出決策，但我們應該非常謹慎，以免在和平的假象中遭到敵人的突然襲擊。

首相致掌璽大臣及內政大臣

1940 年 8 月 3 日

　　附上莫蒂斯通勳爵關於敵人入侵時警察職責的備忘錄，其中提出了一個極其棘手的問題，必須迅速解決。我們顯然不能支持這樣的做法：在被侵入的地區，警察應阻止民眾抵抗敵人，並放下武器，成為敵人的僕從。坦率地說，我尚未想到對規章中需要修改部分的具體解決方案。然而，原則上，警察似乎應與最後一批英王陛下的部隊一起從被敵人侵入的地區撤

退。這個原則同樣適用於防空大隊和消防隊等，他們將轉往其他地區服務。或許，在宣布入侵時，警察、防空大隊、消防隊等人員應自動成為軍事力量的一部分。

首相致伊斯梅將軍

1940 年 8 月 3 日

所有涉及法國或其他被占領國家的情報報告請提交給莫頓少校，由他負責向我彙報。此指示務必嚴格執行。

首相致陸軍大臣

1940 年 8 月 3 日

顯然，近期需要動用戴高樂將軍的部分兵力。因此，請確保他的 3 個營、坦克連和司令部等裝備齊全，此事極為重要且緊迫。顯然，相關措施已在進行中，但我仍希望你盡量加速；請告知自從昨日收到莫頓少校備忘錄後，情況有何改善。

首相致函愛德華・布里奇斯爵士及相關人員

1940 年 8 月 3 日

1. 我認為，無論生產委員會的意見如何，關於工廠工作和員工假期的指令，勞工大臣應在星期二之前提交內閣。假期是必要的，但不應營造假日氛圍。因此，建議僅宣布：「正在盡可能地安排輪休規劃」，或類似的措辭。

2. 我批准由霍勒斯・威爾遜爵士發出的各部門信函。此函系依據我的指示撰寫。

3. 若您能調整各大臣的假日，並讓三軍對駐紮在政府中心區的高級軍官實施相同的休假計畫，我將感到非常欣慰。

首相致愛德華・布里奇斯爵士

1940 年 8 月 4 日

本備忘錄所附報告中，首次在多佛爾使用帶鐵絲的不旋轉投射彈以形成空中布雷屏障的詳細資訊，我已轉交給同僚審閱。此類武器顯然極其重要，特別是在防禦俯衝轟炸飛機的船隻和港口方面，將帶來具有決定性的改變。

首相致林德曼教授

1940 年 8 月 4 日

你在戰爭第 2 年的糧食、航運和農業政策問題上展開了哪些具體工作？我認為，可能需要使用 1,800 萬噸的運輸能力，增加耕種 150 萬畝土地，並要求糧食部提交一份關於增加糧食配給和改善糧食貯藏的計畫。在此基礎上，或許可以實現目標。

首相致空軍大臣及空軍參謀長

1940 年 8 月 4 日

日本採取敵對行動的潛在風險，使得摧毀德國主力艦的任務顯得尤為重要。我了解到，空軍計劃在月光充足時立即對這些艦船進行猛烈打擊。停泊在基爾運河浮碼頭的「沙恩霍斯特」號和「格奈森諾」號，以及駐紮在漢堡的「俾斯麥」號和威廉港的「提爾皮茨」號，都是至關重要的目標。即便僅僅拖延「俾斯麥」號幾個月，也將嚴重影響海上力量的整體平衡。請告知你們的看法。

首相致伊斯梅將軍

1940 年 8 月 5 日

我對從法國非占領區獲取的情報，無論是數量還是品質，都感到不滿意。我們與這些地區的隔離，似乎與我們與德國的隔離無異。我不希望這

附錄

些報告經過情報機構的篩選和摘要後再送達。現由莫頓少校負責審查這些報告，並提交他認為最重要的報告。他將審閱所有報告，並將詳細可靠的原件呈交給我。

此外，應改進和擴大我們在法國的情報工作，並確保諜報人員能夠持續往返。為實現這個目標，必要時可尋求海軍的協助。至於現今的維琪政府，我們僅獲得有限的情報，實在不夠理想。美國、瑞士和西班牙的諜報人員被利用到什麼程度？

首相致伊斯梅將軍

1940 年 8 月 5 日

有多少訂單訂製 20 個一組、10 個一組、5 個一組的固定投彈多管發射器和單管發射器？

有多少——

(1) 普通火箭，

(2) 空中布雷，

(3) 光電引信，

(4) 無線電引信，

訂單已發出？預估未來 6 個月內這些產品能交付多少？

不久，英國軍艦上的多管發射器將使用光電引信來替代空中布雷。這需要對發射管進行改裝。海軍部應儘早研究，以便在這種改變被認為必要時，能夠及時將新發射管安裝在現有炮架上。

關於使用軍艦大炮發射短程空中布雷的研究是否取得進展，海軍部亦應對此提交報告。

我渴望重新審視我在離開海軍部之前進行的相關研究。

首相致礦產大臣

1940 年 8 月 6 日

聽聞你在夏季儲備了大量煤炭以應對冬季需求，我對此未雨綢繆的聰明之舉十分感興趣，想了解其進展如何。去年 1 月，我們煤炭短缺至令人焦慮的程度，我希望你已經採取預防措施。

首相致陸軍大臣

1940 年 8 月 7 日

請告知，關於訓練士兵使用現已大規模生產的黏性炸彈，採取了哪些措施？

首相致伊斯梅將軍

1940 年 8 月 9 日

請向軍需大臣索取一份詳細列出各項進口計畫的報告書。對於這些項目，應諮詢林德曼教授的意見。並送交給我審閱。

關於第 2 年的戰爭計畫，尚未逐條詳細匯報給我。

首相致陸軍大臣及帝國總參謀長

1940 年 8 月 9 日

第 1 師的裝備比例特別高，還包括國民自衛軍的 1 個旅。我注意到，該師被分布在海灘各處，而未作為後備力量以備反攻，這讓我非常不安。目前還有幾個師未被派遣到前線？為何讓配備大量大炮等武器的部隊駐守在海灘各地？

首相致比弗布魯克勳爵

1940 年 8 月 9 日

若需要在減少飛機或坦克的生產中作出抉擇，我寧可減少生產坦克。

附錄

然而,我認為情況並非如此,因為兩者的矛盾並不顯著,應該可以進行調整。我從你的談話中推斷,你認為可以與軍需大臣商討解決。

首相致新聞大臣

1940 年 8 月 9 日

對於戴高樂將軍來說,以法語經常在廣播中發聲,並盡一切可能將法語宣傳傳播至非洲,具有重要意義。有人告訴我,比利時人將從剛果提供協助。

我們是否有途徑將我們與戴高樂達成的協定傳遞給西非電臺?

首相致伊斯梅將軍

1940 年 8 月 10 日

請每週為我準備一份報告,內容涉及美國「75」榴彈炮的撥交部隊以及 0.300 來福槍的撥交國民自衛軍,並在報告中註明他們獲得這些來福槍後,交出了多少「李梅特福特」式步槍。請立即開始處理。

首相致函伊斯梅將軍,抄送參謀長委員會

1940 年 8 月 10 日

首相希望在參謀長委員會與本土防禦部隊總司令協商後,能向他彙報駐紮海灘各地部隊及後備隊所使用的小型武器彈藥的狀況。

首相致礦產大臣

1940 年 8 月 11 日

我相信你會利用出口市場停滯的時機,在全國境內擴充我們的儲備。希望你加快處理這件事,尤其是在煤氣、水和電廠這些重要領域的儲備。我注意到,水和電的供應量增加了約 20%;在累積這些儲備時,務必小心處理,因為我們遲早會需要它們。

我需要撰寫一份備忘錄給運輸大臣,以引起他對鐵路狀況的關注。

由於法國的戰敗以及我們失去四分之三的出口市場，這無疑嚴重擾亂了原定計畫，並給你的部門帶來了巨大的壓力。雖然你已經全力以赴地增加生產，但要解釋這種突如其來的經濟低迷確實不易。然而，我堅信，人們會理解這種情況。你提到肯特郡礦工的頑強態度，我認為這確實是激勵全國工人的一種精神表現。

首相致新聞大臣

1940 年 8 月 11 日

由於我們為戴高樂將軍安排了一些活動，因此向北非和西非傳播法國的新聞至關重要。請確保英國廣播公司滿足這個需求，並於星期一提交一份報告，說明所有安排均令人滿意。

毋庸贅述，你擁有足夠的權力讓英國廣播公司遵循你的指令。

（限即日行動）

首相致運輸大臣

1940 年 8 月 11 日

因敵軍轟炸與我軍封鎖港口，或致多種困境，請呈交一份詳盡報告，闡述貴部為面對此等困難所採取之措施。

英國四分之一的進口貨物通常透過倫敦港進入，五分之一經由默爾西河，從索斯安普敦、布里斯托爾海峽和恆伯河各占進口的十分之一。我們需要設想：這些通道可能會被全部或部分封鎖，或者單次封鎖一個，或者同時封鎖多個，然而，我毫不懷疑，你已經準備好了應對各種突發事件的計畫。

由於船舶數量的顯著成長，港口和公路基礎設施可能比船舶噸位不足更難克服，妨礙了工作的順利進行，因此，為應對各種突發事件而進行的準備或許是至關重要的。

附錄

首相致愛德華‧布里奇斯爵士

1940 年 8 月 12 日

當前是否有必要在軍需部之下設立木材管理局？

請向軍需部申請一份關於當前木材狀況和政策的簡要報告。

首相致掌璽大臣和馬傑森上尉

1940 年 8 月 12 日

在眾議院休會前，由我簡要概述戰爭的狀況，包括戰爭的第一年和新政府頭 3 個月的情況，可能會更為便利。大眾希望我這樣做，我認為，星期二，即 8 月 20 日，是最合適的時機。當然，這應該在公開會議上進行。請告知你們對此安排的看法，並在本週內及時通知。

若能在那時進行錄音，將為我省去不少麻煩，晚上便可透過無線電播送完整演講，或播送一些廣受關注的部分。若未能作出決議，能否如此安排？如果不行，本週內能否通過一項決議？我相信下議院不會反對。

首相致內政大臣

1940 年 8 月 12 日

提交的（關於敵人入侵情況下對警察的指示）草案，與我對最近內閣決定的理解不一致。我們不期望或鼓勵非武裝部隊成員參戰，但也不加以禁止。警察應該被劃分為戰鬥人員和非戰鬥人員、武裝人員和非武裝人員，防空大隊也應該迅速進行類似劃分。武裝人員需要積極配合附近的國民自衛軍和正規軍作戰，並在必要時與他們共同撤退；非武裝人員則需積極協助執行對民眾公告的「原地不動」政策。如果他們處於敵人有效占領的地區，可以選擇與其他居民一起投降並屈服，但不得以任何方式協助敵人維持秩序，也不能在其他方面給予敵人幫助。他們應盡力協助居民。

首相致運輸大臣

1940 年 8 月 13 日

我希望了解鐵路部門目前儲存的煤炭量，並與平常的儲備量進行比較。由於我們的歐洲出口貿易暫時停滯，理應有相當大的剩餘。毫無疑問，你會抓住這個機會，將所有可用的煤炭堆積場填滿。這樣，在可能的採煤中斷或另一個極為嚴峻的冬季來臨時，我們便能在各個策略位置擁有充足的煤炭儲備，以滿足鐵路的需求。不應因價格談判而停止儲存。如有必要，應採取仲裁手段，以確保煤價的公正合理。

首相致陸軍大臣

1940 年 8 月 13 日

若因裝備和設施不足而需限制當前國民自衛軍的人數，則可考慮招募國民自衛軍後備隊。後備隊成員暫時僅配發臂章，不提供武器和制服。你認為這樣可行嗎？他們的主要任務是接受一些訓練課程，以便在需要時按地區組織使用如「莫洛托夫雞尾酒」之類的簡易武器，並在敵人入侵時集合待命。

倘若不採取類似措施，那些被拒絕入伍者勢必感到迷惑、失望，這就背離國民自衛軍為全民提供保衛祖國機會的宗旨。我殷切希望避免因國民自衛軍停止招募而令民眾失望和不滿。

請告知您對此建議的看法。

首相致伊斯梅將軍

1940 年 8 月 19 日

據稱，約翰・坎寧安海軍上將表示，實施「威嚇」達卡作戰計畫的唯一合適日期是 9 月 12 日，若因暴風雨錯過，則需等到 27 日或 28 日，當潮汐與月光條件適宜時再行動，這是真的嗎？此言引發了極為嚴峻的問題。

附錄

坎寧安海軍上將不該堅持只有在潮汐和月光條件極其理想的情況下才能執行該計畫。儘管條件不盡完美，但只要尚可，便應儘早展開。在多種天氣和情境下作戰是必要的。若拖延到 8 日之後，恐將導致巨大不幸。請今日就此事向我報告。

首相致伊斯梅將軍

1940 年 8 月 21 日

我對火焰噴射器的觀點持保留態度。這個問題的解決與其他戰爭形式的努力密切相關。敵人入侵的可能性正在迅速減少。敵人入侵時，整列通過配備這種裝置的狹窄通道，似乎不太可能。設立石油作戰處，只會造成不必要的機構重疊。我毫不懷疑，無論何種方法，只要時機和場合合適，就一定會非常有效；但這樣的機會會出現嗎？如果出現，會是在我們預想的場地嗎？軍隊在未先以小規模兵力清除道路並保護縱隊兩側前，不會沿大道行進。

首相致海軍大臣

1940 年 8 月 22 日

我在等待你提交關於重新實施主力艦建造專案的計畫，該專案已在上次內閣會議中獲得批准。此事不能在不考慮鋼材和工人總需求的情況下單獨解決，但原則上，我支持重新啟動這個計畫。

我希望藉此機會修復那些曾被忽略的艦隻，將「皇家君主」級艦隻改裝為擁有適當裝甲和防雷厚甲板的軍艦。明年進攻義大利時將需要這些艦隻。遺憾的是，我們尚未完成改裝。在重啟戰艦建造計畫前，理應優先改裝這些艦隻。

首相致伊斯梅將軍

1940 年 8 月 24 日

請告知我關於傑弗里斯少校的詳細情況。他是由何人任命的？由誰負責領導？我認為這位軍官極為能幹且富有魄力，應當將他晉升至更高職位。務必將他提升為中校，以便賦予他更大的許可權。

首相致空軍參謀長和空軍副參謀長

1940 年 8 月 24 日

擴充空軍中隊的數量，以及增加可立即投入戰鬥的飛機和飛行員，二者皆至關重要。經過一年的作戰，我們僅成功裝備了 1,750 架飛機，其中只有四分之三可立即投入使用。我對此無法滿足，這數量遠低於戰前預計的可用數量。

首相致運輸大臣

1940 年 8 月 25 日

我懷著濃厚的興趣閱讀了您所提交有關港口清理的備忘錄。

我觀察到，運輸大臣懷疑我們國家是否能夠透過西部港口獲得你所預期規模的供應。請對此發表你的看法。

去年冬天寒流所造成的廣泛混亂是否會讓人質疑：鐵路系統在面臨突發狀況時是否能迅速調適整？

毫無疑問，石油的進口（未列入糧食或軍需品計畫）已經妥善安排。在和平時期，英國大約五分之二的石油進口經由倫敦和索斯安普敦。我們的儲備充足，但若要更有效地利用公路運輸以緩解鐵路運輸，消耗量自然會增加。

我猜測您必定已與糧食大臣和軍需大臣商討過他們的進口方案，以便在出現重大變動時能夠立刻執行其他計畫。

附錄

首相致陸軍大臣

1940 年 8 月 25 日

我始終以濃厚的興趣關注國民自衛軍新突擊隊伍（被稱作「輔助隊」）的演變與壯大。

據傳，這些輔助隊在組織上既嚴謹又富有創意，因此，在敵軍入侵時，可以作為正規部隊的有效支援力量。

希望能隨時告知進展情況。

首相致海軍大臣和第一海務大臣

1940 年 8 月 25 日

附件顯示，單日損失超過 4 萬噸。我認為此事極為重要，需戰時內閣特別關注。因此，請準備一份報告，詳細說明近期損失的資料及原因，海軍部為應對此風險已採取的措施，還需要採取的措施，以及戰時內閣可以如何協助海軍部。

希望在下週四向戰時內閣提交這份報告。

（限即日行動）
首相致伊斯梅將軍

1940 年 8 月 25 日

請立刻將斯勞的情況告知陸軍部，強調大量車輛集中帶來的危險，並說明分散和隱蔽車輛的必要性。請責成陸軍部制定一個盡可能分散庫存車輛的計畫。我們也應確認車庫中是否存在積壓或多餘車輛。如果 1,000 輛寶貴車輛在空襲中被摧毀，將是非常遺憾的。

首相致空軍大臣

1940 年 8 月 25 日

星期四，我造訪了肯利機場，見到了備受討論的炮手，並請他發射了

一枚火箭。此外，年初我主持的海軍部委員會中，正是我們提出了採用這種遇險火箭的概念。因此，我對此事頗為了解。空軍部曾多次提出過分的需求，並憑藉其優先地位，嚴重擾亂了其他同樣重要的生產專案。我同意這樣的看法：使用 P.A.C. 火箭可能是抵禦低空襲擊的有效中間防禦措施；但其生產必須納入整體生產計畫。我個人認為，月產約 5,000 枚便足夠，但我可以同意每週生產 1,500 枚，即每月 6,000 枚。如果您提到的收回鐵絲計畫進一步發展，並證明能有效節約鐵絲，生產可以適量增加。

（限即日行動）

首相致陸軍大臣

1940 年 8 月 25 日

陸軍部曾按照戰時內閣的命令，負責處理延時炸彈。這可能成為敵人攻擊的一種獨特手段。昨夜，敵人在倫敦市區投下了一些這樣的炸彈，導致交通中斷。他們甚至可能把炸彈投到白廳！我認為，應盡可能在大城市中準備足夠的清除隊伍，以應對這種攻擊方式。這些清除隊需要高度機動，避免浪費人力和物力。他們必須乘坐機動車輛，能迅速從一地移動到另一地。我想，你們已經實施了一套嚴密的報告系統，記錄未爆炸彈的情況及其降落時間，應該立即將這些報告提交給本土防衛司令部的延時炸彈清除處（該處想必已經成立）或各地區的分處。這項工作極其危險，應被視為特別光榮的任務，完成後應給予獎勵。

我非常期待查看你關於新成立的延時炸彈清理處的計畫和人員安排。如果能收到一份簡短的報告，詳細說明迄今為止已完成的工作和所採用的方法，我會感到非常高興。我相信，你與所需的科學界權威人士有著密切聯繫。

此外，我正在向空軍部申請關於他們同樣使用延時炸彈報復敵人的情形（請伊斯梅將軍查閱）。

附錄

首相致空軍大臣

1940 年 8 月 25 日

在我們戰鬥如此激烈的情況下，維持空運中隊現有規模顯然不夠合理。唯一的目標無非是增強戰鬥機中隊的後備和作戰能力，同時解決教練機的問題。你的核心理念必須圍繞「戰鬥力」進行調整，一切都應圍繞這一點，行政便利或地方既定利益都應讓步。若我處於你的職位，我會反覆搜索資源。我在亨頓機場看到大量飛機，這令我非常驚訝。我寧願取消所有政府人員的飛行觀察安排，也不願以此為藉口將這些力量置於戰爭之外。

我曾設想，亨頓機場具備的飛機數量足以組成兩個預備隊的精銳戰鬥機或轟炸機中隊，如此一來，隊員們就能夠獲得應得的飛機，並在合適的時機進行訓練。一旦有事態發生，他們便能立刻投入戰鬥。

是否可以每天關注空軍在非軍事領域的問題？各基地的指揮官自然希望盡可能掌控資源。海軍將領也是同樣的情況。即使你已經全面評估過，但數週後再進行巡視，仍會有大量新發現。

我希望你能審視一下你老朋友的這些觀點。

首相致海軍大臣和第一海務大臣

1940 年 8 月 27 日

請將這份文件遞交給地中海艦隊總司令海軍上將坎寧安：

首相及國防大臣下令：

指令的核心目標在於確保亞歷山大的安全。中東駐軍總司令將向你們通報，僅允許在馬特魯港駐紮有限數量的部隊。務必竭盡全力保衛這個據點，然而，若該據點或其間的某些陣地受到威脅或發生變化，則需堅守從亞歷山大向南延伸至（三角洲）農業區的防線。鑑於飛機通常每小時可飛行 300 英里並具備相當的耐航性，因此從 120 英里外對亞歷山大港進行空

襲的艦隊，其效果不見得一定遜於從 20 英里外起飛的飛機。實際上，普遍認為機場應離實際戰線稍遠些。機場並不隨部隊前線的推進而移動。在此地，人人皆知亞歷山大失守將帶來何等嚴重的後果，這將迫使整個艦隊撤出地中海。若你們能預先提供關於如何更有效地保衛馬特魯港及其他陣地的有益建議，我將深表感謝。

首相致函伊斯梅將軍，提交聯合計劃委員會

1940 年 8 月 28 日

　　隨著夜晚變長、白晝變短的季節即將來臨，燈火管制問題需要重新審視。我支持採用遮蔽燈光而非全部熄滅的策略。為此，必須制定一套詳細使用街頭輔助照明電燈的方案。首先應在使用煤氣燈的整個倫敦中心區實施。在其他主要城市中心區的最佳策略也需研究，並對各地的方案進行審查。這樣，燈光可以靈活調節亮度，並在空襲警報時熄滅。這種燈光不應過於明亮。商店櫥窗使用的減弱燈光也需研究，以便長期維持去年聖誕節的便利措施。對於夜間特許不停工的工廠區域，不應阻止其周圍使用遮蔽燈光，以避免目標過於明顯。同時，還應考慮在空防較弱城市的適當距離以外的空地上設置誘敵火光和迷惑照明的策略。

首相致函空軍大臣、空軍參謀長及伊斯梅將軍

1940 年 8 月 29 日

　　昨日，我在視察曼斯頓機場時注意到，即便自上次空襲以來已有 4 個多晴天，但飛機跑道上的大多數彈坑依然未被修復，導致機場幾乎無法使用。對此，我感到極為憂慮。回想起德國人在斯塔文傑機場的行動，以及他們填平彈坑的迅速，我不得不對這種低效的修複方式提出強烈抗議。包括空軍可調配的人員在內，現場共有 150 人參與工作。他們都已竭盡所能。然而，由於缺乏有效的工具，整體操作顯然與維護如此關鍵的戰鬥設施重要性不符。

附錄

所有的彈坑必須在 24 小時內填平，若超過時限仍未完成，須立即向上級報告。為提升工作效率，應籌組專門的填坑連。比如，在英格蘭南部的重轟炸區，初期可設立兩個連隊，每隊由 250 人組成。這些隊伍應配備各種高效工具，並具備高度機動性，以確保在數小時內抵達任何被炸地點進行作業。同時，在遭受空襲的每個機場，需由當地承包商儲備足以填滿至少 100 個彈坑的礫石及其他適宜材料；這種方法將來亦應推廣至其他地區。如此一來，當機動修復連抵達時，便可立即使用這些材料。

最近，我了解到德國人使用木框裝石子來填平彈坑。在挪威戰役期間，海軍副參謀長曾提醒我要留意此事，或許他可以向你展示當時發給我的那份電報。

此事目前由空軍部的哪個部門負責？

在將彈坑填平之後，應盡力對其進行偽裝，以營造出從未被填補的假象，但這僅僅是表面的處理。

首相致伊斯梅將軍

1940 年 8 月 30 日

（抄送各相關部門，包括軍方、國家安全部、航空製造部及供應部）

可以預見，空襲會導致許多玻璃窗破損。到冬季，玻璃可能供應不足，若不更換玻璃，將對建築物造成嚴重損害。

因此，玻璃的使用應盡量節省。若玻璃破損，盡可能只安裝一兩塊，其餘部分用木板遮擋。我們無法負擔大窗戶所需的玻璃。所有不用於溫室的玻璃——假如溫室是空置的——都應保存。我在曼斯頓看到一座大型溫室，裡面有許多玻璃；然而，許多玻璃已經破損無法使用。我指示，應妥善保存其餘的玻璃。

玻璃的供應狀況如何？看來應該督促一下製造商。

政府大樓應安裝僅由一、兩塊玻璃構成的臨時窗戶，以便在這些窗戶受損時，僅需更換那一兩塊玻璃。請針對此事提交一份詳盡的報告。

首相致伊斯梅將軍

1940 年 8 月 31 日

如若法屬印度有意開展貿易，必須要求其明確表達與戴高樂將軍建立連繫的意願。否則，貿易往來將無從談起！此事非同小可，應告知印度事務大臣。

目前，任何涉及法屬地區的事務都顯得尤為重要。

首相致伊斯梅將軍

1940 年 8 月 31 日

除了已派往中東的巡邏戰車外，我並未批准額外的派送。原則上，的確應提供足夠裝備一個完整裝甲師的巡邏戰車，但從本土進一步調撥須視本土兵力情況而定。未經我的同意，不得作出如此重大的決定；在處理這件事情時，我必須與內閣協商。

首相致軍需大臣

1940 年 8 月 31 日

據悉，我國化學戰用品的儲備量已顯著增加，這讓我十分欣慰。煩請告知總數。所需的容器應與供應保持一致。容器是否充足？請督促確認。

9 月

首相致函伊斯梅將軍，轉交參謀長委員會

1940 年 9 月 1 日

當然，如果滑翔機優於降落傘，我們理應選擇滑翔機。然而，是否對此進行了全面的探討？放棄一個已被證明有效的方案，轉而採用一個不確

定的試驗性方案,我們是否面臨風險?關於滑翔機的具體安排,請提供詳細的報告。

首相致海軍大臣及第一海務大臣

1940 年 9 月 1 日

你們報告稱,在 9 月 16 日之前無法轟擊德國的遠端炮臺,這讓我非常擔憂。你們任由敵方大炮日益增多,這樣下去,英國艦隻將無法進入多佛爾海峽,同時也為敵人進攻多佛爾創造了條件。請告知你們打算如何應對這個情況。

當然,當敵人架起大炮而我方無力還擊時,他們便會開始行動。多佛爾的防衛上,重炮力量通常薄弱,這確實令人擔憂。我們絕不能坐視危險加深而不採取預防措施。「埃里伯斯」號在 9 月 16 日必定會遭遇比它和其他任何艦隻在下星期中遇到的火力大一倍。

我回憶起,在上一次大戰期間,我們頻繁轟炸克諾庫以及比利時海岸的其他德軍炮臺。透過固定浮標和使用測音裝置,夜間射擊變得極為精準。我已要求於本週提交作戰計畫。請參閱附上的照片。

首相致函伊斯梅將軍,轉呈參謀長聯席會議

1940 年 9 月 1 日

我猜測你們一定在思索,倘若流血不多,或根本不流血,「威嚇」作戰計畫成功後,將會出現怎樣的局勢。顯然,戴高樂在那裡以及稍偏北的地方站穩腳跟後,他將嘗試在摩洛哥尋找立足點,我們的軍艦和軍隊就可以用來再度實施「威嚇」作戰計畫,如果奏效,便立即在更重要的地區開展。在其他地區進行的此類作戰,可稱為「威脅」。

首相致陸軍大臣

1940 年 9 月 1 日

請就本年度冬季期間為部隊安排教育與娛樂活動的事宜，向我提交一份詳細報告。誰將承擔這個重要職責？

首相致印度事務大臣

1940 年 9 月 1 日

1. 我很遺憾地通知你：我認為，目前無法從此地激烈的戰鬥中調動飛機或高射炮去保衛印度，因為那裡並非迫切需要；也無法將美國提供的物資轉移至印度以建立飛機製造業。我們已經為中東的增援和重新裝備冒了很大風險，許多人可能對此提出質疑，當我本土的戰鬥逐漸停息後，這個戰場將在很長時間內占用我們所有剩餘的資源。

2. 至關重要的是，當前階段印度應當協助我們，而非成為我們肩上的負擔。若你仔細考量駐紮在印度的英國部隊和炮兵數量，以及開戰一年後才抵達戰場的有限印度軍隊，就會發現這筆交易損失過大。你正加倍努力為 1941 年將在中東進行的大規模重要戰役組織印度師，這讓我感到欣慰。

首相致信海軍大臣、第一海務大臣及海軍部軍需署署長

1940 年 9 月 5 日

我一直迫切地希望將「英王喬治五世」號駛向北方。如果「俾斯麥」號完工，而「英王喬治五世」號發生任何意外，那將是巨大的損失。當然，電機工人等可以隨艦到北方，直到斯卡帕灣。這艘戰艦曾經歷漫長而令人焦慮的維修期，如果在剛完工且極其需要時失去它，那將是無比痛心的。相較於斯卡帕灣，太恩河的防禦顯得太過薄弱。

附錄

（限即日行動）
首相致外交大臣

1940 年 9 月 5 日

能否撥打電話給洛西恩勛爵，告知戰時內閣支持他對驅逐艦問題的處理方式，並向他致以問候。

與此同時，有關 20 艘摩托魚雷艇、5 架 P.B.Y. 型飛船、150 至 200 架飛機、25 萬枝來福槍及其他武器的進展如何？據我所知，他們曾承諾提供這些武器，此外還答應了許多其他裝備。必須立即提及這些問題，一刻也不能拖延。正所謂「打鐵要趁熱。」

（限即日行動）
首相致陸軍大臣及帝國總參謀長

1940 年 9 月 8 日

我收到這封關於巴勒斯坦騎兵師的電報，深感欣慰。看到這些精銳部隊閒置了一整年，實在令人痛心。越早將他們編成機關槍營，然後逐步轉型為摩托化部隊，最終改編為裝甲部隊，更好。請確保此事不受任何阻礙。目前，讓蘇格蘭龍騎兵第 2 團和近衛騎兵束縛於馬背上，對他們而言，簡直是種侮辱。讓幾營步兵或騎兵騎矮馬守衛巴勒斯坦的險峻山區尚可理解，但這些有悠久傳統的正規團隊有權在這場戰爭中大顯身手。我希望在這個方針付諸實施之前，能先收到你們同意的電報。

首相致海軍大臣

1940 年 9 月 9 日

我已審閱你關於新計畫的報告。我認為，在你閱讀我 3 月分向內閣提交的備忘錄之後，你將會重新起草你的備忘錄。我對拒絕重建「皇家君主」級艦隻感到不滿。我認為，除了那些能夠在 1942 年底之前完工的艦隻之外，「皇家君主」級艦隻的建造應優先於其他戰艦。這意味著你可以繼續

建造「豪」號，而其他 5 艘主力艦的問題可以在明年提交海軍預算時再考慮。我看不出有任何理由要中止航空母艦「頑強」號及 8 艘暫時擱置的巡洋艦的建造。如果所有的新艦能夠在不超過 15 個月的時間內完工，我自然會批准補充那些因改裝反潛艦而空缺的艦隻。所有需要超過這個時限才能建成的特大型驅逐艦，應排除在戰時緊急計畫之外。

在你完成最終方案的擬定後，我們可以召開會議進行討論。

首相致伊斯梅將軍

1940 年 9 月 10 日

1. 新加坡的主要防禦力量在於艦隊。無論艦隊是否駐紮於此地，均能在相當程度上扮演保護該地的角色。例如，當前我們剛剛大力加強的中東艦隊，一旦接獲命令，便能迅速駛往新加坡。如有必要，艦隊在抵達新加坡之前即可參戰，因為它能夠在該要塞補充燃料、軍火並進行修理。即便日本軍隊在馬來亞登陸，甚至已開始包圍要塞，一支強大的支援艦隊仍能有效發揮其威力。相反，包圍者因陷入沼澤和叢林，與本國連繫中斷，其處境將更加艱難。

2. 因此，新加坡的防衛策略應依賴於強大的本土駐軍和海軍的整體實力。嘗試保護馬來半島並全盤守住馬來亞這個廣闊的區域——長達 400 英里，最寬處達 200 英里——的設想是不可行的。僅派遣一個師，無論其通訊裝置多麼先進，對於達成任務也無濟於事。要防禦一個幾乎與英格蘭相同面積的地區，一個師能起什麼作用？

3. 與日本決裂的風險目前並未比以往更為嚴峻。日本人攻打新加坡的可能性極小，因為這將迫使他們將大部分艦隊投入遠離黃海的海域；從他們的角度看，這樣的行動無疑是愚蠢的。對他們而言，更具吸引力的是荷屬東印度群島。美國艦隊在太平洋的存在一直是日本最大的顧忌。他們大概不會孤注一擲。日本人一向極為謹慎，尤其在當下，他們已深陷與中國

的戰爭，謹慎更顯得至關重要。

4. 我更傾向於讓澳洲部隊前往印度，而不是馬來亞，這主要是因為他們在印度進行訓練，更有利於為前往中東做好準備。據說他們可以在中東接受訓練，這讓我感到很欣慰。

5. 因此，我持有這樣的看法：從政治局勢的角度來看，澳洲第 7 師不必調離其當前駐防的地點，因為該地在策略及行政方面均為最佳選擇。應依據此觀點起草一封致澳洲政府的電報。

首相致巴勒斯坦特拉維夫市市長

1940 年 9 月 15 日

我對特拉維夫在近期空襲中所受到的損害，深感同情。此等無理性的暴行，勢必強化我們共同的決心。

首相致海軍大臣

1940 年 9 月 15 日

1. 關於你的新計畫，我對日本的數字持有很大的懷疑。海軍情報處常常誇大日本人的實力和效率。然而，我不反對重啟戰艦建造計畫，只要這個計畫符合更緊迫的戰爭需求即可。許多建造戰艦的工廠和工人無法用於其他工作。請向我提交報告，說明建造這些艦隻每年所需的經費、鋼材和工人人數。應全力集中於「豪」號。

2. 一旦入侵問題得到澄清，應立即開始建造兩艘「皇家君主」級戰艦，並將「英王喬治五世」號投入現役，我就感到滿意。在此期間，可以儲備材料，做好準備。因此，從現在算起，經過 18 個月，也就是到 1942 年夏季，這些艦隻便可完工。

3. 你應加快「頑強」號的建造進度，但在明年年初之前，我們無須考慮啟動另一艘航母的建造。不過，可以提前完成藍圖的繪製。

4. 我認為，你應該明白建造「貝爾法斯特」級船艦需耗時超過 3 年。鑑於已有大量巡洋艦正在建造，我希望你不會堅持將這 4 艘也納入今年的計畫。

　　5. 我堅決支持建造驅逐艦，無論其大小或耐航能力，只要能在 15 個月內完工即可。這應視為絕對限制，其他一切都應與此相協調。過去建造驅逐艦需要 3 年，大家總是在建造過程中不斷修改。我希望能與軍需署署長和海軍建設局局長討論驅逐艦的設計。這些驅逐艦僅為此次戰爭而建，需配備抵禦飛機轟炸的有效裝置。最高速度並非關鍵。你提到潛艇繼續深入西部海域活動的情況確實如此，但驅潛快艇（先前稱為捕鯨船）的耐航力和射程都相當出色。

　　6. 潛艇計畫已經相當龐大，對其他作戰需求產生了影響。我建議你重新評估一下，除了財政部已批准的 24 艘之外，是否有必要再建造 14 艘。

　　7. 應倍加努力，以最快速度製造登陸艇。聯合計劃委員會是否認為這些數字已經足夠？

　　8. 令我感到意外的是，你只請求建造 50 艘反快速魚雷艇艦隻。倘若你的力量允許，建造 100 艘會更為合適。

　　9. 通常而言，造船的速度以及提前完工的日期，當前應被視為新艦建造中的最重要效益。將造船公司的訂單簿填得滿滿的，而船廠卻堆滿了無法交付的訂單，這並無意義。關於這個計畫，我想，你曾與詹姆士‧利思戈爵士討論過，並聽他談論這項計畫對商船建造以及已減少的鋼材產量將產生何種影響。在戰時，過度占用其他部門所需的資源是極其不妥的。

　　10. 我讓海軍建設局局長設計的裝甲魚雷艇上的撞角效果如何？

附錄

首相致雅各布上校

1940 年 9 月 15 日

1. 一年多前，人們普遍認為不久便可在內陸廣泛設立雷達。然而，一年來我們仍然完全依賴對空監視哨。他們的工作成效顯著；然而，遇到如昨日和今日這般的天氣，要達到精確觀察就非常困難。我相信，即便在內陸僅有 5、6 個雷達站，也會極大地促進我們在空中攔截敵機的能力。尤其是在威特海角的希爾內斯島上空，這一點尤為重要，因為這可能是空襲倫敦的主要路線。我得知，該沿海地區的一些雷達站配備了雙重灌置，作為防禦轟炸的保障措施。這些裝置或許可以重新部署，以參與戰爭行動。在其他地方，新的雷達站可以設立。我認為這是極其緊迫的任務。

2. 明天，即星期一，空軍中將朱伯特·德·拉·費爾德將召集所有相關的科學界權威人士進行討論，並於當天向我彙報——

（1）設立上述雷達站的必要性，

（2）雷達站的實際應用效能，以及即便只讓少數雷達站運作所需耗費的時間。

他應該制定一個計畫，以便盡快使 6 個或 12 個雷達站投入運作，並建立額外的雷達站作為備用。

3. 若能制定出可行的方案，我將親自呈交給飛機生產大臣。

首相致西科爾斯基將軍

1940 年 9 月 18 日

9 月 14 日傳來消息，波蘭政府、波蘭武裝部隊和波蘭人民得知英王及王后在最近德軍轟炸白金漢宮時安然無恙，均感到欣慰，我對此深表感謝。正如兩位陛下所言，這些懦弱的空襲只會更加堅定我們戰鬥到底、直至勝利的決心。

首相致內政大臣

1940 年 9 月 18 日

敵人將利用磁雷及其他手段盡可能摧毀我們的門窗玻璃，而冬季已然來臨。我們室內的採光方式勢必回歸至較為原始的狀態。應對國內所有現存玻璃進行管控，並設法增加供應。應鼓勵或強制每個人至少將窗戶玻璃減少到現有的四分之一，其餘部分作為儲備。窗戶應根據情況用膠合板或其他纖維板遮擋，將剩餘的門窗玻璃保存，以便在玻璃破損時替換。在空襲目標集中的地區，這項工作越快完成越好。請立即召集各相關部門會議，通過決議，採取強制措施，並在最廣泛的範圍內實施，並請我協助你們排除一切障礙。

首相致內政大臣

1940 年 9 月 19 日

昨夜，我向你遞交了一份關於該問題的備忘錄，希望你可以盡快為我展開研究。

截至目前，總共損毀了多少平方英尺的玻璃呢？是否能夠進行估算？當然，只要我們每月的玻璃產量超過損毀數量，就無需憂慮。

請提交最為準確的估算。

首相致郵政大臣

1940 年 9 月 19 日

許多人對空襲期間的郵政工作感到不滿。請提供一份報告，詳細說明你所進行的工作內容。

首相致帝國總參謀長

1940 年 9 月 21 日

據我所知，從印度出發的旅通常由 1 個英國營和 3 個印度營組成，這

附錄

是一種標準且理想的編制。然而，這封電報似乎表明，印度旅僅由印度部隊組成。如果情況屬實，那麼中東總司令提出的改革就顯得尤為必要。

首相致第一海務大臣及軍需署署長

1940 年 9 月 21 日

中東、北海及英吉利海峽的海軍彈藥消耗情況如何？請告知供應鏈中的薄弱環節。4.7 英寸炮彈的短缺問題是否已解決？請以簡短函件回覆。

首相致空軍大臣

1940 年 9 月 21 日

請查看今日早間報紙刊登的空軍部公告，其中提到：

「敵方編隊被我方戰鬥機攔截，但由於多雲的天氣，空戰變得更加艱難。截至目前的報告顯示，敵機已有 4 架被擊落。我方則損失了 7 架戰鬥機，其中 3 架的飛行員毫髮無傷。」

讓德國人意識到他們的新戰術取得了成效，導致我方損失了 7 架戰鬥機，而他們僅損失 4 架，這種公告極為不智。

當前，正值我們在戰爭中占據優勢之際，自然無需掩飾我們的損失，然而，公布具體戰鬥中的損失卻不見得有必要。

首相致伊斯梅將軍

1940 年 9 月 22 日

從各方面做好安排，以最快速度將來福槍（美國提供的）運來。這些槍支至少應分載 4 隻快船。部分能否用定期客輪運載？請告知海軍部計畫。希望採購委員會不要像美國斯特朗將軍所說的那樣因重新裝箱而延誤。

前海軍人員致羅斯福總統

1940 的 9 月 22 日

我已請求洛西恩勳爵向你傳達我們當前的急切需求。我們急需那 25

萬支來福槍，因為有 25 萬名訓練有素、正式服役的士兵可以使用這些武器。如果你能安排必要的撥付手續，我將感激不盡。我們將做好各項準備，以便盡快將槍支運抵。這樣，我們可以將國民自衛軍手中的 25 萬支 0.303 英寸來福槍轉交給正規軍，而國民自衛軍則用 80 萬支美國來福槍進行裝備。即使彈藥尚未到達，這些來福槍仍然有用，因為我們可以使用已經運來的彈藥。

首相致戴高樂將軍

1940 年 9 月 22 日

各方都敦促卡特魯將軍前往敘利亞。因此，我以你的名義請他動身。當然，他現今的地位完全得益於你，我會再次向他強調這一點。有時，由於問題緊迫且難以向遠方的人解釋，只能就地做出決定。如果你覺得有必要，仍有機會阻止他前去，但我認為這將是一種極不合理的舉動。

願你明日清晨的計畫圓滿成功。

首相致軍需大臣

1940 年 9 月 23 日

我深信製造 G.L. 裝置至關重要，必須採取一切可能的措施以加速生產。我了解到，目前的主要障礙在於尋找所需的熟練工人，希望盡全力滿足這個需求。最關鍵的是迅速行動。

（限即日行動）

首相致陸軍大臣及帝國總參謀長

1940 年 9 月 23 日

你們提到的那份報告內容了無新意，其所描述的狀況在蘇丹同樣適用。我們將蘇丹急需的軍隊和火炮全都部署在肯亞了。

關於你們提到肯亞戰役計畫中的廣闊策略前線，我的觀點是：如果我

附錄

們後撤，並依託從蒙巴薩到湖區的鐵路，那麼我們將擁有一條側翼運輸線，這比任何通往我方防區的路線都優越得多，可以在敵方開始進攻時迅速調遣我們的優勢兵力。儘管無法確定敵人的進攻方向，但我堅信，合理的部署能夠在最大程度上節省肯亞的軍力，以便增援蘇丹。肯亞需要的是配備大約10輛巡邏戰車。如果這些戰車可以被安置在合適的鐵路車輛上，就能對義軍的行動造成意想不到的致命打擊。然而，將大量的火炮和軍隊閒置在那裡，卻是一種極為令人痛心的策略。

為了解決這些問題，我請求停止將山炮隊從亞丁調往肯亞，並考慮將該隊或其他炮隊調往蘇丹。請呈交一份報告，詳述所有駐肯亞部隊的補給、步槍、機槍和炮兵的狀況。

首相致「邱吉爾」號驅逐艦艦長

1940年9月25日

我很高興你的艦船將以偉大的馬爾巴羅公爵命名。附上一封他親筆撰寫的信件，可懸掛在艦上的軍官室中，願你們一切順利。感謝你的友好來信。

首相致外交大臣

1940年9月25日

洛西恩勛爵來電表示計劃乘飛機回國。我已同意。請立即批准，並根據你認為最便捷的方法進行安排。

首相致函伊斯梅將軍，抄送參謀長委員會

1940年9月26日

倘若這些事實（敵人運用盲目射線導向進行轟炸）屬實，那將構成極其致命的威脅，難以再有比此更大的危險。希望參謀長委員會動用一切手段，並於次日晚上呈交給我一份報告，詳述——

（1）危機的現狀，

（2）保護的策略。

參謀長委員會可以建議採取任何行動，請他們放心，他們能夠在人力、物力以及所有方面享有最高的優先權。

首相致內政大臣

1940 年 9 月 26 日

貝文先生正在推廣一種由混合材料製成的防空帽，我認為這件事極為重要。如果這種帽子能夠在一定程度上保護人們免受墜落碎片的傷害，就有必要進行大規模生產，並盡可能地分發。

請在今日提交一份關於試驗情況的報告，並與軍需大臣協商後，告知生產的預估。

首相致勞工大臣

1940 年 9 月 26 日

我收到你送來的帽子，感到非常高興。在鋼盔尚未普及之前，這類物品應當迅速批次生產以便分發。我注意到，今天有些報紙稱其為「破布帽」，對此我認為不妥，望你能為其想出一個更佳的名稱。

我已指示內政大臣提交一份詳盡的報告。

首相致空軍大臣及空軍參謀長

1940 年 9 月 26 日

鑑於一切皆取決於比弗布魯克勳爵能否順利供應飛機；鑑於他在布里斯托爾、索斯安普敦及其他地區所遭受的重大壓力，我真誠地希望你們能夠立即在這些備用物資上充分滿足他的需求。

附錄

首相致農業大臣

1940 年 9 月 26 日

　　有人提議在中秋節前後，將生豬數量減少至當前水準的三分之一，我對此表示強烈反對。這顯然不是內閣的意圖。為何不增加飼料的進口量？如此一來，我們可以研究哪些物資可以減少進口，進而增加飼料進口。此外，大量屠宰生豬後，對即將進入市場的剩餘醃肉有何儲存措施？如果鼓勵私人用家中的剩飯殘湯來養豬，你認為生豬數量能增加多少？

首相致軍需大臣

1940 年 9 月 28 日

　　最近的空襲事件表明，某些關鍵彈藥，尤其是德·王爾德廠的產品，集中於單一工廠製造，導致在一次空襲後，我們的產量大幅下降。請提交一份報告，詳細說明各種特別重要彈藥的生產分布情況。如此便可評估生產銳減的風險程度，並探討如何更廣泛地分散這種風險。

首相致函伊斯梅將軍，轉交參謀長委員會

1940 年 9 月 28 日

　　1. 這兩份（關於化學戰的物資供應）文件讓我感到非常憂慮。我知道，蘭德爾（工廠）自 1939 年 10 月 13 日戰時內閣公布命令以來，便一直全力生產。未能執行命令的原因是什麼，責任又在誰？

　　2. 似乎完全沒有進行過任何製造投射彈或容器的步驟，以便從空中或透過大炮釋放毒氣。目前擬定的計畫顯然需要幾個月後才能見效。請立即就此問題向我報告。必須給予最高優先權。我認為這種危險非常大。

　　3. 我們需要探討對德國平民實施報復行動的可能性，盡量擴大其範圍。我們絕不率先行動，但必須具備回擊的能力。在此問題上，速度至關重要。

　　4. 務必迅速行動，確保蘭德爾工廠全力投入生產，並特別關注現有庫

存的合理分配。

5. 當前的庫存數量究竟是多少？

首相致伊斯梅將軍

1940 年 9 月 29 日

這些（關於戰爭第一年高射炮火的）資料令人振奮。務必請派爾將軍將 9 月分的資料送來。

我渴望迅速獲取一份統計表，列出 9 月分每日發射的彈藥數量。

（限即日行動）

首相致軍需大臣及貿易大臣

1940 年 9 月 30 日

我堅信，我們需要增加從美國採購的鋼材，以減少礦石運輸的負擔。我希望再採購數百萬噸不同規格的鋼材。如此一來，我們便可恢復安德森式家庭防空掩體的建造計畫，並滿足其他對鋼材的緊急需求。如有必要，我會致電總統。

10 月

首相致外交大臣

1940 年 10 月 4 日

這表明，這位大使對美國參戰的後果產生了極為嚴重的誤解。必須立即告知他，美國參戰，無論是對德國、義大利還是日本，完全符合英國的利益；從軍事物資的角度來看，沒有比大英帝國和美國共同參戰更重要的了；如果日本攻擊美國卻不向我們宣戰，我們應當立即與美國結盟，向日本宣戰。

甘迺迪堅稱，美國保持中立比與我們並肩作戰更有利，這讓我感到震

附錄

驚，這樣的誤導言論竟然如此廣泛流傳。應該向我駐各有關國的大使發出明確指示。

首相致陸軍大臣

1940 年 10 月 9 日

眾所周知，中東對飛機的需求是顯而易見的。能否妥善調配，尚難斷言。要知道，與德國空軍相比，我們在戰鬥機和轟炸機的數量上都處於顯著劣勢，而且我們的飛機生產也遭遇了嚴重的損失。應請求空軍參謀長和空軍大臣提出明確的建議。

首相致戴高樂將軍

1940 年 10 月 10 日

接到來信，甚感欣慰，願你和決心與我們並肩作戰的法國人取得勝利。我們堅定地與你們站在一起，直至克服所有困難，共享事業的成功果實。

首相致函伊斯梅將軍，轉交參謀長委員會

1940 年 10 月 12 日

德軍在海岸遠端火炮的雷達應用上取得的進展令人不安。我們長期以來一直研究這種裝置，並在數週前提醒了相關人士。當時，有人告訴我，由於其他更緊迫的需求，這方面的資源分配沒有優先權。或許現在是時候提升其優先順序了。顯然，從防禦海上轟炸的角度來看，它可以將黑夜照亮如同白晝。

請審慎思考，是否能夠就此問題提供建議，同時不妨礙其他無線電裝置的生產計畫。

首相致帝國總參謀長

1940 年 10 月 13 日

在西非沿岸部署大量英國軍隊極為不利。鑑於局勢已變，請考慮用返航運輸船隊的空船從肯亞調回一個西非旅。這不至增加船隊的負擔。

首相致詹姆士・葛利格爵士

1940 年 10 月 13 日

本土防衛婦女輔助服務隊正激烈討論：隊員若結婚，是否可自願退伍。幾乎所有人都對此持支持態度。禁止此事恐無濟於事，若她們自行離去，也無法懲處。因此，只有自尊心特別強的人會受到影響。關於此議題，請提交一份單頁報告，概述支持與反對的觀點。

首相致伊斯梅將軍

1940 年 10 月 14 日

請撰寫一份長度為兩頁的報告，探討德國在其侵略的國家中發展軍火工業，尤其是航空工業的潛在可能性，並分析這些不良影響預計會在何時顯現。

首相致海軍大臣

1940 年 10 月 15 日

1. 如您願意將 10 月 13 日海軍參謀部的報告分發給各位大臣，我並無異議。此報告顯然是偏於悲觀且過於謹慎的，海軍部收到這樣的文件實在令人失望。報告的第三節中存在不少誇大其詞之處，建議我們必須在「每片海域保持全面控制」，然而在許多海域，我們僅需確保有效的航行能力。第五節指出，「自 10 月 15 日起，計算德國實力時需加上『提爾皮茨』號和『俾斯麥』號」。這並不準確，因為據我判斷，「俾斯麥」號與「英王喬治五世」號一樣尚未完工，而「英王喬治五世」號可能與「俾斯麥」號同時或更

附錄

早完工。根據我收到的每份報告,「提爾皮茨」號將比「俾斯麥」號晚 3 個月完工,屆時我們的「威爾士親王」號和「伊莉莎白女王」號也將竣工。若將此報告提交內閣,我勢必提出質疑。

2. 整個論點在於企圖讓人相信:我們必須順從維琪的意願,因為他們有能力透過轟炸將我們逐出直布羅陀。我與海軍參謀部一樣,不願在直布羅陀受到干擾,但我不認為實施封鎖會導致法國人轟炸直布羅陀,更不用說因此對我們宣戰。當法國全國越來越支持我們時,我不相信維琪政府有能力對我們作戰。我曾在一份供大家傳閱的關於總政策的備忘錄中談到這一點,隨信附上相關摘要。

3. 報告中有一項建議值得注意:告知維琪政府,若他們轟炸直布羅陀,我們將進行報復,例如,不是轟炸卡薩布蘭卡,而是轟炸維琪。我補充說:我們還應轟炸維琪政府控制的其他地區。這是合理的觀點;同時,我們也應該清楚,對維琪的軟弱未必能阻止他們接受德國主子的命令向我們宣戰,而採取堅定立場未必會嚇阻他們倒向我們。

這些問題並不緊迫,因為我們並未成功攔截「普利莫格」號。

首相致空軍參謀長

1940 年 10 月 18 日

我們的飛機配備了哪些盲降裝置?有多少飛機裝有這種裝置?它們應該能夠像大戰前的民航機在霧中降落時一樣,指引飛機安全著陸。請提供詳細資訊。昨晚的事故非常嚴重。

首相致帝國總參謀長

1940 年 10 月 19 日

上週你提到要將一個裝甲師交給霍巴特少將的計畫,這讓我感到非常欣慰。我對這位軍官的評價很高,絲毫不受某些人對他的偏見影響。凡是

具有堅毅性格和獨立見解的人，往往會引發這樣的偏見。在霍巴特將軍的案例中，他的獨立見解更是明顯地印證了這一點。總參謀部在戰前甚至未能設計出合適的坦克型號，導致我們錯失這個發明的所有優勢，而這些優勢則被敵方所利用，產生了可怕的後果。因此，我們應當了解到，他是一位追求事物本質並具備遠見的軍官。

在上週的備忘錄中，我已經提及希望你於當日即星期二，向我提交任命他的建議，最遲不得超過本週。請務必關注，盡快完成任命。

自從我上週發出那份備忘錄後，我仔細閱讀了你的信件以及關於霍巴特將軍的支持和反對意見摘要。我們目前正在進行一場關乎生存的戰爭，不能將陸軍軍官的任命僅限於那些在個人事業中未曾引發爭議的人。霍巴特將軍的優缺點幾乎可以說與英國歷史上許多偉大指揮官的特質相符。馬爾巴羅被視為模範軍人，廣受士兵愛戴。克倫威爾、沃爾夫、克萊夫、戈登以及在不同領域均有成就的勞倫斯，都具備來信中列出的類似缺點。他們身上同時也具備其他優秀品格，因此我相信霍巴特將軍亦是如此。現在需要的是具備魄力和遠見之人，而不應完全局限於一般標準下被視為穩妥的人。

因此，希望你不必對一週前向我提供的建議感到猶豫，因為我相信你的直覺在這件事的判斷是合理且正確的。

首相致帝國總參謀長

1940 年 10 月 19 日

難道就沒有更年輕的候選人來接替這個重任（國民自衛軍總監）嗎？任命一位退休軍官擔任此職，已經在軍界與社會上引發諸多批評。為何不挑選一位 40 多歲的人，並授予臨時軍銜呢？

附錄

首相致函伊斯梅將軍，並轉交參謀長聯席會議

1940 年 10 月 19 日

根據對輕武器彈藥產量的估算，以及 10 月分工廠開工後我們狀況的顯著改善，並預計在 1941 年 3 月 31 日之前生產可得以擴大；同時考慮到，除非敵人入侵，中東以外的地區不會發生重大衝突，而中東的戰事規模也相對有限；因此，我建議現在應向國民自衛軍總司令增加彈藥供應，以用於演習。據我所知，他每週僅有 200 萬發彈藥用於演習，導致訓練受到嚴重限制。儘管將陸軍部有限的庫存全部用掉顯得有些冒險，但我認為應當考慮從 11 月 1 日起，將演習用彈藥的供應量增加一倍——每週 400 萬發。我希望你能立即與參謀長委員會進行商議。

首相致伊斯梅將軍

1940 年 10 月 20 日

1. 海、陸、空三軍的幾位總司令最近一次聯席會議於何時召開？他們是否認為此類會議具備顯著益處？有哪些人出席？我計劃在下週親自主持這樣的會議。

2. 請制定一項計畫，以便使這些高級將領更加深入地理解我們的戰爭政策。

首相致空軍大臣及空軍參謀長

1940 年 10 月 20 日

根據現行政策，我的轟炸機隊力量在未來的幾個月之內非但不會增強，反而會縮減，這讓我感到極為擔憂。顯然，我們應盡力在此期間提升投彈能力。目前的轟炸安排在月光明亮時可能是最佳的，唯一的問題是我們的轟炸機數量有限，而可以攻擊的軍事目標卻很多。由於我們的轟炸機隊有限，除非是精確地轟炸深入德國內地的軍事目標，否則不能用於其他目的。然而，是否可以籌組一支第 2 線轟炸機隊，讓其在月光黯淡時從安全

的高空向德國境內建築物密集區（那裡有眾多軍事目標）投擲炸彈？顯然，這裡指的是魯爾地區。目標是選擇易於辨識的目標，行程短且相對安全。

在冬季期間，如何編組這樣的第 2 線或輔助轟炸機隊？航校的飛行人員是否可以偶爾參與行動？當前，除了應對敵人入侵外，陸軍似乎沒有其他戰鬥任務，那麼「萊桑德」式飛機或偵察機的飛行員中是否有能力執行這種簡單的轟炸任務？我要求你們竭盡全力，利用我所建議的第 2 線轟炸機隊，在不要求精確投彈的情況下，向德國投放大量炸彈。請向我提供最合適的建議，以便我們研究其可行性。

我們配備盲降裝置的轟炸機數量甚少，究其原因何在？飛機生產大臣告知我，目前已製造出大量羅蘭茲射束裝置。上週某日發生的嚴重損失絕不可重演。不僅轟炸機需要盲降裝置（這種裝置在民航機上已使用多年），戰鬥機在夜間出動時，由於這類裝置的逐步增加，也應安裝能夠安全著陸的裝置。請提供你們的意見。

首相致空軍大臣及空軍參謀長

1940 年 10 月 20 日

目前正在制定計畫，不僅適用於單獨攔截的飛機，還包括裝備 8 挺機槍的戰鬥機中隊進行夜間作戰。請考慮：在我方戰鬥機作戰時我方高射炮須停止射擊的空域內，我方高射炮是否可以發射空炮。這將（甲）透過地面上的閃光讓敵人驚慌失措，使其難以察覺我方戰鬥機即將襲擊，進而有了真正的軍事理由；（乙）發出轟鳴聲，掩蓋我方戰鬥機接近敵機的動靜，同時打破讓居民感到沮喪的沉寂。僅為第 2 個目的發射空炮是不合法的，但若有軍事理由，就不會有人反對。

附錄

首相致帝國總參謀長

1940 年 10 月 20 日

我對於波蘭軍隊裝備不足深感憂慮，該部隊已經證明在軍事上擁有相當高的能力。我計劃於本週三檢閱他們。

請在星期一向我建議如何以最佳方式裝備這支軍隊。我的首要關注是避免讓他們感到沮喪。

（限即日行動）

首相致陸軍大臣

1940 年 10 月 20 日

無法從「守衛政府機關的國民自衛軍」索取鋼盔。星期四晚，4 人在唐寧街附近被炸身亡。白廳區的遭遇與全國其他地方相比，同樣慘烈。一旦鋼盔發放出去，再要求歸還是極其困難的。我聽說陸軍計劃索要 300 萬頂鋼盔，這讓我非常驚訝。我尚不清楚我們的陸軍竟有 300 萬人。請提供一份正規軍擁有鋼盔數量的詳細統計，並註明不同部門，如：野戰軍、訓練單位或牽制營等，各自的數量以及庫存……

總理致函帝國總參謀長及詹姆士・葛利格爵士

1940 年 10 月 21 日

歐文將軍關於他如何前往弗里敦及返回的詳細報告，著重強調了他在戰役中遇到的各種困難。他事先預料到了所有的困難以及準備工作中的種種不足。顯然，他深刻理解自己被迫參與這場極其危險的軍事行動是出於政治動機，而非軍事考量。他清楚意識到這個軍事行動存在的缺陷與風險，並且由於海軍未能阻止法國巡洋艦和援軍抵達達卡，這些問題被大大放大。然而，他依然無視戰時內閣和參謀長委員會經過深思熟慮的建議——當前形勢已經發生巨大變化，無法按照原定計畫執行——堅持推進這次軍事行動，這一點令人更加費解。然而，對於在應對敵人方面的任

何失誤，以及任何真正作戰的表現，都應給予寬容。當這位軍官被任命指揮這支遠征軍之前，他曾出色地指揮過一個師，現在既然已經歸來，我看不出有什麼理由不讓他恢復職務。但是，如果他認為（甲）在戰爭中，沒有經過長期準備就不應發起任何行動——在這一點上，我們曾親眼目睹 25 名法國人就攻占了喀麥隆人駐守的杜阿拉，或者（乙）在任何情況下，船隻與炮臺交戰都不會取得勝利，那他就錯了。後一個觀點，在大霧異常降臨達卡的情況下可能是正確的；但是，如果艦隻在炮臺射程之外炮擊炮臺，或者炮臺的炮手因對進攻部隊感到極度恐懼而效率低下，或者對進攻部隊持友好態度，那麼情況就未必如此。

首相致殖民地事務大臣（勞埃德勳爵）

1940 年 10 月 21 日

我花了相當多的時間研究你那封關於非洲及當前戰爭中策略和政治危機的信件。我反對設立特別委員會。正如澳洲因兔子過多而陷入困境一樣，我們也因委員會過多而感到困擾。我認為，沒有理由假設我們將與維琪法國或西班牙開戰，或者南非的局勢將會惡化。我確信，憑藉你的軍事經驗和政治知識，你能夠選任所需的殖民部官員，並自行準備你認為應提交給國防委員會或戰時內閣的所有報告。如果你認為有必要設立一個委員會，我建議由內閣中東委員會處理你所提出的事項，作為他們現有工作範圍的補充。

此外，我正計劃將一支西非旅從肯亞轉移回西海岸。

（限即日行動）

首相致新聞大臣及亞歷山大‧卡多根爵士

1940 年 10 月 24 日

華特‧西特林爵士即將出訪美國，代表英國職工大會與美國工會展開交流。他不僅品德高尚且極具影響力，同時也是一位樞密院顧問。我們應

賦予他外交官身分，以便利其工作。工會事務的所有費用由英國職工大會承擔，但我認為，與國家利益相關的工作費用應由新聞部承擔。請新聞大臣研究此事，決定如何處理。不論如何，對華特爵士應持極高敬意，因為我堅信，我們可以完全信任他的忠誠和謹慎。

11月

首相致空軍參謀長

1940年11月1日

執行轟炸任務的飛行員總共有520人，而可供使用的飛機卻僅有507架，儘管飛機儲存庫中還有大量備用飛機，但我們卻沒有提取利用，這是為何？

首相致空軍大臣

1940年11月1日

請提交一份不超過兩頁的報告，分析自7月1日以來被俘的德國飛行員，包括人數、年齡、訓練情況等，轟炸機與戰鬥機的俘虜需分別列出。如有其他相關情報，也歡迎提供。

首相致第一海務大臣

1940年11月6日

儘管我對那艘小型戰艦是否駛向洛里昂持懷疑態度，但空軍應立即採取措施在該地進行攔截，並應現在就通知空軍。若該艦駛向洛里昂，入港時，你有可能將其俘獲；停泊在港內時，將面臨轟炸的威脅；出港時，也存在被捕的風險。洛里昂港的進出口僅有一條航道。若其位於基爾，情況則大不相同，它可以通過赫爾戈蘭灣或斯卡格拉克海峽，亦或是悄然穿過挪威走廊前往特隆赫姆。我寧願它駛向洛里昂，反而不希望它逃往南方，或在大西洋航線上活動，或是返回冰島的兩側。

若其持續對貿易構成威脅，你當設法與之交戰。

經過深思熟慮，我同意我們的兩艘重型船隻應留在北方。這些建議僅供你參考。

首相致帝國總參謀長

1940 年 11 月 6 日

你曾強調，派遣一位傑出人物領導國民自衛軍的重要性。若選擇前駐法派遣軍參謀長來擔任此職，國民自衛軍將會感到歡欣，因此波納爾將軍被任命。然而，數週後，我驚訝地發現他計劃前往美國接替帕克南沃爾什將軍的職位。我費了不少力氣才阻止這個變動。不久之後，波納爾又被派往愛爾蘭。我認為他對國民自衛軍將有所貢獻，因他已經熟悉職務，且官兵開始信任他，但此時他卻被調去做其他工作，由伊斯特伍德將軍接替。我想，這不過是一個月前的事。然而，我依舊履行職責，努力結識伊斯特伍德將軍，我想國民自衛軍的重要軍官們也是如此。我對他印象良好，尤其因為他年齡尚不足 50 歲。我認為，在這一個月中，他積極投入工作，努力了解新任務，並且對工作有深刻見解。現在你又建議將他調離，再任命第三位新人，這一切都發生在 4 個月內。

所有這些快速的變化都與軍方的利益相悖，容易招致最嚴厲的指責。我不同意解除伊斯特伍德將軍對國民自衛軍的指揮權。在我看來，如果你打算設立國民自衛軍總監處，就應該由他負責。如果一切順利，陸軍大臣將在兩天內返回，我將把這份備忘錄的副本交給他。請繼續與我保持聯繫。

首相致空軍參謀長

1940 年 11 月 6 日

昨夜，我們的飛機中至少有 7 架在降落時遭遇損毀或失蹤。眾所周知，轟炸機隊的力量成長緩慢令我極為焦慮。在如此惡劣天氣下進行轟炸，無疑

附錄

讓飛行員面臨不必要的風險和損失。應考慮減少突襲轟炸,以便我們能夠積聚力量,同時繼續對多個目標進行轟炸。

首相致愛德華‧布里奇斯爵士

1940 年 11 月 8 日

許多政府部門自然而然地設立並壯大了各自的統計機構,然而似乎另有一個獨立的統計處歸屬於內閣生產委員會。當然,軍需部的統計機構所涵蓋的範圍也相當廣泛。而我則有一個由林德曼教授掌管的專屬統計機構。

必須設法實現統一,只使用完全一致的數字。人們依據不同的統計資料進行爭論,會引發極大的混亂。我希望所有的統計資料都集中於我首相及國防大臣的統計機構,只有這個機構才能公布最終的權威統計數字。各部門的統計機構當然可以按照現狀繼續運作,但應與中央統計局保持一致。

請您分析此問題,並告知我,實現願望的最快捷且最有效的方法是什麼。

首相致運輸大臣

1940 年 11 月 8 日

請告知我,關於解決排隊問題及促進車輛暢通的最新進展。由於提前實施交通燈號管制,許多人無疑感到極其不便。

首相致第一海務大臣

1940 年 11 月 9 日

請為我準備一份關於去年潛艇探測器和監聽潛器技術進步的報告。

首相致運輸大臣

1940年11月9日

　　根據初步調查，最近幾個月，各港口船隻的進出時間似乎有所增加。這或許是因為貨運集中在西部的少數港口。導致延誤的原因，究竟是港口裝置不完善，還是碼頭貨物的清理存在困難？如果鐵路確實無法解決這些特殊運輸問題，你能否制定計畫，充分發揮公路運輸的巨大潛力？

首相致空軍參謀長

1940年11月10日

　　概括而言，中東地區共擁有約1,000架飛機和17,000名空軍人員，組成30.5個空軍中隊。初步清查裝備包括395架作戰飛機，其中約300架可以隨時投入戰鬥。遺憾的是，在65架「旋風」式飛機中，能夠調動的中隊（除馬爾他島外）僅有兩個。除「伯倫翰IV」式飛機外，它們是僅有的新型飛機。其餘中隊則裝備較為陳舊或效能欠佳的飛機。因此，應盡快以新型飛機替換舊型飛機，並充分利用經驗豐富的飛行員和地勤人員來操作新機型。因此，對中東空軍的「增補」在原則上並不需要增加人員，除非有更複雜的新型飛機部署到該地區。然而，作為目前派出的增援部隊的一部分——即4個「威靈頓」式飛機中隊和4個「旋風」式飛機中隊——我們額外派遣了3,000多名人員。

　　由於人員眾多與可用飛機數量的嚴重不匹配，加上在此地獲取作戰物資困難重重，使得皇家空軍的人力和物力均造成浪費的現象。在30個初步裝備的空軍中隊之外的600架飛機，究竟有何用途？當然，其中一部分可用於訓練、聯繫和運輸。然而，在732架作戰飛機中，僅有395架用於戰鬥，這又是為何呢？

　　期望付出最大努力，以確保這支龐大部隊的人員、物資和經費得到充

分運用：首先，應進行重新編整；其次，利用未編入空軍中隊的大量飛機籌組更多中隊；第三，發展各地區的作戰訓練單位或其他訓練設施。

首相致衛生大臣

1940 年 11 月 10 日

根據你的報告，目前無家可歸的人數減少了 1,500 人，總數已降至 1 萬人。請告知其中有多少是新增的，以及有多少人已經離開。對於 1 萬人這樣的小規模，如果下週人數不大幅增加，你應能設法應對。

另，無家可歸者在庇護所停留的平均時長是多久？

首相致空軍大臣

1940 年 11 月 10 日

契克斯設有防空洞，能夠有效抵禦側面爆炸的損害，然而房舍的安全性仍需關注。是否可以安排人員檢查防空設施？

汽車道路上正進行草坪鋪設。

將雙管自動高射炮從戰鬥位置撤下，我感到不安。試試幾個尚處於試驗階段的火箭怎麼樣？

在月光之下，我希望略微調整我的行程。你和你的下屬對我的安全的關心，我深表感激。

首相致陸軍大臣

1940 年 11 月 10 日

我希望你能親自負責這件事。在製作這些黏爆彈時，我們遇到了極大的挑戰，各種跡象顯示，若我不親自觀察試驗，相關人員可能不會以公正合理的方式製造炸彈。現在正是希臘人測試這種炸彈的時機，這對他們似乎很有幫助。

如何預防這種炸彈在裝載和運輸時存在的危險呢？在運輸過程中，雷管當然是不會安裝的，因此不會發生爆炸。

首相致中東空軍總司令

1940 年 11 月 12 日

我正努力每天將「旋風」式飛機盡快送達你的司令部。在接下來的 3 週內，這尤為關鍵。請每日彙報實際接收的飛機數量以及可用於戰鬥的飛機數量。

我得知你在中東地區（不含肯亞）擁有約 1,000 架飛機、1,000 名飛行員和 16,000 名空軍人員，這令我十分驚訝。我迫切希望盡快用新式飛機重新裝備你的部隊；然而，當這些飛機抵達時，你是否能夠充分利用現有設施，真正做好迎接大量現代化飛機的戰鬥準備？請透過空軍部提交報告，說明你將採取哪些措施從你掌控的大量人力和資源中獲得更大的戰鬥力。

我深感憂慮，因為希臘局勢的多種迫切需求，以及希臘戰局對中東的重大影響，可能會擾亂你在這個極為緊迫時刻的計畫。願你一切順利。

首相致函愛德華・布里奇斯爵士與伊斯梅將軍

1940 年 11 月 12 日

首相近期注意到，私人祕書及其他人員在正式文件中互稱教名的習慣日益普遍，應立即制止。在各部門之間的往來函件中，教名的使用應僅限於簡短的便條或純屬私人性質的信件。

這在根據姓氏查詢人員時，會遇到相當大的困難。

首相致內政大臣

1940 年 11 月 12 日

在冬季，你如何解決家庭防空掩體的舒適性問題，例如安裝地板、排水等？你曾經怎樣嘗試將掩體安置在室內？我相信，在掩體中配置留聲機

和收音機是非常重要的。你在這方面取得了怎樣的進展？這難道不是提撥給倫敦市長經費的一個很好的用途嗎？我認為，在經歷了數週的停電後，為居民恢復改進的照明是理所當然的。我希望繼續推進這方面的準備工作。

首相致外交大臣

1940 年 11 月 12 日

在未來幾個月內，我們必須採取各種手段來控制敘利亞。理想情況下，發起一場類似魏剛或戴高樂的運動，但這並不可靠。此外，在解決利比亞的義大利軍隊之前，我們無法調動部隊去進行北部的冒險行動。然而，絕不能讓義大利或卑劣的維琪分子在敘利亞取得優勢或留駐在那裡。

首相致比弗布魯克勳爵

1940 年 11 月 15 日

我認為，在空軍部特別是參謀長委員會批准之前，這些資訊不宜公開。我個人認為，不應披露這些確切的數字，以免讓敵人獲知太多。正如博物學家僅憑魚龍的一塊尾骨便能重構其全貌，我對此事越發反對。

首相致空軍大臣及空軍參謀長

1940 年 11 月 15 日

這相當於一夜間損失了 11 架轟炸機。幾天前，我在備忘錄中提到，不應在如此惡劣的天氣下強行出動。考慮到你們補充新飛機的速度異常緩慢，這樣的損失是我們無法承受的。如果繼續這樣下去，你將削弱轟炸機隊的實力，以至於無法保持處理緊急情況所需的最低限度力量。我們也未曾獲得任何戰果來證明這些損失是值得的或得到了補償。我認為，在轟炸機總數為 139 架的情況下損失了 11 架——約占 8%——對於我們目前的轟炸機發展階段來說，是一次極其慘痛的事件。

請告知 11 月前半月的飛機損失情況。

首相致空軍參謀長

1940 年 11 月 17 日

1. 我每日都極為關注這些數字。我的圖表顯示,目前我們不僅未能維持在水平線上,本週還有顯著的下降,尤其是在轟炸機隊方面。遭受敵機轟炸如同考文垂般,我們無法進行有力的反擊,實在令人遺憾。然而,我認為當前仍需讓轟炸機隊稍作休整。可以這樣施行:

(1) 不必對每個需要攻擊的目標派遣過多的轟炸機;

(2) 遇到敵方密集高射炮火時,不必飛得過低,投彈的精確性稍有欠缺也無妨;

(3) 選擇防空力量較弱的地區,確保完成我們的轟炸任務。

德國必定有些城鎮未曾預料到我方將進行轟炸,因而防空設施準備不足,但當地卻存在一些次要的軍事目標。在此期間,應對部分這些城鎮進行轟炸。

2. 若我們的轟炸機數量能超過 500 架並持續增加,我的觀點會有所改變。然而,由於戰爭的結果難以預測,我們在執行經常性轟炸和保持本身高標準時,必須特別謹慎,不可忽視人力和物力。這些意見顯然不適用於義大利,我們對義大利應勇於冒最大風險。受損的「利特里奧」號是一個理想的目標。

(限即日行動)

首相致海軍大臣及第一海務大臣

1940 年 11 月 18 日

根據最新消息,有 64 艘驅逐艦已經在 11 月 15 日投入西北航道使用。因此,截至 11 月 16 日,配備潛艇探測裝置的艦隻總數將達到 60 艘。然而,當前的困境在於:在總計 151 艘驅逐艦中,僅有 84 艘處於可用狀態,

而在西北航道的 60 艘中，僅 33 艘能夠使用。1 個月前的會議中，我們發現西北航道艦隊司令僅有 24 艘驅逐艦可用，而時間過去了 1 個月，我們僅在原有基礎上增加了 9 艘。然而，在此期間，美國驅逐艦已經陸續投入現役，並且我也得到了保證，我們的船廠將持續有新艦下水。我不理解，為什麼會形成這樣嚴重的脫序狀況，為什麼如此大比例的驅逐艦處於維修及擱置的狀態而無法執行戰鬥任務。是修理進度不夠快嗎？美國驅逐艦的接收及檢驗狀況如何？我們在修理和建造方面是否存在極大的缺失問題？

我計劃於星期四上午 10 點在海軍部作戰室舉行一場特別會議。

首相致函伊斯梅將軍，轉呈參謀長委員會

1940 年 11 月 18 日

據報導，在 11 月 6 日至 7 日晚間，德國第 100 作戰小組的一架飛機飛越布里德港並墜落在附近的海域。該中隊以其裝備的特殊儀器而聞名，德國人計劃利用這些儀器發射的神祕射束進行導航，進而實現精確的夜間轟炸。由於陸軍方面表示，這架飛機進入了他們的管轄區域，他們既不願進行打撈，也不允許海軍當局介入，因此可能錯失了從海中撈獲這架被擊落飛機或其裝置的絕佳機會。

制定計畫，確保未來能夠迅速採取行動，盡可能獲取侵入或接近英國海岸的德國飛機的所有情報和裝備，避免因部門間的分歧而錯失良機。

首相致紐西蘭總理

1940 年 11 月 18 日

來電正由相關部門處理。我們頻繁遭遇少數議員和部分報社撰稿人的嚴厲批評。這種現象令人煩惱，在任何一個面臨我們當前困境的國家都是不可接受的。然而，這也有其積極的一面，促使任何政府保持警覺，及時發現並糾正自身的不足。請不要誤以為我們一切盡善盡美，但我們正在盡全力，戰時的付出是巨大的，士氣高昂。祝一切順利。

首相致加拿大總理

1940 年 11 月 20 日

1. 對於您的來電以及您為推進聯合空軍訓練計畫慷慨提供設施，我深表感謝。我堅信，我們將竭力推行這個計畫。

2. 目前正依據近期進展審視空軍訓練所需裝置，在此背景下，戰時內閣得悉，加拿大政府將在這種已被證明為必要的進一步措施上給予全力支持，戰時內閣認為此事意義重大，加拿大政府對我們共同事業已做出卓越貢獻。

3. 審查一結束，我便會告訴你我們進一步合作的最恰當方向，供你思考。

4. 正如來電中所述，所有關於制定聯合訓練計畫的方法，應由各相關政府提出討論議題並達成共識。你是否同意我將你的電報和我的答覆轉交給澳洲和紐西蘭政府的總理，或者，你是否更願意親自發送？

5. 若您表示同意，我方將誠摯邀請空軍少將布雷德納前來英國進行短期訪問。此類訪問對探討多項訓練相關議題至關重要，並能讓布雷德納少將深入了解我們未來發展空軍的最新詳細計畫。

首相致自治領事務大臣

1940 年 11 月 22 日

我認為，不如讓德·瓦勒拉自食其果，暫時不予理會。《經濟學家》雜誌的評論再公正不過。現在為德·瓦勒拉辯護，就等於要求我們不僅任由他們掐住喉嚨，還要毫無怨言地接受自己的命運。

約翰·馬菲爵士應當意識到在英格蘭和蘇格蘭激起的憤怒浪潮，尤其是商船水手的不滿，不應誤以為他的唯一職責就是安撫德·瓦勒拉，以期一切風平浪靜，即便我們面臨毀滅也無所謂。此外，在這個關鍵時刻，我們與德·瓦勒拉的接觸應盡量減少，當然也沒有必要向他作出任何承諾。

收到議會的質詢後，請遞給我檢視。

附錄

首相致殖民地事務大臣

1940 年 11 月 22 日

此行動一旦宣布,必須立即執行,然而,模里西斯的情勢不應導致當地居民在戰爭期間長期被限制自由。內閣需要確保這一點的實現。請提供你的建議。

(注:此處討論的是將非法移居巴勒斯坦的猶太難民以船運送至模里西斯的提議。)

首相致海軍大臣及第一海務大臣
(請伊斯梅將軍一閱)

1940 年 11 月 22 日

1. 在我看來,斯塔克海軍上將的觀點是正確的,「D 計畫」在策略上是合理的,並且完全符合我們的需求。因此,一旦機會出現,我們應竭盡全力加強斯塔克海軍上將的策略,而不應再提出與此計畫相悖的意見。

2. 倘若日本成為敵對方,而美國與我們結盟,則我們可以藉助充足的海軍力量,透過遠端控制在太平洋遏制日本。只需在新加坡或檀香山部署一支占據優勢的主力艦隊,日本海軍便不敢輕易遠離其本土基地。在太平洋上,有敵對且占優勢的美國艦隊存在,日本絕不會膽敢圍攻新加坡。美國艦隊在太平洋部署必要力量後,其餘部分結合我們的海軍,足以在相當程度上維持除日本近海以外的海域制海權。我們在遠東採取嚴格的守勢,並願意承擔其後果,亦為策略之一。一旦德國被擊敗,日本便將落入我們聯合艦隊的掌控之中。

3. 美國海軍的觀點讓我倍感振奮。

首相致內政大臣

1940 年 11 月 23 日

在這些對犯有偷竊行為的志願消防隊人員的判決中，刑罰的輕重似乎過於懸殊。我不確定是否正在努力為這種極為惡劣的罪行設定一個統一的判刑標準。因意圖飲用而偷盜威士忌酒被判處 5 年徒刑，而偷竊貴重物品卻僅被判刑 3 個月或 6 個月，這兩者的比例顯然不平衡。懲戒性的處罰無疑是必要的，因為人們必須明白，私吞即是偷竊。然而，我仍希望了解，你們是否正在審查此類案件並設立統一的判刑標準。

首相致帝國總參謀長

1940 年 11 月 24 日

今日，我已經將來自布加勒斯特和索菲亞的兩份電報遞交給你。兩封電報的評估一致，認為目前駐紮在羅馬尼亞的德軍最多為 3 萬人，相當於一個整編師。而你的情報部門則聲稱，羅馬尼亞境內有 5 個德軍師，並且可以在 3 到 4 天內集結於保加利亞與希臘的邊界。根據上述電報內容，你的情報部門需重新仔細考核他們的觀點。我個人認為，這種估計過於悲觀，對敵軍行動速度和準備程度的評估可能超出了實際情況。你是否能夠重新仔細研究整個問題？我個人認為，在希臘邊境造成任何重大局勢需要兩週，甚至可能長達一個月。關鍵在於：無論實際情況如何，必須弄清楚。

首相致伊斯梅將軍和其他有關人員

1940 年 11 月 24 日

這份文件指出，我們在巡邏坦克的生產上已經完全失敗，而且，依據當前的狀況，明年內也無法彌補現有的缺口。因此，在如此前景黯淡的情形下，我們必須以最妥善可行的方法來裝備我們的裝甲師。在坦克生產的現階段，數量至關重要。任何可用的坦克都優於完全沒有。我們可以先編制好裝甲師並進行訓練，隨後再提升坦克的品質和效能。不應因速度較慢

附錄

而輕視「Ⅰ型」坦克；在巡邏坦克短缺的情況下，我們必須將這種坦克視為主要武器。鑑於我們沒有其他選擇，我們暫時需要調整戰術以適應這種武器。同時，必須最大限度地提高巡邏坦克和 A22（一種新型坦克）的生產產能。

首相致伊斯梅將軍

1940 年 11 月 24 日

務必立刻向美國提交 35,000 輛戰車的完整訂單，不可再耽擱。同時，需持續向陸軍部詢問其需求的數量。

首相致外交大臣

1940 年 11 月 27 日

我認為，希臘的局勢似乎相當嚴峻。如果德國延緩通過保加利亞進攻希臘，甚至不發起進攻，這將極大地符合我們的利益。我不希望希臘人民感到我們強迫他們採取行動，僅僅是為了進行一場軍事檢閱，進而被德國人利用作為進攻希臘的藉口。我們當前應當做的是推遲這次會議，直到東歐的局勢稍微明朗一些。

我認為，應該告知各自治領，我們正等待希臘局勢的進一步明朗化，並告訴他們，這不會超過兩週。我覺得，不需要向盟國政府解釋任何原因，只需保證這種延遲不會持續太久即可。

首相致伊斯梅將軍

1940 年 11 月 28 日

超過 5 天的報告對我毫無意義。海軍大臣每日都精準掌握小型艦隊的動態。我不明白為何此事需要經過戰時內閣或國防部。請指示海軍部，每週直接向我彙報各小型艦隊的狀況。

在西部航道的巡邏中，作戰艦艇最多不超過 30 艘，這讓我十分憂慮。明日，請將前幾週小型艦隊的航行圖交給我審查。

首相致勞工大臣

1940 年 11 月 28 日

請提供當前失業資料，詳盡分類，並對比：

(1) 戰爭爆發時的數字，

(2) 新政府成立時的數字。

首相致第一海務大臣

1940 年 11 月 30 日

我不明白：既然有 50 艘美國驅逐艦編入現役，為何無法在 11 月 23 日之前將可作戰艦艇總數提升至 77 艘以上，而在 10 月 16 日，這個數字已經達到了 106 艘。究竟在 10 月 16 日至 10 月 26 日之間發生了什麼，使得作戰驅逐艦減少了 28 艘？為何在 11 月 16 日至 11 月 23 日之間（恰逢另外 10 幾艘美國驅逐艦編入現役）又從 84 艘下降到 77 艘？

首相致本土防禦部隊總司令

1940 年 11 月 30 日

我已批准教堂在聖誕節當日鳴鐘，因為入侵的緊迫威脅已大幅減輕。然而，你或許可以告知我：你計劃在那天用什麼其他方式公布警報；其次，你將採取何種措施以確保教堂召喚人們禮拜的鐘聲在沒有敵人入侵的情況下不會引起恐慌。當然，警惕性絕不能放鬆。

附錄

12 月

首相致自治領事務大臣

（請伊斯梅將軍閱後，轉交參謀長委員會）

1940 年 12 月 1 日

　　所有關於大西洋作戰計畫和大西洋島嶼的討論極具危險性，並且違背了將此類計畫稱為「開花彈」的先前決議。我認為，不必發送如此冗長且不切實際的電報，若每件事都在各部門和全球廣泛傳播，軍事行動將難以執行。

　　請向我承諾：今後在發送電報之前，未經我稽核電文就不得用電報討論此類事情。

　　請具體告知我，該電報曾發送給哪些官員與機構。

（限即日行動）

首相致地中海艦隊總司令

（親閱最密電）

1940 年 12 月 3 日

　　1. 收到你的 270 號電報。今晨，我們與聯合作戰指揮部的羅傑・凱斯爵士進行了全面討論，他將全面負責動用所有兵力來執行此計畫，最終的計畫正在由他起草。他的任命將不涉及海軍事務，僅限於指揮這些聯合作戰行動。如有必要，他可以放棄他的海軍軍銜。考慮到該島的面積、崎嶇地形、房屋密集以及碉堡分散，數量有限的進攻部隊與守軍混雜在一起，敵方空軍的反擊將不會非常猛烈。直到戰鬥完全結束之前，敵機都無法確定哪個區域被哪一方占領；即使到那時，也可能會有義大利的旗幟在不顯眼的地方飄揚。

2. 奪取「工廠」顯然充滿風險，但若不冒此險，澤布勒赫的問題將永無解決之日，這個經驗本次可供參考。突擊部隊經過嚴格訓練，成員均為精挑細選的志願者，專為執行此類任務。儘管行動可能因天氣因素和運輸船隊的預定時間受到阻礙，但若遇此情形，所有兵力可調往馬爾他島或蘇達灣，另作他用。若條件有利，則應不惜代價推進。

3. 你因高射炮等將調離東地中海並肩負新任務而感到不安，這種不安可透過繳獲敵人大量高射炮來消除。即使我們留駐的部隊不多，敵人似乎也無意重新攻占。突擊部隊將該島交給正規軍後，即可撤離，執行其他任務。

4. 當比較「工廠」作戰計畫與你提到的另一計畫 —— 將來稱為「上下顎」計畫時，請考慮以下內容。

「上下顎」計畫的執行需要 10,000 到 12,000 人，若要攻占那兩座大島，規模會更大。至於攻占你提到的小島嶼，只會驚動整個區域，除非繼續推進，否則難有重大成果。其次，奪取「上下顎」地區會引發希臘人和土耳其人的激烈對抗，這是我們現階段最不願見的。其次，我們的報告顯示，「上下顎」地區正逐漸陷入饑荒，也許稍後行動，我們能以較小的代價獲得。此外，試行「工廠」計畫並不意味著會取消「上下顎」計畫，除非船艦和登陸艇全數損失 —— 這也是有可能的 —— 否則絕不取消。此外，在北非沿岸對敵方陸上交通線的軍事行動，也可能提供一些機會。

5. 從策略角度而言，「工廠」計畫將使我們的空軍更有效地控制敵人與利比亞軍隊之間最頻繁的路線，同時為通過所謂「海峽」的護航隊和運輸艦隻提供更強的空中掩護。此間聯合參謀部認為，清除我們東、西方交通的這個障礙，具有極大的價值。此外，我們需要展示我們有能力進行猛烈的兩棲攻勢作戰。因此，我要求你在條件合適的情況下，竭盡全力爭取勝利。

附錄

首相致飛機生產大臣

1940 年 12 月 3 日

今日，國王詢問我是否缺乏飛機上所需的儀器。

首相致伊斯梅將軍

1940 年 12 月 4 日

1. 在蘇達灣，兩架探照燈顯然不足。該如何設法增加呢？

2. 鑑於「格拉斯哥」號是在停泊時遭水上飛機魚雷襲擊，是否在停泊艦隻附近布置水道鐵絲網以作保護？據我了解，這是義大利人在塔蘭托所採用的策略，但在進攻時移除了它們。請就此問題提供一份報告。

首相致陸軍大臣

1940 年 12 月 9 日

軍隊編制

1. 我知道，你計劃近期再進行一次大規模的徵兵活動。據報導，徵集人數約為 100 萬人。這促使我檢查你對兵力的分配。根據你的文件，遠征軍和中東地區共分配了 27 個英國師。每個師有 35,000 人，包括軍團、集團軍、交通線保衛部隊等，還有 7 萬名駐紮在中東的保全部隊。

2. 目前，英國軍隊 1 個師的正式編制為 15,500 人。1 個師下轄 9 個營，每個營約有 850 人，總計約為 7,500 人。在這些營的編制中，勤務人員占據了相當大的比例，我懷疑每個營中實際攜帶步槍和機槍的戰鬥人員是否超過 750 人。因此，1 個英國步兵營當中，實際的作戰兵力僅為 650 人。如此一來，27 個師中的作戰步兵，按照通常所稱的持刺刀或步槍的人數計算，共計 182,250 人。過去常說，步兵是「陸軍的中堅」，其他兵種皆為步兵的輔助。雖然在新的情況下這種情況無疑有所變化，但總體而言，這種說法依然成立。一個師的編制是以其 9 個營的步兵為核心而建構的，並配

有 1 個炮兵連，適當比例的通訊兵和工兵，以及營、旅、師的後勤人員和其他人員，組成 1 個完整且獨立的單位，總共有官兵 15,500 名。

3. 當我們將師視作一個單位時，便會發現，按照每個師的正式編制為 15,500 人，如今籌組 27 個師卻需要徵兵達 101 萬 5 千人。這樣，每一個編制戰鬥人員為 15,500 人的師，實際上卻變成了 35,000 人以上，而各師本身又是完全獨立的。因此，遠征軍或中東的每個師，在規定的 15,500 人的戰鬥人員編制滿員之外，幾乎還需增添兩萬人。

因此，請你詳細說明這多達 54 萬的官兵究竟是怎麼回事。據稱，軍隊、集團軍、交通線護衛部隊等，再加上中東的 7 萬名保全部隊，確實需要如此眾多的英國成年人。

4. 有人或許會認為，若依此方式行事，事情便可就此結束。然而，事實恰恰相反，這僅僅是起步。據相關資料顯示，幾乎還需要 200 萬人。沒有人會反對本土野戰軍設置 7 個師，但將每個師的編制從 15,500 人增加至 24,000 人，的確讓人驚訝。這總共需要 17 萬人。

5. 在夜間轟炸機的應對策略尚未改善以及英國的空中優勢尚未進一步增強之前，大不列顛防空部隊所需的 50 萬人應暫時保持不變。

6. 考慮到目前正在訓練的部隊和牽制部隊中，常任官佐與「無法參戰」人員已預留了相當大的餘地，如今仍要求 20 萬人的規模，這個數字著實令人不悅。在新籌組的 27 個師和 7 個本土師戰鬥人員配備齊全後，參謀人員、勤務人員和衛兵等仍需 15 萬人。除此之外，還有多達 35 萬人的參謀與勤務人員，國家將他們視作穿著咔嘰軍裝的英雄來供養。

7. 相較於上述情形，除中東外，75,000 名的海外駐軍似乎不算多，而印度與緬甸加起來共有 35,000 人，顯得略嫌不足。

8. 請詳細說明將 15 萬人用於補充各軍、集團軍以及除英國師以外的

各師以保衛交通線的部隊。據我了解，澳洲和紐西蘭部隊的後勤服務大多是自給自足。無論如何，我想知道這 15 萬人在他們將要工作的各師後方每個部門的具體分配情況。

9. 剩餘的多餘人員數量為 33 萬，儘管這僅是理論上的數字。然此數字完全能夠由前述的 35 萬名常任官佐、勤務人員及其他非戰鬥人員來填補。

10. 目前暫時不計算那 33 萬名冗員——這些人員要到 1942 年 3 月以後才會派上用場——以及中東、印度和緬甸以外的 11 萬名海外駐軍，我們仍有 250 萬 5 千人用於籌建上述的 27 個師和 7 個本土師，平均每個師約有 74,000 人。即使減去大不列顛防空部隊所需的 50 萬人，我們仍有超過 200 萬人——相當於為 34 個師每個師提供大約 6 萬人。

在我請求內閣批准重新徵兵之前，必須徹底研究這個問題，至少要裁減戰鬥部隊後方的 100 萬冗員，並有效地將他們用於軍事。如果讓國家供養如此多的人卻對戰爭貢獻甚微，那我們就是失職。

首相致伊斯梅將軍

1940 年 12 月 9 日

敬請提供一份海軍部船舶打撈修理處的工作進展報告，詳細說明其已開展的各項工作。此外，為了及時應對船舶修理需求的不斷增加，如需擴展，請闡述其擴充計畫。

首相致伊斯梅將軍

1940 年 12 月 11 日

請為羅得島和勒羅斯建立模型。告知我完成的時間。

（限即日行動）

首相致空軍大臣

1940 年 12 月 14 日

  在空軍部與飛機生產部的爭論中，有一件事情對大眾利益頗有裨益，那便是，使我對整件事有了更為清晰的認知，並得以聆聽雙方各自的立場。你能否仔細閱讀附上的（比弗布魯克勳爵所寫的）信中所述的各項宣告，尤其是關於你在 9 月 1 日有超過 1,000 架教練機無法使用的宣告？鑑於新內閣成立時，空軍後勤部隊普遍存在效率低下的問題，導致當時我們僅有 45 架飛機可用，而現在我們大約有 1,200 架，因此我早已懷疑，這種現象在訓練單位和空軍部門中再次出現，致使大量飛機處於無法使用的狀態。我特別記得，你部下一位高級軍官曾提到，空軍訓練部是按照不可用飛機占比五成來進行規劃的。誰應對修理和訓練單位負責？如果我是你，我會將全部修理工作交給飛機生產部處理，然後你就可以對他們的各種缺陷進行指責。

  請留意，自調整實施後，完成維修的飛機和引擎數量是如何提升的。

  我現在想重提昨日你將寄給飛機生產部的信交給我時，我所提及的那個問題。空軍部的觀點是：德國前線作戰飛機數量已接近 6,000 架，而我們僅有約 2,000 架。空軍部還指出，德國的月產量為 1,800 架，其中 400 架用於訓練單位，而我們的月產量為 1,400 架，其中亦有 400 架用於訓練。既然德國和我們用於訓練的飛機數量相同，你如何解釋他們能在前線部署 3 倍於我們的飛機？根據你的資料——坦白說，我對此資料持懷疑態度（除非是為了辯論）——雙方用於訓練的飛機數量相同，而德國顯然擁有 3 倍於我們的戰鬥力量。我知道你會說，你計劃未來擴充，但他們也會繼續保持 3 倍於我們的飛機數量，並同樣進行擴充。

  我以極大的關注觀察著你們這場辯論的過程。

附錄

首相致比弗布魯克勳爵

1940 年 12 月 15 日

在敵人猛烈轟炸下，這是卓越的成就。且不論新生產的飛機，僅就維修好的飛機而言，這完全是你的功勞。我們如今在空軍後勤部隊擁有 1,200 架飛機，實在令人欣慰。工廠的疏散自然讓你感到不便，但為了降低被敵人炸毀的風險，這也是絕對必要的。

此外，你並非全然追求數量，反之，你亦竭力追求品質。對於第一階段之所以受到指責，自然是由於空軍部與飛機生產部之間的爭執。

他們視你為冷酷的批評者，甚至是敵對者。由於這部分飛機生產工作被剝奪，他們憤憤不平，我毫不懷疑他們會抓住機會抱怨不休。我堅信，部門間的激烈批評與反駁，比起彼此阿諛奉承，更能符合大眾利益。因此，你必須忍受這種既激勵人心又令人不安的戰時局勢。

首相致自治領事務大臣

1940 年 12 月 15 日

從我發給孟席斯先生的電報中可以看出，我並不認為遠東局勢有急遽惡化的風險。利比亞戰役的勝利增強了我在電報中所提出的論點。我並不主張過度分散我們的兵力於馬來半島和新加坡。相反，我希望在中東建立一支盡可能龐大的海、陸、空軍，並保持其機動性，以便在希臘以及不久之後的色雷斯地區開展行動，或者在日本態度改變時支援新加坡。當前我們在西北航道面臨嚴重威脅，因此，我難以調派你提到的那麼多飛機，尤其是 P.B.Y. 型水上飛機。因此，我不同意你的電報內容，我認為我發出的這封已用紅筆修改的電報在目前情況下已經足夠。

首相致空軍參謀長

1940 年 12 月 15 日

你如何看待在希臘大規模建設機場以容納新型轟炸機和戰鬥機，並調配核心人員和備用零件的事宜？

依我之見，這對於不久的將來顯然至關重要，我們必須設法不因突發事件而驚慌失措。

我希望你每隔兩週向我報告一次。

首相致帝國總參謀長

1940 年 12 月 20 日

請告知：第 2 裝甲師最快何時能夠

（1）在蘇伊士登陸，以及

（2）在西非沙漠參與作戰。

首相致空軍參謀長

1940 年 12 月 20 日

我希望你能盡量休息幾天，抓住機會儘早入睡。戰爭將會持續很長時間，而你的責任非常重大。你完全可以派代表出席我召開的會議。

請原諒我提及此事，因有不少人向我回饋，你的工作負荷過重。

若德軍選擇在新年發動入侵，德軍可能會採用毒氣戰術，而我方亦可能以毒氣反擊，這對我而言是個巨大的心理負擔。然而，我們在這個領域的進展仍然相當顯著。

首相致軍需大臣

1940 年 12 月 21 日

1938 年 10 月，內閣曾公布指令要求儲備 2,000 噸芥子氣。然而，到 1940 年 10 月，這個目標仍未實現，戰時內閣已下令調查此事，想必你還記得。

附錄

我收到的最新消息顯示，截至 12 月 9 日，芥子氣儲量為 1,485 噸。你方還提到，上週將再備齊 650 噸芥子氣，並且生產正在增加。這個承諾是否已經兌現？

我也觀察到，新型 25 磅底部發射毒氣彈終於進入了常規的生產階段，截至 12 月 9 日，已有 7,812 枚此類毒氣彈完成充填。我想了解，這個數字與陸軍所需的此類毒氣彈總儲備量相比，差距有多大，何時能達到該儲備目標。

迄今為止，尚無任何新型 6 英寸底部發射毒氣彈被充填。陸軍對此類毒氣彈的儲備需求量是多少，何時才能達成儲備目標？

我已將此備忘錄的複本遞交給陸軍大臣。

首相致軍需大臣

1940 年 12 月 22 日

據報導，中央物資統籌發配局對可能短缺的重要物資進行了特別調查。據信，最為短缺的是用於生產飛機、坦克、大炮及運輸工具的落鍛鋼。

據估算，1941 年對落鍛鋼的需求大約為 44.1 萬噸。目前，國內每年產量為 20.8 萬噸。我了解到，已向美國訂購了 7,000 噸，到 1941 年底，訂單或增至每年 2.5 萬噸。即便需求估計稍高，仍感供應不足。

預計國內生產可能會有所成長，但我們需要將生產翻倍。落鍛鋼製造業目前擁有 14,000 名工人，但據報告，自 8 月以來僅新增 300 名工人；該行業估計每季度最多可吸收 1,000 名工人；此外，招工仍面臨困難。這些情況需要調查。

在這段時間內，唯一能立即執行的措施似乎就是增加從美國進口落鍛鋼，若有需要，可派遣專家前往。

首相致工程與建築大臣

1940 年 12 月 22 日

據悉，因應無家可歸者及疏散計畫的需求所開展的各項福利事業中，深切感受到住房的短缺。也了解到你與衛生大臣已在聯手尋求房屋。

希望你能盡力加快處理此事。

請提交一份報告，詳細說明已徵用的房屋中，哪些尚未用於戰時用途但可能適合這種需求。

首相致查特菲爾德勳爵

1940 年 12 月 22 日

我對「喬治勳章」頒發數量如此稀少感到遺憾，我原本希望其數量能增加 10 倍。我原以為你會聯繫那些遭受嚴重轟炸的地方政府，要求他們提交推薦名單以便篩選，並讓各部門重視此事。你是否可以在這方面再加把勁？到現在，你應收集了一些典型案例，通知相關當局和部門，要求他們以此為標準來評估他們所見所聞的事件。

若需我的協助，請隨時告知。

首相致第一海務大臣

1940 年 12 月 22 日

波羅的海即將進入結冰期。請為我解析波羅的海的現狀及未來的前景。

今年夏季，運抵瑞典的礦石情況如何？海軍參謀部應對此進行必要調查。透過挪威水路運輸了哪些物資？

在過去的 8 個月裡，發生的事件對德國礦石供應有何影響？即使我們不在挪威水域設定正式的水雷區，難道我們不能布設磁性水雷嗎？這件事似乎被我們完全忽視了。

請為此事撰寫一份備忘錄，並指明是否有可能設法實現。

附錄

首相致伊斯梅將軍

1940 年 12 月 22 日

聯合計劃委員會成員的職責自然而然地劃分為兩大部分：

(1) 他們目前為參謀長聯席會議所進行的所有工作，以及

(2) 要求他們制定未來的長期規劃，這種規劃他們已經開始實施。

我目前談論的是後續階段的任務。我認為，最為妥當的做法是任命一位未來計劃總監——或者使用其他合適的職稱——來引導和協調特別計劃的制定工作，主持聯合計劃委員會的所有會議，並直接與我——國防大臣——進行聯繫。我相信，奧利弗·史坦利少校（前陸軍大臣）憑藉他在外交和內閣事務方面的經驗，必定能夠積極地推動這項工作，而我只能偶爾加以督促。應為他授予一個臨時軍階，使其成為高級軍官。

請根據我的意見為我制定詳細建議。

首相致飛機生產大臣

1940 年 12 月 22 日

從軍需大臣遞交的報告中，我注意到，在過去的 1 個月內，交付給皇家空軍的炸彈和毒氣容器數量明顯減少，這讓我感到憂慮。在 11 月 11 日至 12 月 9 日的 4 週內，交付的總數：

30 磅炸彈……無

250 磅炸彈……18

250 磅容器……無

500 磅容器……25

1000 磅容器……9

我了解到，工廠遭遇爆炸及部分零件供應困難是導致下降的原因。

儘管如此，我們仍需積極提供航空毒氣容器，以便在緊急情況下迅速

實施報復，這是至關重要的。請告知將為改善這些容器的交付情況所採取的措施及未來 3 個月的交付預期。

（我對在國家安全名義下嚴重侵犯個人權利和自由的現象感到極度擔憂。儘管議會多次批准，我仍因要承擔破壞人權法案、人身保障法和陪審制等原則的責任而感到痛心。在 6 至 9 月期間，英國的形勢似乎危急到無法對國家的行動施加任何限制。如今，我們有了喘息的機會，似乎有責任更仔細處理被拘留者的案件。此前，我們已建立了一套嚴密的審查機制，許多在國家危急時被捕的人已被負責此事務的內政大臣下令釋放。）

首相致內政大臣

1940 年 12 月 22 日

請記住，這些政治犯既未被指控任何違法行為，也非在押候審或等待審判之人。並無證據表明他們觸犯了法律，僅因公共危險和戰爭狀況而遭到拘留。要求我為這種與英國自由和人身保障等基本原則相悖的行為負責，我自然感到不安。雖然出於公共危險採取此類行動是可以理解的，但這種危險正在減弱。

對於莫斯利及其妻子，左翼抱有深刻的偏見；而對潘迪特·尼赫魯，右翼的成見尤為嚴重。我曾特別建議取消對後者的嚴苛監禁。在國外，這類人物通常被拘禁在堡壘中 —— 至少，在一個自稱為文明的世界中，往往如此對待他們。

這種思考讓我關注到莫斯利及類似人物目前被關押的具體情況。每週一次的沐浴是否指熱水浴呢？若允許每日洗澡，難道就不妥嗎？根據第 8 條規章，是否提供設施供他們進行定期的戶外活動和娛樂？既然信件需要檢查，我看不出為何要限制每週只能寫兩封信。可閱讀的書籍有哪些？是否僅限於監獄圖書館的藏書？是否允許閱讀報紙？對於撰寫或研究所需的紙張和墨水有哪些規定？他們是否可以擁有無線電收音機？對於夫妻會面

的安排是怎樣的，對於莫斯利的妻子與在哺乳期被迫分開的嬰兒又有何安排？

請向我分享您對這些事情的個人見解。

首相致澳洲總理

1940 年 12 月 23 日

1. 您在新加坡提供軍隊、裝備和彈藥的承諾，我深表感激，並希望您能按照所提各項進行供應。如此一來，我們將努力在明年 5 月間以相當於一個印度師的兵力替換你們的部隊。

2. 關於日本對大英帝國開戰的威脅，在我看來，顯然已經比今年 6 月法國淪陷後要小得多。從那時起，我們成功抵禦了德國空軍的攻勢，透過我們不斷增強的地面力量震懾敵人，使其不敢輕舉妄動，並在利比亞取得了決定性的勝利。自那時起，義大利在海、陸、空各方面都顯露出其脆弱和無能，除非或直到德國沿土耳其、敘利亞和巴勒斯坦進攻，我們再也不懷疑我們有能力捍衛尼羅河三角洲和蘇伊士運河。這將是一個漫長的過程。我們已經占領克里特島，並正在將蘇達灣建設發展為第 2 個斯卡帕灣；我們與希臘連續取得勝利；我們現在在希臘擁有各種便利，建立了強大的空軍基地，從那裡可以攻擊義大利，因此，我們在東地中海的戰略地位已經大大改善。

3. 我們不能為了防備日本而犧牲我方在地中海的海、陸軍勝利以及該地區日益有利的局勢。在這個關鍵時刻，若要求我們的海軍撤出地中海，勢必前功盡棄，並斷送未來的所有希望。相反，隨著義大利海軍力量的逐漸削弱，我方地中海艦隊的機動能力將大大增強，當義大利艦隊被削弱到無法在戰爭中發揮作用，且義大利崩潰——這很有可能——不再是交戰國時，我們就可以將強大的海軍戰鬥力量派往新加坡，而不會遭遇任何重大不利。在達到這個目標前，我們必須耐心而堅定地忍受東方的憂患，但

顯然我們都明白：如果澳洲遭受嚴重的侵略威脅，我們將毫不猶豫地考慮放棄或完全犧牲我們在地中海的地位以支持我們的親屬。

4. 除了地中海以外，海軍的任務顯著增加。當「俾斯麥」號和「提爾皮茨」號加入德國艦隊時——可能已經加入——德國人可以再次組成一支作戰艦隊。「英王喬治五世」號已準備就緒，但「威爾士親王」號尚需幾個月才能完工，「約克公爵」號要等到仲夏，「安森」號則需等到1941年年底。在接下來的6個月裡，我們比以往更需要集中兵力於斯卡帕灣。大西洋上出現了襲擊商船的袖珍戰艦，迫使我們再次使用戰艦護送運輸船隊，我們在南大西洋也部署了搜索襲擊艦的小型艦隊，必要時還要派往印度洋。同時，我們還要時刻提防達爾朗可能將那部分完整的法國艦隊出售給德國。

5. 基於上述種種原因，現階段海軍面臨的壓力，在我經歷過的這次或上次大戰中，是最為沉重的。倘若在新加坡籌組一支分遣艦隊，勢必削弱我們在地中海的影響力。我確信，除非日本的威脅遠超當前，否則你一定不願我們採取此舉。同時，我深信，一旦日本參戰，美國將會與我們結盟，進而接替海軍的職責，解除我們的各種困境。

6. 關於空軍支援馬來亞的議題，在新加坡召開的會議建議迅速派遣大量飛機。然而，由於形勢不斷演變，我們難以確定分配給新加坡的具體飛機數量。此外，在西北航道的激烈戰鬥中，我們的飛船需求迫切，絕不能因為日本進攻的微小可能性而將其閒置。總之，我們的方針是：在中東建立盡可能強大的海、陸、空軍力量，並保持這些部隊的靈活性，以便隨時可以在利比亞、希臘，甚至不久後在色雷斯作戰，或在日本態度更為惡劣時增援新加坡。這樣既能避免兵力分散，又能多方面確保勝利。

7. 最後，我必須告知你，我們正派遣大量運輸船隊前往中東運送部隊和軍火，到明年2月時，駐紮在那裡的軍隊將接近30萬人。這將進一步

附錄

加重護航的任務。然而，鑑於事態的嚴重性，為了突破重重困難，我們必須在全球冒險，我相信我們一定能夠克服這些挑戰。

8.關於運輸和裝置等具體事宜，我將指示陸軍部直接與墨爾本陸軍司令部進行處理。

願一切順遂。

首相致伊斯梅將軍

1940 年 12 月 23 日

請設法獲取各戰區如蘇盧姆、巴迪亞等地的豐富照片。可指派一名下屬關注此事。

首相致函伊斯梅將軍，轉呈參謀長委員會

1940 年 12 月 23 日

致迪皮伊先生（正前往北非）的便函

若你遇到魏剛或諾蓋將軍，請告知他們，我們在英格蘭已經擁有一支裝備精良的大軍，且除了抵禦入侵的軍隊外，還有大量受過良好訓練並進展迅速的後備軍。

中東局勢逐漸改善。若法國政府近期決定在非洲再次對抗德國和義大利，我們可以隨時派遣一支裝備精良的遠征軍，支援摩洛哥、阿爾及爾和突尼西亞的防禦。只要具備運輸和登陸裝置，這些師便能立即登船出發。英國空軍正在擴充，未來也能提供強而有力的支援。若英國和法國艦隊再次聯合，並共同利用摩洛哥和北非的基地，地中海的制海權將得到保障。我們願意與魏剛將軍或他指定的官員進行最機密的參謀會議。

另一方面，拖延存在極大風險。德國人可能隨時採取軍事或利誘手段聯合西班牙，導致直布羅陀無法使用，他們將有效控制海峽兩岸的炮臺，並在若干機場部署空軍。迅速進攻是他們的慣用伎倆，若他們在卡薩布蘭

卡立足,所有計畫將無法實施。如果有決心進行果敢行動,並作好計畫,我們願意稍作等待。然而,局勢隨時可能惡化,期望也可能破滅。至關重要的是,貝當元帥的政府應意識到,我們能夠且願意提供日益強而有力的支持。然而,只要稍有耽擱,我們將無能為力。

首相致海運大臣

1940 年 12 月 24 日

我了解到你曾發表了一篇關於美國使用外國船隻的演講。能否提供你的講稿以及你在美國報紙上看到的回應?我感覺美國人對我們提出的要求不太滿意,因為他們認為英國尚未充分利用現有的船舶噸位。關於這一點,你應該記得我曾多次詢問:完全在聯合王國境外各港口間航行的英國船隻的噸位到底是多少。

根據海運部上月的報告,英國境內所有噸位超過 1,600 噸的非油船中,有超過 230 萬噸的船隻在海外各國間從事貿易。請對此提供詳盡的說明。此外,約有 200 萬噸的挪威、比利時和波蘭船隻也參與海外商運,不包括油船。

首相致函愛德華·布里奇斯爵士及伊斯梅將軍

1940 年 12 月 25 日

新年伊始,急需進一步加強對保密文件在軍隊及其他部門的流通限制。各軍事部門、外交部、殖民地事務部以及自治領事務部等,須重新評估所有文件的分發程序,以最大限度減少接收者數量。

應請教負責複印各類文件的官員,並為我製作一份統計表,列出每種保密文件的複印數量。

請向我說明如何能夠實現這個目標。

附錄

首相致自治領事務大臣

1940 年 12 月 25 日

我認為，向各自治領充分告知戰爭進展情況，並不違反原則。凡有自治領軍隊參戰的地區，戰況應作詳細報導，但不應傳播至無關的自治領。總之，需努力確保極端機密的情報不在廣泛範圍內流傳。……目前存在一種風險：自治領事務部官員已經習慣於製作滿載絕密消息的報紙，發給四大自治領政府傳閱。他們認為，傳播越廣，對國家貢獻越大。其他部門也有類似習慣，熱衷於收集機密情報，並以在政府部門中積極傳播這些消息為榮。我正努力限制或抵制這種傾向，否則戰爭將難以進行。

因此，儘管原則不變，但在執行上應採取合適的保密措施。

我希望，凡涉及機密的文件，尤其是有關作戰或現有軍隊部署的文件，在發出前，須先獲得我的批准。

首相致衛生大臣及國內保全大臣

1940 年 12 月 25 日

隨信附上昨日會談的紀要。依據該紀要採取行動。

我主張，每個防空壕應有一名專責主管，負責全面管理壕內人員的健康與舒適。此主管需負責衛生及床上用品的儲備等事務。在敵機轟炸期間，國內安全和內政部任務繁重，不應再處理與害蟲和衛生裝置相關的問題。這些事務應歸衛生部管轄，所有防空壕內部的生活問題，無論大小，皆應由該部負責。

首相致函愛德華‧布里奇斯爵士與林德曼教授

1940 年 12 月 26 日

下星期一開始至星期三的下午 5 點，我將在地下作戰指揮室審查 1941 年的進口計畫。請你與林德曼教授安排日程。星期六晚，將有關運輸糧食

和供應品的緊急計畫以及三軍對彌補損失的要求送來稽核。林德曼教授應於星期六晚提交重要事例和圖表。請召集以下人員參加會議：

樞密院院長、掌璽大臣、不管部大臣、飛機生產大臣、軍需大臣、糧食、運輸以及海運3位部長。（只需大臣到會）

首相致軍需大臣

1940年12月26日

在反坦克槍、2英寸和3英寸口徑迫擊炮方面，武器與彈藥之間的搭配極其不平衡，尤其是3英寸迫擊炮。我們的反坦克槍數量足以裝備23個半師，但每月僅有32,000發子彈，勉強滿足5個半師的需求。2英寸口徑迫擊炮的數量可以裝備33個師，每師配備108門，但每月只有32,400發炮彈，僅能供4個半師使用。最為懸殊的是3英寸口徑迫擊炮；令人費解的是，儘管我們擁有的數量足以裝備近40個師，每師配備18門，但每月只有14,000發炮彈，僅能滿足1個半師的使用。

首相致海軍大臣

1940年12月26日

只要在6個月內完成4艘裝備15英寸口徑火炮的軍艦修復，並修理完其他所有艦隻，我就願意放棄我長期以來的願望：將「堅決」號改裝為適合近海作戰的戰艦。

自從戰爭爆發，這4艘艦隻的慘淡命運堪比海軍史上最悲慘事件之一的「英王喬治五世」級雙旋轉炮塔戰艦的遭遇。

我希望你能明確地向我保證，6個月內完成的條件是可以實現的，當然，除非敵人採取軍事行動。

附錄

首相致第一海務大臣

1940 年 12 月 26 日

在我看來，應當加倍努力，從 1 月起阻截經由挪威水路的礦砂運輸。此舉的重要性應高於冰島──法羅海峽問題。後者是在現已不存在的條件下，使用完全不同效能的水雷進行的大戰。如今，我們可以在無需預告的情況下，於任何地點祕密布設水雷，因此今年對挪威海岸的攻擊條件較去年明顯改善，然而採取行動的必要性仍然極為重大。

請為我提供一份更為詳盡的報告。

首相致函伊斯梅將軍，抄送參謀長委員會及其他相關人員。

1940 年 12 月 26 日

首先，在面對入侵時，擁有戰術優勢至關重要。我強烈希望目前不需進行毒氣戰。正因如此，我擔心敵方可能已經打算使用毒氣，並且可能迫不及待地想要使用。因此，務必做好一切防備，並盡力增強我們的報復能力。

其次，有時我懷疑：如果我宣布，除非敵人先對我們使用毒氣，否則我們絕不使用，這是否會對敵人產生一些威懾效果。然而，我們實際上已經儲存了幾千噸各種劇烈毒氣，可以立即對德國進行報復。總之，我認為，除非或直到有證據表明敵人即將對我們使用毒氣，否則我們最好保持沉默。無論如何，他們會為自身利益做打算，林德曼教授提到過這一點。他們一定會聲稱我們以毒氣戰威脅，並迅速製造藉口。

第三，任何此類宣告中都包含很大誇張成分。如果有人有不同意見，我很樂意了解。這個問題讓我非常擔憂。

首相致內政大臣

1940 年 12 月 26 日

我在報紙上讀到，許多人因違反戰時規章或進行平時未曾從事的行為而被判刑。我很好奇，監獄內的人數與戰前相比如何，包括那些被拘留和判刑者在內。

請提供一些簡明的資料。目前監獄中的囚犯數量是否顯著上升？

首相致海運大臣

1940 年 12 月 27 日

請將您當前決定的進口計畫中的主要項目按照

(1) 今後 4 個月，

(2) 1941 年

請將其列於一頁紙上並提交。我期望在明天（星期六）收到。

（限即日行動）

首相致函伊斯梅將軍，轉交參謀長聯席會議

1940 年 12 月 27 日

關於人們提到我對「瑪麗」作戰計畫的觀點，我完全不予承認。我有一個印象：我曾經發出過一份書面備忘錄。請將其找到。對我而言，不用書面形式公布命令是很少見的。為避免進一步的誤解，我宣告如下：

參謀長委員會及我個人一致認為「瑪麗」作戰計畫不僅極具價值，而且至關重要。為實現這個目標，除了派遣外籍軍團，還需再增派兩個法國營，隨明年 1 月 4 日啟航的運輸船隊前往蘇丹港。從該地，他們將參加「瑪麗」作戰計畫，或前往埃及。僅派外籍軍團而不派法國其他部隊是無濟於事的。因此，我已經指示提出建議：派遣空運輸艦從此地出發，將另外兩個營運往弗里敦，以便使法軍全體會合，共同行動。

附錄

請準備好今日執行此事的建議書並提交給我。

在這些軍隊抵達蘇丹港後，仍有足夠的時間來思索政治相關的問題。

首相致掌璽大臣

1940 年 12 月 27 日

感謝您於 11 月 14 日發來的冷藏肉報告。我不確定您是否願意根據後續情況進行更新。我對肉類的狀況相當擔憂。

首相致陸軍大臣及帝國總參謀長

1940 年 12 月 27 日

1. 過去，我們在反坦克槍的製造上取得了顯著成就，已生產近 3 萬支。然而，與此形成鮮明對比的是，這種武器所需的彈藥生產卻嚴重滯後，實際上還不到應有比例的五分之一。無法協調彈藥與反坦克槍的生產，是當前我們軍火生產計畫中的最大缺陷。對於軍隊而言，分發如此大量的反坦克槍無異於自欺欺人，因為缺乏彈藥會使這些槍支迅速失去效用，形同廢鐵。在許多地方，甚至連一發子彈都不能用於訓練，只能留待實戰時使用。

2. 在這種情況下，本應期望陸軍部將其需求專注於彈藥，而不再加劇反坦克槍與彈藥之間已然巨大的差距。然而，出乎意料的是，基於我從未聽聞的理由，陸軍對反坦克槍的需求竟從31,000 支驟然提升至71,000 支，而師的數量沒有變化。這個決定究竟是在何時做出的？由誰決定？背後的理由是什麼？當時是否考慮過如何讓本已滯後的彈藥生產追上槍支的巨大增幅？請就此問題向我提交詳細報告。

3. 然而，德國人已經兩次轟炸小希思地區的工廠，極大地妨礙了反坦克槍的生產。無法在陸軍部預期的時間內完成 71,000 支槍的目標。與此同時，彈藥的供應有望利用此機會超越槍支的生產進度。因此，敵人的行

動反而迫使我們對計畫進行重大調整。

4. 基於以上原因，若陸軍當前的計畫有重大調整，尤其是因調整需要新建廠房，進而必然影響其他緊迫任務時，請務必告知我。

首相致空軍參謀長及空軍部

1940 年 12 月 29 日

在截至 12 月 27 日的一週內，僅從塞康第-塔科拉迪派出了一架飛機，而實際上有至少 44 架飛機在那待命。這是否意味著塞康第-塔科拉迪的管理出現了問題？我們是否可以獲取一份關於那裡的特別報告？「狂暴」號很快將運送第 2 批飛機給他們。

（限即日行動）

首相致信空軍大臣、空軍參謀長及飛機生產大臣

（密件）

1940 年 12 月 30 日

1. 我對轟炸機隊的發展停滯狀態深感驚訝。儘管戰鬥機隊的力量正在迅速增強，但轟炸機隊，尤其是其飛行員的成長，並未達到我們的期待。我認為，快速擴充轟炸機隊是我們當前最為重要的軍事目標之一。我們當然依賴轟炸機隊來維護海岸線和中東地區的控制。如果如我所聞，發展受阻是由於飛行員短缺導致，那麼我們必須讓派往中東的駕駛員和機務人員在交付飛機後返回，或者採取對現有轟炸機中隊影響較小的方式，從中東調回駕駛員和機務人員。我們的策略是重新調配中東的飛行人員，且必須在能夠派遣永久性援軍之前完成。必須通知朗莫爾空軍中將，送回相應數量的各級優秀飛行人員，避免增加已經過多的人數。

2. 為了擴充可用飛行員的數量，訓練工作必須加快進行，亦可考慮採取以新手替代老手的措施。

附錄

3. 每日向我呈報的資料都相當令人不悅。此外，我從具有高度權威的人士處獲悉，在未來數月內，大幅增加對德作戰的飛行員是不可能的。除非能夠提供遠比當前更有力的證據，證明我們在擴充空軍計畫上已經竭盡全力以逆轉這種全面落後的狀況，否則我無法認同這種說法。

4. 透過對統計表的頻繁研究，可以發現一個問題：關於飛機，我們是否對轟炸機的生產給予了足夠的關注。戰鬥機的生產正在迅速增加；這個領域的良好態勢讓人感到欣慰。我們需要增加對德國的投彈量，但某些最適合這個任務的飛機型號似乎沒有達到我們的生產預期。我很清楚敵人空襲帶給我們的損失，但我想了解，是否可以彌補這一點，以及是否可以採取進一步措施。

5. 我期待每週能收到一份詳盡的進度報告以及一份可行方案，說明如何改善當前的低迷局勢。

邱吉爾先生與孟席斯先生就達卡問題交換的信件電報

孟席斯先生致首相

1940 年 9 月 29 日

達卡事件引發了我們的極大憂慮，其對澳洲已造成了負面影響。

首先，探討核心問題：

令人費解的是，若沒有必勝的信心，為何還要進行嘗試。在我們這些身在遠方的人眼中，如此猶豫不決地發起進攻，簡直是在損害自己的聲望。

其次，討論一下操作方法：

直到事情在報紙上公布後，澳洲政府才獲悉作戰的詳情，並得知已經決定放棄進攻達卡，這是完全錯誤的。我盡量避免公開批評，但我必須私下告知你，缺乏大英帝國的正式官方消息常常讓人難堪。最後，我必須坦

誠地說，澳洲政府迫切希望，不要低估中東的困難，完全勝利在中東是絕對必要的。

首相致孟席斯先生

1940 年 10 月 2 日

接到 9 月 29 日的來電，我感到十分遺憾。雖然某些小規模戰鬥沒有理想表現，我依然認為我們付出的巨大努力應得到寬容理解。由於法國艦艇從土倫將維琪政府人員運至達卡，且敵對的法國海軍掌控了炮臺，達卡的局勢驟然改變。儘管英國海軍全力以赴，仍未能在途中攔截前往達卡的法國艦隻。在我們對達卡的防守力量進行嚴峻考驗並遭遇我曾向你報告過的損失後，海軍和陸軍指揮官認定，他們沒有足夠力量實施和支援登陸，他們不願讓我們陷入海岸作戰，我認為這個判斷是正確的；海岸作戰不同於海上攻擊，無法隨時中止，可能讓我們深陷其中，難以脫身。

針對您的批評，如果認為「沒有必勝的把握」就不應嘗試行動，那麼我們將不得不完全採取守勢。在評估達卡法國守軍的抵抗強度這個未知因素時，難免會出現誤判和風險。比如在杜阿拉，由喀麥隆人駐守，而當塞內加爾軍隊拒絕前進時，僅由 25 名法軍就成功占領。在這件事上，我們當時也沒有絕對優勢的兵力，是否應當採取行動呢？其次，我不能接受「猶豫不決地進攻」這樣的指責。過去 5 個月的戰鬥贏得了世界的讚賞，我希望您沒有從我們這 5 個月的努力中得出這樣的印象：我們是一個「猶豫不決的政府」，或者說我在履行職責時是猶豫的。毫無疑問，從澳洲的大選中利用我的名字這一點來看，我們的努力在澳洲得到了人們的認可。

我們理應隨時關注，在公布新聞前告知你情況，然而，我們無法阻止德國和維琪的廣播電臺在我們收到指揮官報告之前就將達卡事件的經過公之於眾。

關於您對中東局勢的看法，我並不認為我們低估了那裡的挑戰。顯

附錄

然，我們的兵力遠遜於義大利在利比亞和衣索比亞的部署，而德國隨時可能給予他們支援。法國的背叛使整個中東陷入困境，並切斷了我們橫越地中海的交通路線。我們在此間必須應付入侵的威脅，同時德國的空軍不斷對我方城市、工廠和港口進行猛烈轟炸。然而，儘管國內局勢危急、資源緊張，我們仍持續向中東增援，派出 3 萬多名士兵，幾乎調動了一半的最先進坦克，以及用來保護關鍵飛機工廠的高射炮，還有艦隊中最優秀的兩艘軍艦──「光輝」號和「英勇」號，以及大量的「旋風」式戰鬥機和「威靈頓」式轟炸機。我們是在敵軍於英吉利海峽和北海對岸集結足以在一夜間運送 50 萬人登陸的船隻情況下，繼續支援中東。因此，如果中東的困難和危險尚未完全克服，那並不是因為我們迴避了應承擔的風險和犧牲。目前，埃及和蘇丹的局勢較我們先前擔憂的情況有所改善。儘管如此，親愛的總理和朋友──您曾允許我視您為朋友──我仍無法保證在中東獲得「徹底的勝利」，或確保開羅、喀士穆、蘇伊士運河和巴勒斯坦不至於落入義大利或德國之手。我們並不認為這些地區會被敵人占領，我們正在竭盡全力抵抗敵人即將發動的進攻。但我無法保證一定能取得勝利，也無法保證不會發生令人痛心和悲傷的事件，或遭遇失望和挫折。相反，我認為，唯一可以肯定的是：在我們突破那些致命包圍前，我們必定還要經歷許多艱難困苦的考驗。

　　考慮到您地位之崇高以及來電中嚴厲的語調，我認為我應以同樣坦誠的方式回覆。

孟席斯先生致邱吉爾先生

1940 年 10 月 4 日

　　10 月 2 日的來電已收到，某些內容引起了我的不安。

　　我們過去和現在都對達卡的挫折感到關心。當我再次閱讀那封電報時，也意識到其中有些措辭或許過於直接。然而，我依舊不明白，如何能

從我的電報中解讀出對你或英國政府在治理、精神或成就方面表現猶豫的任何暗示呢？

鑑於近期選舉結果，我的地位岌岌可危，或許不久我將卸任。藉此機會，我想表達我的榮幸，儘管我們相隔千里，但能代表澳洲與溫斯頓·邱吉爾及英國人民並肩合作，我感到無比自豪。我不斷運用國內的資源來激勵澳洲民眾，讓他們意識到，大不列顛在為我們而戰，其英勇和非凡的樂觀與鎮定不僅是我們的盾牌，更是我們的鼓舞。

至於提到您，由我來讚美似乎不太合適，然而，我在9月3日戰爭1週年時發給您的電報足以表達我的全部心意。若您認為我9月29日的電報是在挑剔或潑冷水，我實在感到遺憾。

我不再討論達卡的事件，因為它本身就包含了教訓，不需要我來強調。我想要闡明的重點是：如果能夠將此事的情報盡可能及時且詳盡地傳達給我們這些身處遠方的人，我們便能夠更快速地汲取其中的教訓。

關於中東，我並未尋求或嘗試獲得任何保證。我們所要求的──我相信，我們此前被允諾可提出此要求──是應竭盡所能地全力增援和裝備中東。在這方面，你的來電讓我感到非常滿意。

你提到，如果中東的困難和危險未能徹底解決，那並非因為祖國逃避了其應承擔的風險和犧牲，這無疑是事實。然而，我希望你也不要誤以為澳洲在逃避其應盡的責任。我們已經派遣成千上萬的官兵前往中東，船隻能運載多少就運多少。在澳洲的營地中，還有大約85,000人的遠征軍，其中許多人即將啟程前往中東。

儘管大眾極為擔憂日本可能採取行動，並對我們是否應如此行事持懷疑態度，我的政府仍然壯大了海軍、空軍和陸軍，並將人力、物力投入軍火生產，其規模之大前所未有，且在一年前還被視為不可能。

附錄

儘管在最近的選舉中，我們在新南威爾士州這個至關重要的地區因一些地方性利益和問題遭遇了挫折，我們仍然採取了行動。我們沒有對我們的貢獻設定限制，因為我們深知英國所面臨的各種危險是無止境的。

之所以提及這些，是為了表明：我們對我們親自參與戰鬥的海外主要戰場的關注不僅合情合理，而且極為深刻。

敬愛的首相，請不要將這些事情引發的焦慮視作怯懦、自私或無知。最重要的是，請您明白：無論我祕密發送何種質疑甚至批評的電報，澳洲始終是勇敢的，並且願意始終追隨您，而我也將竭盡全力做到這一點。

首相致孟席斯先生

1940 年 10 月 6 日

來電措辭誠懇，深表感謝。如若我曾因批評過於嚴厲而覆電爭辯，務請見諒。我正安排人員準備關於達卡事件各階段的詳細報告，不久將作為機密文件發送給你和你的同事。我無意在議會中為自己辯護，因為任何辯解只會讓對手得意。澳洲在你的領導下為共同事業作出的貢獻讓我感激不已。在那些緊張的月分裡，澳洲人與我們並肩作戰，令人倍感安慰。當我檢閱他們時，對他們的表現與精神給予了高度讚賞。他們剛剛接收了 24 門優良的野戰炮。很快，他們將與中東的澳洲軍隊匯合，並可能在來年的戰鬥中派往前線作戰。我們將盡力為他們提供應得的武器裝備。目前中東局勢似乎趨於穩定。在馬特魯港的作戰部隊，下個月或 6 週內應可投入戰鬥的兵力數量可能不會少於敵軍。這將為著名的戰術家威爾遜將軍及其優秀部隊提供良機。倫敦市民在面對敵人轟炸時表現出了極大的勇氣，但你可以想像，對一個擁有 800 萬人口的城市進行如此無情的轟炸會給政府帶來無數難題。我們正在逐步克服這些困難，並且我堅信，希特勒恐嚇民眾的行徑將如同他的磁性水雷和其他惡毒計畫一樣，最終失敗。

祝你一切順利。

作戰計畫代號表

弩炮：對所有能夠接觸到的法國艦隊進行奪取、控制，或有效地使其喪失戰鬥能力或擊沉。

羅盤：在西非沙漠展開攻勢。

克倫威爾：若敵軍入侵英國迫在眉睫，則啟用警報密碼。

發電機：1940年5月海軍撤出英國遠征軍。

超額：1941年1月期間，中東地區獲得的飛機增援。

上下顎：對多德卡尼斯發動進攻。

瑪麗：占領吉布地。

威嚇：占據達卡。

桑葚：人造港口。

霸王行動：解放法國。

海獅：德軍策劃對不列顛的侵略行動。

開花彈：占領維德角群島。

火炬：英、美聯軍進攻北非。

絞盤：用戰鬥機支援馬爾他。

工廠：攻下潘泰萊里亞。

縮寫表

A.A.guns 防空炮。

A.D.G.B. 即大不列顛防空部隊。

A.F.S. 指輔助消防隊。

附錄

A.F.V.s 裝甲戰車。

G.R.M. 皇家海軍陸戰隊副官長。

A.R.P. 防空大隊。

A.S.U. 空軍後勤部隊。

A.T.rifles 反坦克步槍。

A.T.S.（女性）支援志工隊。

B.E.F. 英國遠征部隊。

C.A.S. 空軍總參謀長。

C.I.G.S. 乃帝國總參謀長。

C.-in-C. 則為總司令。

Controller 第三海務大臣與軍需署署長。

C.N.S. 海軍參謀長（第一海務大臣）。

C.O.S. 參謀長委員會。

D.N.C. 海軍工程部主任。

F.O. 外交部門。

G.H.Q. 指揮中心。

G.O.C. 司令官。

G.Q.G. 是法國軍隊的總司令部（Grand-Quartier-Général）。

H.F. 本地駐軍。

H.M.G. 英國皇家政府。

L.D.V. 地區防衛志願兵團（改稱為國民自衛軍）。

M.A.P. 航空器製造部門。

M.E.W. 經濟作戰部。

M.O.I. 新聞部。

M.L. 勞工部。

M.S. 軍需部。

O.K.H. 指的是德國陸軍的最高指揮機構,即 Oberkommando des Heeres。

O.T.U. 則代表作戰訓練單位。

P.M. 總理。

U.P. 非旋轉推進體 —— 也就是火箭的代號。

V.C.A.S. 空軍副參謀長。

V.C.I.G.S. 帝國的副總參謀長。

V.C.N.S. 海軍副參謀長。

W.A.A.F. 即婦女輔助空軍隊。

W.R.N.S. 即婦女皇家海軍志願隊(簡稱「Wrens」)。

危局外交，邱吉爾筆下的國際戰局再定位：

從英倫空襲到地中海火線，書寫孤軍堅守與聯盟初成的轉折時刻

作　　　者：[英]溫斯頓・邱吉爾（Winston Churchill）
編　　譯：伊莉莎
發　行　人：黃振庭
出　版　者：複刻文化事業有限公司
發　行　者：崧燁文化事業有限公司
E - m a i l：sonbookservice@gmail.com
粉　絲　頁：https://www.facebook.com/sonbookss/
網　　址：https://sonbook.net/
地　　址：台北市中正區重慶南路一段 61 號 8 樓
8F., No.61, Sec. 1, Chongqing S. Rd., Zhongzheng Dist., Taipei City 100, Taiwan

電　　話：(02)2370-3310
傳　　真：(02)2388-1990
印　　刷：京峯數位服務有限公司
律師顧問：廣華律師事務所 張珮琦律師
定　　價：450 元
發行日期：2025 年 05 月第一版
◎本書以 POD 印製

國家圖書館出版品預行編目資料

危局外交,邱吉爾筆下的國際戰局再定位: 從英倫空襲到地中海火線,書寫孤軍堅守與聯盟初成的轉折時刻 /[英]溫斯頓・邱吉爾(Winston Churchill) 著,伊莉莎編譯. -- 第一版. -- 臺北市: 複刻文化事業有限公司, 2025.05
面；　公分
POD 版
ISBN 978-626-428-136-2(平裝)
1.CST: 第二次世界大戰 2.CST: 英國
712.84　　　　114006120

電子書購買

爽讀 APP　　臉書